Vom einfachen Leben

Glücksuche zwischen Überfluß und Askese

Vom einfachen Leben

Glücksuche zwischen Überfluß und Askese

Herausgegeben und eingeleitet von
Herrad Schenk

Verlag C. H. Beck München

Mit 8 Abbildungen

Für Rolf und Margrit Brinkmann,
die mir in einem schweren Jahr nicht nur
einfach zu leben, sondern auch weiterzuleben halfen.

Die Deutsche Bibliothek – CIP-Einheitsaufnahme

Vom einfachen Leben : Glücksuche zwischen Überfluß
und Askese / hrsg. von Herrad Schenk. – München : Beck, 1997
ISBN 3 406 42883 5

ISBN 3 406 42883 5

© C.H. Beck'sche Verlagsbuchhandlung (Oscar Beck), München 1997
Gesamtherstellung: Freiburger Graphische Betriebe, Freiburg
Gedruckt auf säurefreiem, alterungsbeständigem Papier
(hergestellt aus chlorfrei gebleichtem Zellstoff)
Printed in Germany

Inhalt

I. Diogenes in der Tonne
oder
Die Freiheit der Bedürfnislosigkeit

II. Heilige und Klöster:
Das einfache Leben als religiöser Weg

III. In Gruppen siedeln:
Das einfache Leben als Gemeinschaftsutopie

IV. Schlichtes Gemüt und karges Leben:
Die kollektiv verordnete Einfachheit

V. Ursprüngliche Paradiese:
Die Idealisierung des Landlebens

VI. Auf den Spuren des „edlen Wilden": Aussteigen und Abhauen in exotische Welten

VII. Robinson Crusoes Insel: Das einfache Leben als Autarkiephantasie

VIII. Die „neue Askese":
Verzicht in der Überflußgesellschaft

Auf der Suche nach dem einfachen Leben

Heute reden die Menschen viel vom einfachen Leben, vielleicht mehr als je zuvor. Vom einfachen Leben schwärmen Eigentümer von Ferienhäusern in der Toskana ebenso wie Rucksacktouristen in Lateinamerika. Politische Bewegungen wie die Grünen halten es für einen Wert, aber auch manche religiöse Gemeinschaft, etwa die Anthroposophen oder die Findhorn-Gesellschaft. Fragt man nach, so stellt sich heraus, daß mit diesem Begriff ganz verschiedene Dinge gemeint sein können.

Einfach leben, das kann heißen: sparsam und bescheiden zu sein, wenig Geld für Essen, Trinken, Kleidung und Freizeitvergnügen auszugeben, sich nicht mit zu vielen Gebrauchsgegenständen zu umgeben und Besitz oder Eigentum anzuhäufen. Für viele bedeutet einfaches Leben in erster Linie ein naturnahes Leben. Das ist für die einen der Wohnsitz auf dem Lande, für die anderen Wandern oder Betätigung im Freien; für wieder andere vor allem eine gesunde Ernährung, ganz oder überwiegend vegetarisch, mit heimischem Obst und Gemüse, am liebsten aus eigenem Anbau oder wenigstens aus dem Bioladen. Manche meinen, wenn sie von einfachem Leben sprechen, die Weigerung, jeden Trend, jede Mode mitzumachen, eine gewisse Zurückhaltung gegenüber den gängigen Freizeitzerstreuungen und Vergnügungen. Unter einfachem Leben kann auch die Abstinenz gegenüber den jeweils neuesten Produkten des technischen Fortschritts verstanden werden, etwa die Ablehnung des Autos, der Geschirrspülmaschine oder Tiefkühltruhe, des Fernsehers oder Mobiltelefons. Einige suchen im einfachen Leben die tatsächlichen oder vermeintlichen Vorzüge der vorindustriellen Gesellschaft: nicht-entfremdete Arbeit, die verloren gegangene Einheit von Leben und Arbeit. Die Wiederaneignung ursprünglicher Qualitäten, mehr Sinnlichkeit der Alltagserfahrung, mehr Unmittelbarkeit im Umgang mit sich selbst und anderen, das Mitschwingen im Rhythmus der Jahreszeiten, die Fähigkeit ganz im Augenblick zu leben – diese und manche andere Dinge werden genannt, wenn man Menschen nach ihren Vorstellungen vom einfachen Leben befragt.

Das Gegenteil von „Einfachheit" ist Überfluß, Luxus, Verschwendung – aber auch Vielfalt, Komplexität, Unüberschaubarkeit. Weil es viele Gegenbilder gibt, hat das einfache Leben auch viele Gesichter: Bescheidenheit bis zur Kultivierung der Bedürfnislosigkeit, Sparsamkeit bis zum Geiz, ein ärmliches, hartes Dasein bis zur Askese, ein einfach strukturierter Alltag bis zur Monotonie, Komplexitätsreduktion bis zur Einfalt, Technikverweigerung bis zur Schrulligkeit, Naturschwärmerei und Gesundheitskult als Ersatzreligion.

Das einfache Leben als Utopie beschäftigt vor allem die Menschen aus relativ wohlhabenden Schichten und in reichen Gesellschaften, wo viele im Überfluß leben. Wo wirklich verbreitet Mangel und Not herrschen, sind die Menschen entweder damit beschäftigt, der unfreiwilligen Armut zu entkommen oder sie fügen sich stoisch in ihr Elend. Das einfache Leben ist für sie kaum ein Ideal – ebensowenig wie für soziale Aufsteiger, die es gerade hinter sich gelassen haben.

Allerdings ist die Verachtung der Armut typisch für den westlichen, von Protestantismus und Kapitalismus geprägten Kulturkreis. Bei uns sieht man in der Armut den Beweis für persönliches Versagen: wer wenig besitzt, der hat etwas falsch gemacht, zumindest nicht ordentlich gearbeitet, also kann er auch nichts taugen. Diese Bewertung entstammt dem protestantisch-calvinistischen Denken, das im rastlosen Arbeiten die Voraussetzung für die

Erlösung der Seele sah und im materiellen Erfolg das sichtbare Zeichen für Gottes Wohlwollen. Dagegen nahm man im Mittelalter Armut als ein Schicksal hin, das die Betroffenen mit mehr oder weniger Würde tragen konnten. Diese Einstellung war auch im östlichen Kulturkreis verbreitet. Gleichzeitig hatte man hier wie dort großen Respekt vor Menschen, die, meist aus religiösen Gründen, in freiwilliger Armut oder Selbstbeschränkung lebten, obwohl sie aufgrund ihres gesellschaftlichen Status die Möglichkeit gehabt hätten, ein materiell bequemeres Leben zu führen.

Mit der Verbreitung des Kapitalismus und dem Export unseres Lebensstandards hat sich auch unsere materialistische Weltanschauung mit ihrer Bewertung von Reichtum und Armut auf der Welt verbreitet, mit manchen negativen Folgen für das Lebensgefühl vieler Menschen, die in unfreiwilliger Armut leben[1].

Als Lebensphilosophie der Genügsamkeit ist die Idee vom einfachen Leben uralt und weit verbreitet. Auch als mönchisches Ideal, als Lebensstil von Menschen auf einem spirituellen Weg, kennen wir es schon lange, im westlichen wie im östlichen Kulturkreis. Einfach zu leben galt und gilt auch heute noch als angemessen für Eremiten, Gurus, Heilige und Weise; es gehört zum Ideal der Lebensführung in Klöstern und religiös motivierten Gemeinschaften. Auch in vielen weltanschaulich geprägten Kommunen und Siedlungen, wie sie seit dem 18. Jahrhundert, im Geiste der Ideen von Aufklärung und französischer Revolution entstanden, war das einfache Leben Teil des Programms. Das gilt auch im 20. Jahrhundert für die Gemeinschaftsprojekte vieler sozialer Bewegungen.

Manchmal ist das einfache Leben ein persönliches Ideal – ein vom einzelnen Menschen aus freien Stücken gewählter Weg zum richtigen Leben – zum gottgefälligen Leben, wie man in früheren Jahrhunderten gesagt hätte, zur inneren Mitte oder zur Selbstverwirklichung, wie man heute sagen würde. Manchmal ist das einfache Leben Bestandteil von Gemeinschaftsutopien, die vom Individuum ein Stück Selbstaufgabe, die Ein- und Unterordnung in die Gemeinschaft, zum Wohle des Ganzen verlangen. In Klöstern und Sekten, sozialen Bewegungen und Kommunen geschieht diese Unterwerfung mehr oder minder freiwillig, denn das Indivium entscheidet ja meist selbst, daß es dieser Gemeinschaft angehören und ihre Ideale akzeptieren will. Es ist aber auch denkbar, daß ganze Gesellschaften ihren Angehörigen ein einfaches Leben vorschreiben. Philosophen und revolutionäre Denker haben solche utopischen Staatssysteme entworfen, aber es gibt auch Beispiele aus der Geschichte: Sparta und das alte Preußen, Nazideutschland, Cuba und China.

Nicht immer steht der Gegensatz zwischen Reichtum und Armut im Mittelpunkt der Vorstellung vom einfachen Leben. Eine andere wichtige Facette ist der Gegensatz zwischen Natur und Zivilisation, die Gleichsetzung des einfachen mit einem natürlichen und ursprünglichen Leben. Auch dieser Gedanke ist alt und geht bis in die Antike zurück, wo er in der Schäferdichtung Ausdruck fand. Das Hirtenleben stellte man sich gern leicht und glücklich vor, frei von den korrumpierenden und verbiegenden Einflüssen des politischen Lebens. Ähnliche Ideen finden sich in der Literatur des späten Mittelalters, wo den Adligen von Zeit zu Zeit der Rückzug von der Welt des Hofes reizvoll schien. Sie entwarfen in ihren Dichtungen Bilder eines heiteren, freien bäuerlichen Lebens, abseits der Zentren von Macht und Eitelkeit – meist blieb es aber bei Phantasien, die im übrigen mit der Wirklichkeit des Landlebens nur wenig zu tun hatten.

Mit zunehmender Verstädterung, Industrialisierung und Technisierung bekam der alte Gegensatz zwischen Natur und Zivilisation eine neue Dimension; er verschärfte sich und wurde von viel mehr Menschen empfunden als in früheren Epochen. Einfaches Leben, Rückzug von der Stadt aufs Land, hieß jetzt vor allem: Distanz zur Technik, Rebellion gegen den Kapitalismus, gegen die industrielle Produktion mit ihren neuen Formen der Arbeitsteilung und der Abhängigkeit. Gedanken über den Ausstieg aus der Zivilisation beschäftigten nun in erster Line die Angehörigen der bürgerlichen Schichten. Von einigen wenigen wurde er sogar erprobt, als ein Zurück zur früheren agrarischen Lebensform oder als ein Ausbruch in ferne exotische Lebenswelten, wo man sich das Dasein der „edlen Wilden" noch ursprünglich vorstellte, ganz unverdorben von der Zivilisation.

Zunehmend fragten sich die Menschen auch, wieweit das Individuum imstande sei, allein, ohne die Krücken der Zivilisation, überhaupt noch zu überleben. Im 18. und 19. Jahrhundert hat eine neue Literatur über Schiffbrüchige und Abenteurer Hochkonjunktur, die auf einsamen Inseln siedeln. Allein zurechtkommen, wenn man am Punkte Null beginnt – das ist eine neue Variante in den Entwürfen vom einfachen Leben, die den Gegensatz zwische Natur und Zivilisation in den Mittelpunkt stellen. Solche Phantasien vom Ausbruch aus der Zivilisation betonen die Bedeutung des Individuums als Herrn seiner Handlungen und Schmied seines Lebensglücks. Wir müssen sie auf dem Hintergrund der sozialen Veränderungen dieser Zeit sehen. Die autarke bäuerliche Subsistenzwirtschaft verschwand allmählich; stattdessen wuchs mit fortschreitender Arbeitsteilung die Abhängigkeit der Menschen von immer anonymer und unüberschaubarer werdenden Institutionen und gab ihnen das Gefühl, nur ein kleines Rädchen in einer großen sozialen Maschinerie zu sein.

Individuelle Insel-Phantasien gibt es bis in die Gegenwart. Doch heute wird die Frage, ob wir im Notfall fähig wären, ohne die Zivilisation zu überleben, auch noch aus anderen Beweggründen gestellt als vor ein oder zwei

Jahrhunderten. Große Umweltkatastrophen, sogar der ökologische Zusammenbruch der Gesellschaft sind denkbar geworden. Das gibt Autarkiephantasien neue Nahrung.

Die gegenwärtige Diskussion um das einfache Leben hat eine starke moralische Komponente. Eine neue Ethik des Konsumverzichts wird gefordert angesichts der grandiosen Ressourcenverschwendung, die die hochindustrialialisierten Länder betreiben, angesichts des Zusammenrückens der Kontinente und der gleichzeitigen Zuspitzung des Nord-Süd-Konflikts. In früheren Jahrhunderten waren die moralischen Feldzüge gegen Luxus, Überfluß und Maßlosigkeit vor allem religiös begründet: die materielle Bescheidung sollte dem Seelenheil dienen. Der ökologische Imperativ zur Begründung des einfachen Lebens ist historisch neu.

Es gibt aber auch noch andere Impulse für die neue Sehnsucht nach dem einfachen Leben. Viele Menschen leiden heute unter der zunehmenden Komplexität des Lebens, unter dem sich beschleunigenden Lebenstempo und der Reizüberflutung, die nicht nur von den vielen Dingen ausgeht, die wir um uns herum anhäufen, sondern auch von den vielen Informationen, die auf uns einströmen. Die Vielfalt der Möglichkeiten, verbunden mit dem Zwang, ständig wählen und entscheiden zu müssen, wird eben nicht nur als Freiheit und Reichtum, sondern auch als fordernd und anstrengend erlebt. Da lockt das einfache Leben mit der Verheißung, die Menschen von den Lasten der Individulität zu befreien, von der Anstrengung, die es kostet, ein mündiges Individuum zu sein. Solche Gefühle dürften den Menschen früherer Zeiten weitgehend unbekannt gewesen sein.

Das einfache Leben als Ideal der Genügsamkeit steht in einem Spannungsverhältnis zur menschlichen Natur. Die menschliche Existenz ist eine andauernde Konfrontation von Gefühlen des Mangels mit begrenzten Möglichkeiten; kaum ist ein Bedürfnis erfüllt, wächst das nächste. Diesen Mechanismus zu durchbrechen, sich aus der Abhängigkeit von Hunger und Begierde, von sich immer erneuernden materiellen Bedürfnissen zu befreien, indem man sich an immateriellen Zielen ausrichtet, ist deswegen ein metaphysisches Anliegen, ein altes Thema der Religionen; es entspringt dem Wunsch der Menschen nach einem Sieg über ihre Triebnatur.

Das Ideal vom einfachen als dem naturnahen Leben steht in einem Spannungsverhältnis zum Prozeß der Zivilisation, der die Menschen immer weiter von ihren natürlichen Ursprüngen entfernt hat. Was in einer gegebenen historischen Situation gerade unter „einfach" verstanden wird, kritisiert die jeweilige Gegenwart und weist, gleichsam spiegelverkehrt, auf ihre Defizite und problematischen Tendenzen hin. Das einfache Leben erscheint hier meist als eine rückwärts gerichtete Utopie, denn man entwirft positive Bilder eines Zustandes, von dem man glaubt, das er früher einmal bestanden habe, aber es kann auch Bestandteil revolutionärer Utopien werden, wenn soziale Bewegungen bestrebt sind, vergleichbare Zustände in Zukunft wiederherzustellen.

Manchmal scheint die Sehnsucht nach dem einfachen Leben nur eine besondere Variante der Sehnsucht nach dem Paradies: einem sorgen- und mühelosen Dasein, heiter und schön, Essen und Trinken satt, keine Angst vor wilden Tieren und Naturkatastrophen, kein ständiger harter Kampf ums Überleben.

Vermutlich sind solche Visionen vom Paradies uralt. Die Menschen besitzen die zweischneidige Fähigkeit, sich neben dem Leben, das sie gerade führen, immer auch andere, vielleicht mögliche Lebensformen vorstellen zu können. Das kann sie unzufrieden mit dem Bestehenden machen, unbehaust in ihrer Existenz, aber es hat sie zugleich auch stets in ihrer gesellschaftlichen und inneren Entwicklung vorangetrieben und treibt sie noch voran. In

Zeiten großer gesellschaftlicher Umbrüche nimmt die Zahl der Menschen zu, die sich nicht mehr fraglos in der eigenen Kultur geborgen fühlen. In solchen Zeiten gewinnt die Idee vom einfachen Leben eine besondere Attraktivität. Im allgemeinen sind es einzelne Menschen und Angehörige sozialer Minderheiten, die sich nach dem einfachen Leben sehnen. Besonders anfällig sind Intellektuelle und Künstler, weil sie oft verstärkt unter dem Gefühl der Gebrochenheit leiden, unter der verloren gegangenen Einheit zwischen ihrer Lebenswirklickeit und der Reflexion darüber. Den meisten reicht es, vom einfachen Leben zu phantasieren; aber einige wenige erproben es auch in der Wirklichkeit.

Der folgende Streifzug durch die verschiedenen Vorstellungen vom einfachen Leben erhebt weder Anspruch auf Vollständigkeit, noch ist er systematisch angelegt. Es geht mir lediglich darum, einige Facetten einer sehr schillernden Idee zu zeigen – denn das einfache Leben erweist sich, näher betrachtet, als keineswegs einfach, sondern als ein höchst komplexes Konzept.

I. Diogenes in der Tonne
oder
Die Freiheit der Bedürfnislosigkeit

Das Ideal des einfachen Lebens, verstanden als Genügsamkeit oder gar als Kultivierung der Bedürfnislosigkeit, läßt sich in unserem Kulturkreis bis in die Antike zurückverfolgen, und es hat sich, wenn auch nicht als verbreitetes Denken, so doch als Lebensphilosophie einiger weniger Menschen, bis in die Gegenwart erhalten.

Diogenes gilt als klassischer Repräsentant der Bedürfnislosigkeit. Diogenes in der bekannten Anekdote, der vor seiner Tonne dahindöste und dabei über das Leben nachdachte, also philosophierte oder auch meditierte, und von

Alexander dem Großen besucht wurde. Der fühlte sich groß und mächtig und wollte sich dem berühmten Philosophen gegenüber huldvoll erweisen. Vielleicht erhoffte er sich von der Begegnung auch Bewunderung, anerkennende Worte über seine Lebensleistung. „Was kann ich für Dich tun?" soll er Diogenes gefragt haben, bereit, ihm jeden Wunsch zu erfüllen. „Du könntest so nett sein und mir aus der Sonne gehen", hat Diogenes angeblich geantwortet. Schöner als in dieser Anekdote kann man es kaum ausdrücken: Wer keinen äußerlichen Ehrgeiz hat, ist von weltlicher Macht nicht zu beeindrucken. Wer die Bedürfnislosigkeit kultiviert, lebt mit einem Minimum zufrieden und ruht in sich selbst; er macht sich nicht abhängig und bleibt denen überlegen, die nach Reichtum und sozialer Geltung dürsten. Angeblich besaß Diogenes, der in der Tonne wohnte, nichts als eine Kürbisschale, mit der er Wasser schöpfte – und als ihn jemand darauf aufmerksam machte, daß die Hunde ohne solche Hilfsmittel trinken, soll er auch die weggeworfen haben.

„Nichts zu bedürfen ist göttlich, möglichst wenig zu bedürfen, kommt der göttlichen Vollkommenheit am nächsten", hat Sokrates gesagt.

Genügsamkeit macht unabhängig, Bedürfnislosigkeit ist Freiheit – das war die Lehre der philosophischen Schule der Kyniker, der Diogenes zugerechnet wird. Auch die Stoiker lehrten die Verachtung materieller Güter und rieten zur Genügsamkeit und Mäßigkeit als Lebenshaltung. Selbst Epikur, der das höchste Lebensziel in der Maximierung der Lust beziehungsweise der Minimierung der Unlust sah, war ein Apostel der Einfachheit. Man soll sich vor der Genußsucht hüten, rät er, nicht etwa, weil Sinnengenüsse als solche schlecht seien, sondern wegen des Katers, der ihnen unvermeidlich auf dem Fuße folgt. Wer zuviel frißt und säuft und sich sexuellen Ausschweifungen hingibt, fühlt sich anschließend elend. Außerdem empfiehlt Epikur die Einfachheit als ein Mittel zur Steigerung der Genußfähigkeit: wer an ein einfaches Leben gewöhnt sei, werde auch kleinere Freuden intensiv genießen können. Wer dagegen immer prasse, werde auch besondere Köstlichkeiten bald nicht mehr als solche wahrnehmen können. – Die Forderung nach dem einfachen Leben wird also bei Epikur in den Dienst der Genußfähigkeit gestellt – ein kluges Rezept, das auch heute in der Überflußgesellschaft, wo viele Genüsse schnell schal werden, wieder Gültigkeit gewinnen könnte.

Wer nichts hat, dem kann auch nichts genommen werden, der lebt also auch nicht in der Angst vor dem Verlust wie mancher Reiche. – Das war durch die Zeiten hindurch die Lebensphilosophie manches Weisen oder Vagabunden, der erkannt hatte, daß alles eitel ist und darum „sein Sach auf nichts stellte". Es war auch der – manchmal schwache – Trost von vielen unfreiwillig Armen, die sich sagten: „Reichtum macht nicht glücklich."

War das Ideal der Kyniker die Bedürfnislosigkeit, so war es bei den Stoikern eher die Genügsamkeit. Nicht zu wenig, aber auch nicht zuviel, keine Extreme, nichts im Übermaß („non plus ultra") – die Idee von der rechten Mitte galt sowohl für den Umgang mit materiellen Gütern als auch für das persönliche Auftreten und den Ausdruck von Gefühlen.

Im rechten Maß zu leben („diu maze") war im Mittelalter eine der ritterlichen Tugenden. Ein wahrer Ritter war nicht nur tapfer und mutig, sondern er lebte auch schlicht und fromm. Er aß mäßig und einfach, er verachtete den Luxus. Das reine Ritterideal hatte asketische Züge und ähnelte durchaus dem Ideal des mönchischen Lebens. „Der fahrende Ritter ist gleich dem Templer frei von irdischen Banden und arm", ein „edler, besitzloser Streiter"[2].

Maß und Maßlosigkeit waren ein beliebtes Thema der Predigten im Mittelalter und in der frühen Neuzeit. Nicht etwa, weil die Menschen tatsächlich immer maßvoll gelebt hätten; im Gegenteil, es war die große Epoche der Extreme, bittere Armut neben großen Ausschweifungen. Weite Teile der Bevölkerung lebten die meiste Zeit am Rand des Existenzminimums, zugleich aber feierte man, wo es möglich war, gerne große Feste mit üppigen Gelagen, Völlerei, Saufen bis zur Volltrunkenheit, es gab äußere Prachtentfaltung in Kleidung und Komfort – nicht nur bei den Reichen, sondern auch bei den weniger Begüterten zu besonderen Anlässen, etwa Hochzeiten und Kindstaufen. Das üppige Leben mancher Angehöriger des Klerus im ausgehenden Mittelalter war Teil des sozialen Zündstoffes, der zur Reformation führte. Daß Prunk und Prasserei den Menschen im Mittelalter nicht fremd waren, können wir auch an den Kleiderverordnungen ablesen, die die Städte oder Zünfte immer wieder erließen, worin jedem sozialen Stand die angemessene Kleidung vorgeschrieben und Prachtentfaltung darüber hinaus streng untersagt war; es gab auch Gesetze darüber, wie viele Gäste zu bestimmten Festen geladen und wie viele Speisen serviert werden durften, wiederum streng nach sozialem Stand getrennt.

Doch die Ausschweifungen waren Ausnahme, das einfache Leben kennzeichnete den Alltag, und die Genügsamkeit war die herrschende Maxime einer statischen Gesellschaft, in der die Mehrzahl der Bevölkerung gerade ihr Auskommen fand. Die mittelalterliche Gesellschaft baute auf der Subsistenzwirtschaft auf, das heißt, man aß im Laufe des Winters all das auf, was man im Frühling und Sommer angebaut und im Herbst geerntet hatte, es gab keine nennenswerten Vorräte und kein volkswirtschaftliches Wachstum; dauerhafte Gebrauchsgegenstände wurden ein Leben lang benutzt und immer wieder repariert, und es wurde nur eben so viel produziert, daß das Verbrauchte ersetzt werden konnte.

Heute ist die Genügsamkeit gewiß nicht das vorherrschende Ideal. Unsere Gesellschaft baut auf einem Wirtschaftssystem auf, das von der ständigen Steigerung,

Intensivierung und Ausdifferenzierung des Konsums lebt. Selbst wenn Politiker und Politikerinnen in jüngster Zeit Sparsamkeit predigen und vom Gürtel reden, der enger geschnallt werden muß, können sie gar nicht wünschen, daß diese Appelle an die öffentliche Sparmoral auch das private Konsumverhalten beeinflussen. Denn wo bliebe das Wirtschaftswachstum, das Goldene Kalb unseres Wirtschaftssystems, wenn eine Mehrheit begänne, sich wirklich einzuschränken! Würde nicht stetes Anheizen der Konsumwünsche durch die Werbung zu immer neuen Bedürfnissen führen, würden nicht dauernd neue Güter erzeugt und ein unstillbarer Hunger immerfort in materielle Bahnen gelenkt, der zum Kauf dieser Güter führt, dann verlöre unser Wirtschaftssystem seine Grundlage. Doch ein Wandel, der zu einem veränderten Kaufverhalten führt, ist heute, wo sich der Kapitalismus weltweit durchgesetzt hat, nur schwer denkbar. Eine Alternative ist nicht in Sicht, obwohl die Ängste und Vorbehalte gegenüber dieser Wirtschaftsform ebenfalls größer sind denn je.

II. Heilige und Klöster
Das einfache Leben als religiöser Weg

Fast alle Religionen kennen das einfache Leben als Weg zum Heil, als einen ersten Schritt, sich auf das Wesentliche zu konzentrieren, auch wenn Bescheidenheit und Bedürfnislosigkeit im allgemeinen nicht ausreichen, um zur Erleuchtung zu gelangen.

Jesus forderte seine Jünger auf, ihr Hab und Gut zurückzulassen und mit ihm das Leben eines einfachen Wanderpredigers zu teilen, der sich von dem ernährte, was die Menschen ihm schenkten. Ein Leben in Armut in der Nachfolge Jesu führten die meisten frommen Eremiten und Einsiedler seit den Anfängen der christlichen

Zeitrechnung. Auch gehörte Armut, wie Keuschheit und Gehorsam, zum klösterlichen Gelübde im christlichen Abendland.

Allerdings entsprach der gelebte Alltag im Kloster längst nicht immer diesem Gebot. Nicht selten wurden die Klöster reich, in denen Mönche und Nonnen in persönlicher Armut leben sollten. Dann breitete sich Wohlleben aus, verführerische Bequemlichkeit, es wurde zu gut gespeist und zu reichlich getrunken. Von Zeit zu Zeit wetterten Reformer und Erneuerer gegen Völlerei, Trägheit und Luxus von Mönchen und Nonnen, und in der Geschichte der Kirche gab es immer wieder Erneuerungsbewegungen, die die klösterliche Idee vom kargen Leben anmahnten, mit unterschiedlichem Erfolg.

Meistens waren es im christlichen Mitteleuropa Außenseiter, Heilige und Weise, gelegentlich auch Ordensstifter wie Franz von Assisi, die das Gebot der Armut wirklich ernst nahmen. Zwar war es nicht das einfache Leben allein, das den Ruf eines Heiligen oder Weisen begründete – Märtyrertum oder das Wirken von Wundern waren von größerer Bedeutung. Doch Einfachheit gehörte so selbstverständlich zum frommen Lebenswandel, daß sie nur in besonderen Biographien ausdrücklich erwähnt wird. So etwa in der Geschichte des Römers Alexius, der, obwohl vornehmer Herkunft, erst bettelnd durch die Welt zog und dann jahrelang unerkannt unter der Treppe seines Elternhauses von Essensresten lebte, oder in der Geschichte des Augustinus, der in seiner Jugend alle Sinnengenüsse liebte und ihnen dann entsagte. Klara, die Mutter des „Ordens der Armen Frauen", kultivierte die materielle Bedüfnislosigkeit ebenso wie Elisabeth von Thüringen, der Eremit Paulus, Johannes vom Kreuz und Katharina von Siena, um nur einige zu nennen. Sie alle stammten aus vornehmen Familien, die ihnen ein bequemes, sattes oder gar luxuriöses Leben garantiert hätten, doch sie gaben es auf und lebten in freiwilliger Armut oder gar in Askese.

Nicht selten trieben Eremiten und Einsiedler den einfachen Lebensstil bis zur extremen Selbstkasteiung. Sie fasteten weitaus häufiger als vorgeschrieben und beschränkten sich bei ihrer Ernährung auf wenige Grundnahrungsmittel. Manche machten einen Punkt daraus, nur verdorbene Speisen zu sich zu nehmen, wuschen sich nicht und trugen jahrelang dieselben Lumpen; sie schliefen auf dem Erdboden, auf nackten Holzpritschen oder Steinen.

Bettelmönche und Asketen gab es nicht nur im Christentum, sondern in fast jeder Religion. Auch im östlichen Kulturkreis kennzeichnete ein schlichter Lebensstil den Weg zum inneren Heil. „Frei zu sein von entfremdenden materiellen Besitz wird bei den iranischen Sufi, den indischen Sanyassin und auch bei einigen neueren Denkrichtungen wie den Anhängern der Lehre Gandhis, tatsächlich als Segen verstanden und als eine Chance, höhere Formen des Reichtums zu erlangen. Vom Propheten des Islam ist der Ausspruch überliefert: ‚Àl faqr fachri‘ – ‚Die Armut ist mein Stolz‘ “ [3]. Buddha empfahl seinen Jüngern ein einfaches Leben, lehnte aber die extreme Askese ab.

Auch heute noch empfinden religiöse Menschen häufig eine Sehnsucht nach einem einfachen Leben. Dies braucht keineswegs mit formaler Kirchenfrömmigkeit einherzugehen. Meist wird das einfache Leben als eine Form der Meditation gesucht, als ein Versuch, das „Zufällige und Ungefähre“ abzustreifen, wie Rilke im „Stundenbuch“ sagt. Man will sich nicht vom Lärm der Welt ablenken lassen, um sich besser auf die Suche nach dem Wesentlichen konzentrieren zu können.

Die Einfachheit klösterlichen Gemeinschaftslebens in der Vergangenheit beschränkte sich nicht nur auf den materiellen Lebensstandard. „Ora et labora!“ – „Bete und arbeite!“ lautete der Grundsatz, auf dem die streng durchstrukturierten Tagespläne der Ordensleute aufbauten. Denn „Müßiggang ist der Seele feindlich", wie es in den Ordensregeln des Franz von Assisi heißt, wenn aber der Teufel die Menschen sinnvoll beschäftigt antrifft, dann kann er ihnen nicht so viel anhaben. „Einfachheit" heißt also in religiösen Gemeinschaften nicht nur Bescheidenheit in der Befriedigung physischer Bedürfnisse, sondern auch simple, klare Strukturen des Alltags, ein Leben in Pflicht und Disziplin, für das genau vorgeschrieben ist, was man tun und lassen soll.

An diesen Ideen knüpfen später die protestantisch-preußischen Vorstellungen vom einfachen Leben an: Selbstunterwerfung unter eine strenge Pflicht und Arbeitsdisziplin als Teil der innerweltlichen Askese.

Auch viele der umstrittenen Sekten von heute geben ihren Anhängern und Anhängerinnen einfache und klare Alltagsstrukturen vor. Das Leben scheint so viel leichter, wenn eine Autorität einem sagt, was gut und was böse ist und wie man leben soll. Neben dem Gefühl der Geborgenheit in der Gemeinschaft ist es gerade diese Überschaubarkeit des Lebens, die die Anziehungskraft zeitgenössischer Sekten vor allem für junge Menschen ausmacht.

Egal ob bei Mun, Hare Krishna oder den Zeugen Jehovas: ein bescheidener Lebensstil der einfachen Mitglieder gehört dazu, in der Regel wird persönliche Armut gefordert; man zahlt hohe Eintrittsgelder oder überantwortet sein gesamtes privates Vermögen der Sekte und leistet unentgeltliche oder schlecht bezahlte Arbeit für die jeweiligen Organisationen, die wie die mittelalterlichen Klöster als solche durchaus vermögend sein können. Besitzen solche Glaubensgemeinschaften eigene Häuser, dann schlafen die Gläubigen meist mit anderen in einem Raum, auf hartem Lager, sie werden dürftig ernährt, mitunter gehören auch Fastenübungen dazu, sie bekommen wenig Schlaf und müssen an zahlreichen Andachten und religiösen Übungen teilnehmen – alle diese Elemente kennzeichneten, mehr oder minder streng gehandhabt, auch den klösterlichen Alltag. Häufig gehen Sektenmitglieder für ihre Organisation betteln („fund-raising" heißt das bei der Mun-Sekte) oder sie arbeiten unentgeltlich in sekteneigenen Häusern und Unternehmen (wie etwa in der Scientology Church).

Zu solchen großen persönlichen Opfern sind Menschen bereit, weil sie eine einfache Glaubensorientierung in einer als verwirrend komplex empfundenen Welt suchen.

III. In Gruppen siedeln
Das einfache Leben als Gemeinschaftsutopie

Viele soziale Bewegungen und weltanschaulich geprägte Gruppierungen der letzten zweihundert Jahre haben sich die Idee des einfachen Lebens als Programm auf ihre Fahnen geschrieben. Wahrscheinlich hat, wenn auch nicht explizit, die klösterliche Idee bei vielen Kommunen Pate gestanden, die es in den Vereinigten Staaten von Amerika und in Europa seit dem 18. und 19. Jahrhundert gab. Mit ihren Siedlungsversuchen wollten die utopischen Sozialisten und auch andere soziale Reformer ja tatsächlich missionieren; sie wollten neue Lebensformen exemplarisch vorführen und zunächst im kleinen das Leben erproben, das in der idealen Zukunftsgesellschaft dann alle führen sollten.

Einfachheit, im Sinne des Fehlens von Bequemlichkeit oder Luxus, kennzeichnete das Leben in fast allen weltanschaulich begründeten Kommunen. Manchmal gehörte sie zum erklärten Programm, noch öfter ergab sie sich wie von selbst aus den äußeren Lebensbedingungen der Siedler und Siedlerinnen. Sie mußten nicht selten ein spartanisches Leben in Kauf nehmen, wenn sie ihre anderen weltanschaulichen Ideale verwirklichen und dabei als

Gruppe überleben wollten. Ihre erklärten Ziele stammten aus dem Gedankengut der Aufklärung und der französischen Revolution. Sie wünschten sich ein Zusammenleben freier und gleicher Menschen, häufig auch die Abschaffung von Privatbesitz bzw. die Gütergemeinschaft, manchmal die freie Ehe oder gar die freie Liebe, die Gleichberechtigung der Geschlechter, andere Formen der Arbeitsteilung und der Kindererziehung.

Ende des 19. und zu Beginn des 20. Jahrhundert entstanden neue soziale Bewegungen, in denen die frühsozialistischen Ideen zum Teil noch lebendig waren, aber andere bestimmend hinzukamen. Die Lebensreformbewegung stellte den Körper und das Ideal eines gesunden Lebens in der freien Natur in den Mittelpunkt, sie propagierte vegetarische Ernährung, Freikörperkultur und zwanglose Kleidung. Sie hat viele gesellschaftliche Projekte bis in die zwanziger und dreißiger Jahre hinein beeinflußt, bei manchem reformpädagogischen oder alternativmedizinischen Unternehmen Pate gestanden. Berühmt geworden ist der Monte Verità bei Ascona, wo über mehrere Jahrzehnte hinweg AnhängerInnen der Lebensreformbewegung siedelten, ein Sammelbecken vieler ernsthafter Bestrebungen sowie skurriler Ideen.

Der Wunsch nach Gesundheit, Freiheit und Naturnähe trieb auch die Wandervogel- und die Jugendbewegung. Die zumeist jungen Menschen kehrten vorübergehend den Städten den Rücken; sie erfuhren sich auf großer Fahrt, wandernd, wobei sie alles, was sie brauchten, im Rucksack mitführten, sie lagerten, kochten, zelteten unter freiem Himmel. Ein kameradschaftlicher Umgang zwischen den Geschlechtern gehörte dazu. Auch aus der Jugendbewegung gingen gemeinschaftliche Wohnprojekte hervor, Siedlungen und Höfe, die sich von Gemüseanbau und handwerklicher Arbeit zu ernähren versuchten.

Ein halbes Jahrhundert später tauchen solche und verwandte Ideen vom einfachen Leben in den sozialen Bewe-

gungen der Hippies, der linken und alternativen Landkommunen wieder auf. Seit Ende der sechziger Jahre
bildeten sich in den USA Kommunen der Hippies; in
Deutschland entstand etwa ein Jahrzehnt später die
Aussteigerbewegung. Anfangs überwogen linke Landkommunen, meist in abgelegeneren Gegenden Deutschlands, bald zog es die grün-alternativen Aussteigerinnen
und Aussteiger auch ins wärmere Klima Südeuropas, vor
allem nach Italien oder Griechenland.

Die Hippies kultivierten die Bedürfnislosigkeit. Sie
lebten am Rande der Konsumgesellschaft mit dem
Anspruch, von Luft und Liebe satt zu werden, in Wirklichkeit als deren Trittbrettfahrer, die sich vom Überfluß
der verachteten Konsumgesellschaft ernährten, in Selbstbescheidung, aber ohne zu arbeiten, bettelnd und schnor-
rend. Die Leistungsanforderungen der Gesellschaft abzustreifen und intensiv im Hier und Jetzt zu leben, war ein
zentrales Anliegen der Hippies. Sie fanden nicht nur den
übertriebenen Konsum verächtlich, sondern das bürgerliche Leben insgesamt, mit seinen Konventionen, seiner
Karriere gier, seinem Besitz- und Sicherheitsdenken. Auch
die Hippies liebten die Natur, allerdings naiver, weniger
grundsätzlich und ernst, als wir es aus der Lebensreform-
und der Jugendbewegung kennen. „Sie gehen zur Natur
als ihrem Ursprung. Das Salzwasser des Meeres ist das
Salz ihres Blutes, die Freiheit des Meeres ihre Freiheit.
Der Wald ist der Ort, aus dem sie kommen, wo sie sich
selbst am nächsten sind, er ist die Erneuerung. Sie legen
nicht viel Wert auf Wanderausrüstung, Campingzelt für
den Strand oder Schwimmanzüge. Sie waten mit ihren
Bluejeans in das Salzwasser. Die Natur ist kein fremdes
Element, das eine Ausrüstung erfordert. Die Natur, das
sind sie"[4].

Hippie-Gedankengut und linke revolutionäre Ideen
mischten sich in den Ideen der Aussteiger, die bei uns in
den späten siebziger und achtziger Jahren das einfache

Leben suchten. Manche von ihnen, geprägt durch die Studentenbewegung und enttäuscht darüber, daß die erhoffte Revolution auf sich warten ließ, waren nicht bereit, den „Marsch durch die Institutionen" anzutreten; sie suchten statt dessen ein Umfeld, wo das richtige Leben ansatzweise im kleinen erprobt werden konnte. Die Kommunen auf dem Lande eigneten sich dafür eher als die Wohnprojekte in der Stadt. Hier konnte man im Kollektiv leben und arbeiten und sich dem kapitalistischen Wirtschaftssystem zumindest teilweise entziehen. In der nicht-entfremdeten landwirtschaftlichen Arbeit suchten die Aussteiger ein Stück der verlorenen Ganzheit des vorindustriellen bäuerlichen Lebens wieder, seine Unmittelbarkeit und Überschaubarkeit. Je nachdem, ob linke oder alternative Ideen überwogen, standen für die Landkommunen und Siedlerprojekte eher die Ablehnung des Privateigentums und herrschaftsfreie Formen der Arbeitsteilung im Vordergrund oder Ideen über gesundes Leben, vegetarische Ernährung und ganzheitliches Leben. Die Aussteiger zogen Befriedigung daraus, ihr Obst und Gemüse selber anzubauen und zumindest in diesem Bereich soweit wie möglich autark zu leben. Im Verlauf der achtziger Jahre verlor der theoretische sozialistische Überbau für die Kommune- und Siedlungsprojekte immer mehr an Bedeutung, statt dessen wurde das naturmystische Gedankengut prägender.

Kommunen und Siedlungsexperimente waren zumeist Projekte von Mittelschichtsangehörigen, in erster Linie von Intellektuellen. In den sozialistischen und alternativen Gemeinschaftsutopien dieses Jahrhunderts meint „einfaches Leben" immer Naturnähe und Genügsamkeit zugleich. Die Natur, der Körper, die Gesundheit waren in den frühsozialistischen Kommunen des 18. Jahrhunderts noch kein Thema, sie gewannen aber im ausgehenden 19. und erst recht im 20. Jahrhundert immer mehr an Bedeutung.

IV. Schlichtes Gemüt und karges Leben
Die kollektiv verordnete Einfachheit

Manchmal ist die Einfachheit nicht nur das Ideal von einzelnen oder von Glaubensgemeinschaften, sondern sie wird zur herrschenden Ideologie ganzer Staaten erklärt. Dann steht das einfache Leben im Dienst von Volk und Vaterland, von Gesetz und Ordnung, es wird kollektiv durchgesetzt und überwacht.

Mit Sparta verbinden wir nicht nur das Ideal „Mens sana in corpore sano", nicht nur die Forderung nach Mäßigkeit im Essen und Trinken, die Ablehnung von Bequemlichkeit und Luxus, sondern auch Drill, körperliche Zucht, stoische Gefühlskontrolle und die Fähigkeit, Schmerzen und Entbehrungen zu ertragen. Platons Entwurf des idealen Staates verlangt die Erziehung der Jugend zur Bescheidenheit und vor allem von den Wächtern, den Hütern der gesellschaftlichen Ordnung, strenge Disziplin und weitgehende Besitzlosigkeit.

Auf dieses Ideal berief man sich auch im alten Preußen, wobei sich hier zur körperlichen Abhärtung noch das protestantische Arbeitsethos gesellte: die Hochbewertung von Fleiß und Sparsamkeit, Disziplin und Pflichtbewußtsein. Vom einzelnen Menschen wurde erwartet, daß er sich willig und selbstgenügsam den Belangen der Gemeinschaft unterordnete und hart arbeitend dem Wohle des Ganzen diente.

Die preußischen Könige, die sich als oberste Diener des Staates fühlten, hatten in dieser Hinsicht Vorbildfunktion. Friedrich Wilhelm war sparsam bis zum Geiz. Das Essen am königlichen Tisch war nicht nur gemessen am Standard anderer Fürstenhäuser dürftig; manchmal bekamen die Prinzen und Prinzessinnen nicht einmal genug zum Sattwerden. Spartanisch streng bis zur Grausamkeit war auch sein Erziehungsstil. Sein Sohn Friedrich der Große übernahm diese Haltung als Regent.

Wiederholt schwärmte er vom einfachen Leben. „Ich könnte sehr wohlfeil leben: ich würde einen Kapaun kaufen und drei Tage davon essen", sagte er zu Henri de Catts, seinem Vorleser, der ihn während des Siebenjährigen Krieges begleitete, und: „Ich bin mit 1200 Talern ausgekommen, wenn es notwendig wäre, würde ich wieder so leben." Friedrich trug keine seidenen Nachtmützen, lesen wir in den Aufzeichnungen de Catts, er hatte oft durchlöcherte Stiefel und beklagte sich über die Nässe. „Der König beschrieb mir das philosophische Leben, das er mit 80.000 Talern an diesem Fleckchen führen möchte. Er würde sechs Freunde haben und es sich mit diesen recht behaglich machen."[5] Auf dem Hintergrund der Prachtentfaltung anderer europäischer Fürstenhäuser sind das gemütliche und bescheidene Biedermannphantasien.

„Friedrich ging mit Geld so haushälterisch um, wie es jeder Fürst oder Privatmann tun sollte", erklärte der große Historiker Macaulay (1842), „obwohl seine Sparmaßnahmen solcherart waren, daß ich sie lieber mit einem härteren Namen belegen würde."[6] Ganz Europa staunte, teils amüsiert, über die betonte Schlichtheit der preußischen Diplomaten, Beamten und Offiziere, die manchmal an schrullige Knauserigkeit grenzte. Damals prägte man das geflügelte Wort „Travailler pur le roi de prusse" – „für den König von Preußen arbeiten", was so viel bedeutete wie: wenig Geld, viel Ehre. Marion Gräfin Dönhoff stellt in ihrem Essay „Maß und Maßlosigkeit" die Schlichtheit des alten Preußen der Maßlosigkeit des wilhelminischen Deutschland gegenüber. „Im äußeren Aufwand war das alte Preußen von allergrößter Bescheidenheit, aber die Qualität der Arbeit der Beamten war besser als später."[7] Versinnbildlicht werden diese beiden Extreme im abgewetzten schäbigen Dreispitz Friedrichs des Großen aus gewöhnlichem Filz, den er jahrzehntelang tagaus, tagein trug, und im protzigen versilberten Adlerhelm Wilhelms II.

Auch das Idealbild des englischen Gentleman ist von Einfachheit geprägt, allerdings ohne das ausgeprägte protestantische Leistungsethos. Ein Gentleman tritt betont schlicht auf, Protzen, Prunk und Prahlerei sind ihm ein Graus, kennzeichnen sie doch das Verhalten von Parvenüs. Adlige Herkunft, den „guten Stall" erkennt man nicht am materiellen Reichtum und am aufwendigen Lebensstil, sondern am untadeligen Benehmen. Das Gentleman-Ideal des „understatement" entspricht der preußischen Maxime „Mehr sein als scheinen".

Im Deutschland des 19. und beginnenden 20. Jahrhunderts hatten große Teile der Mittelschichten die preußische Lebensauffassung verinnerlicht. Sie prägte die Erziehung und den Arbeitsalltag, vor allem im Beamtentum und im Militär. Der nationalsozialistische Staat knüpfte an diesen Ideen an, wenn er spartanische Härte und preußische Hingabe an die Gemeinschaft zur Bürgertugend erhob. Der tapfere, zähe Junge („hart wie Kruppstahl"), das saubere, bescheidene Mädel mit der schlichten Gretchenfrisur, das nicht raucht, sich nicht schminkt und fröhlich seine Arbeit in Familie und Arbeitsdienst für die Gemeinschaft tut – das war das nationalsozialistische Erziehungsideal.

Auch Hitler selbst gab sich in seinem persönlichen Lebensstil soldatisch einfach und preußisch pflichtbewußt. „Dieser Asket, der halb Mönch und halb Soldat war und der sich im Dienste seines Landes versagte, was selbst der bescheidenste Untertan noch für selbstverständlich hielt: ein Privatleben, wirkte auf die deutsche Kollektivpsyche als ein riesiges Über-Ich, ein institutionalisiertes Gewissen."[8] Viele Deutsche waren beeindruckt von der Bescheidenheit des Führers, der demonstrativ auf sein Dienstgehalt verzichtete. Allerdings warf sein Bestseller „Mein Kampf", der von den Standesämtern allen neuverheirateten Paaren überreicht und von den Kommunen bezahlt werden mußte, genug Einkommen ab.

Sparta war auch Lord Baden Powells Vorbild, als er 1905 die paramilitärische Organisation der Pfadfinder ins Leben rief. In späteren Jahrzehnten wurde die Pfadfinderei in vielen Ländern zur spielerischen Freizeitbeschäftigung für Halbwüchsige, ursprünglich war sie aber als erzieherische Institution gemeint, die die Freude Jugendlicher an einem abenteuerlichen Leben nutzte, um sie zu abgehärteten Erwachsenen zu machen, die sich diszipliniert in die Gemeinschaft einordnen. „Die fanatische Begeisterung für ein gemäßigtes, ja asketisches Leben garantierte das Fernbleiben der Jugend von den normalen Vergnügungen der Erwachsenen"[9]. Die Jungen sollten lernen, sich in der freien Natur zu orientieren, Zelte und Hütten zu bauen, am Lagerfeuer zu kochen, Regen, Hitze, Kälte zu ertragen – so wie die Soldaten im Feld.

Berühmte utopische Romane des 20. Jahrhunderts wie George Orwells „1984" haben das Leben in totalitären Systemen als scheußliche Mischung von Sparta und Preußen phantasiert. Auch da, wo es von den Autoren positiv gemeint ist, wie etwa im Entwurf des Verhaltenspsychologen B. F. Skinner „Futurum Zwei" lösen solche Visionen teilweise beklemmende Gefühle aus.

Meistens sind es Staatssysteme ärmerer Länder, die das einfache Leben zur allgemeinen Norm erheben. Sie müssen den Mangel verwalten und einigermaßen gerecht verteilen, wie etwa die kommunistischen Diktaturen in China und Cuba. Solche Ideen gehören nicht nur der Vergangenheit an: eine in Zukunft denkbare Öko-Diktatur beispielsweise könnte das Diktat des einfachen Lebens für alle bedeuten, eine Einschränkung der individuellen Konsumfreiheit zum Wohl der Gemeinschaft.

Ursprüngliche Paradiese
Das einfache Leben der Hirten und Bauern

Nicht nur der Gegensatz zwischen Reichtum und Armut, Luxus und Bescheidenheit bestimmt das Bild vom einfachen Leben, sondern auch die Spannung zwischen Natur und Zivilisation. In den Hochkulturen wächst das Bewußtsein, sich von den ursprünglichen Lebensbedingungen der Menschheit entfernt zu haben, eine Entwicklung, die teils als Fortschritt positiv erlebt, teils aber auch als tiefer Verlust empfunden wird.

Schon aus der Antike kennen wir die Literaturgattung der Hirtenidylle: die Schilderung eines glücklichen Lebens der Menschen in ihrem vermeintlichen Urzustand. Als ihr Schöpfer gilt der Grieche Theokrit (um 300 v. Chr.); bekannt geworden sind auch die Hirtengesänge des römischen Dichters Vergil (1. Jh. v. Chr.) Das Schäferleben in dieser Dichtung ist wie die Erinnerung an ein ursprüngliches, geradezu paradiesisches Glück: ein Arkadien abseits der Zivilisation, unberührt vom Wettlauf um materielle Güter, Ruhm oder Ehre. Die Hirten bewegen sich heiter und zufrieden in einem bescheidenen Leben ohne große Ansprüche und Aufregungen, aber auch ohne schwere Anstrengungen und mühselige Plackerei.

Ähnliche Motive gibt es in der Literatur des späten Mittelalters. Die höfisch-pastorale Dichtung bringt Überdruß an den gekünstelten Lebensformen des Hofes zum Ausdruck und stellt ihnen ein idealisiertes Schäferleben gegenüber, Gegenbilder eines ruhigen, zufriedenen Lebens im Stand von freien Bauern oder Hirten. Im 14. Jahrhundert besang Philipp de Vitry, Bischof von Meaux, Musiker und Poet, in seinem Gedicht „Vom freien Herrn Gontier (Günter) und seiner Frau Helayne (Helene)" in dieser Weise das einfache Leben. Auch Eustace Deschamps pries den Reiz der „aurea mediocritas", des Lebens im Mittelmaß – nicht in Glanz und

Reichtum, aber ohne Armut und Not. Ruhmsucht und Gewinngier bringen nur Elend, sagt Deschamps, der Arme aber ist zufrieden und glücklich – und er lebt auch länger als die Reichen und Mächtigen der Welt, weil die sich fortwährend in gefährliche Händel und Intrigen stürzen: „Ein Arbeiter und ein armer Fuhrmann / Geht schlecht gekleidet, zerrissen und barfuß, / Doch beim Schaffen gewinnt er seine Arbeit lieb / Nachts schläft er gut; deshalb sieht solch ein redliches Herz / Vier Könige und ihr Reich enden" [10].

Allerdings haben diese Sehnsuchtsbilder nicht allzuviel Realitätsgehalt. Sowohl die antike wie die mittelalterliche Literatur idealisierte die Hirten und Bauern als Menschen von hoher Kultur und verfeinerten Umgangsformen, sie waren eigentlich Menschen der privilegierten Schichten im Schäferkostüm. Die Figuren der Idylle wurden keinesfalls mit wirklichen Landleuten gleichgesetzt, die man mehr oder minder als Gesindel ansah. Schmutz, Schweiß, Gestank und Elend der bäuerlichen Wirklichkeit kamen in diesen Bildern nicht vor. Die Adligen litten unter den gesellschaftlichen Zwängen, die ihre Position ihnen auferlegte, aber sie wollten noch „... in ihrer Flucht vor diesen Zwängen ... die sozialen Privilegien und die verfeinerten Lebensformen bewahren, die gerade die Ursachen dieser Zwänge sind" [11]. Doch in dieser Dichtung steckt zugleich mit der Tendenz zur Weltverleugnung die Utopie eines Lebens in Selbstbescheidung. „Die große Befriedigung schien ohne Kampf möglich, durch Flucht aus dem von Haß und Neid erfüllten Wetteifer um Rang und eitle Ehre, Flucht aus dem drückenden, überladenen Luxus und Prunk..." [12]

Im 18. Jahrhundert erreicht der Gegensatz zwischen der bäuerlichen Wirklichkeit und der Idealisierung des ländlichen Lebens in den Kostümspielen des Hochadels einen Höhepunkt. Am Vorabend der Revolution zerstreute sich Marie Antoinette in ihrem weltberühmt gewordenen, künstlich angelegten kleinen Bauerndorf im Park des Lustschlößchens Trianon. Dort spielte sie manchmal Bäuerin, abgeschottet von der wirklichen Welt, umgeben nur von einigen auserwählten Freundinnen und Freunden. Frankreichs einfache Leute haßten die Königin wegen ihrer Verschwendungssucht, brauchte sie doch einen ganzen Hofstaat, allein um ihre Garderobe in Ordnung zu halten. Doch im Park des Trianon ging sie „à la simplicité", wie eine Bäuerin gekleidet, mit einem Strohhut auf dem Kopf, sie trank frische Milch von ihren Kühen, buk selber Brot und stellte gelegentlich Butter und Käse her.

Wie kaum ein anderer hat Jean-Jacques Rousseau (1712–1778) in den beiden letzten Jahrhunderten die Utopie vom einfachen Leben geprägt. Sein „Zurück zur Natur" stellt die Natur über die Zivilisation: die Natur ist gut, der Mensch im Naturzustand ist gut – erst die Zivilisation macht ihn schlecht und die Erziehung verformt ihn.

Rousseau fühlte sich nicht wohl in den großen Städten; er war nicht nur ein Naturschwärmer, sondern er wanderte auch gern, in einer Zeit, da dies noch kein verbreiteter Zeitvertreib der bürgerlichen Schichten war. Er kannte die Schweizer Berge, die Gegend um den Genfer See, die Wälder um Monmorency, wo er seine „Eremitage" bewohnte und die „Neue Heloise" schrieb. Seine Ideen vom Leben auf dem Land haben mehr Realitätsgehalt als die der Dichtung früherer Epochen. Rousseau liebt das Leben der einfachen Landleute. Der lobenswerteste Stand ist für ihn der des Bauern, der seinen eigenen Boden beackert, dann folgt der Beruf des Handwerkers, der mit seinen Händen arbeitet und nützliche Dinge herstellt. Aber auch die Angehörigen der oberen Gesellschaftsschichten können etwas von dem wahren und richtigen Leben verwirklichen, wenn sie sich entschließen, der Stadt den Rücken zu kehren und ihre

Güter selbst zu bewirtschaften – wie Julie und ihr Gatte, der Baron Wolmar, in dem vielgelesenen Roman „Die neue Heloise" (1760). Auch in seinem Aufsatz „Wenn ich reich wäre" (1762) schildert Rousseau die Vorzüge des Provinzlebens, wo man sich dem Rhythmus der Jahreszeiten anpaßt, in einem Haus ohne Diener wohnt, einfache Kleidung trägt und sich einfach ernährt, mit Freunden Feste feiert und sich dabei unter das Landvolk mischt.

Mit zunehmender Verstädterung und beginnender Industrialisierung wurde der Gegensatz zwischen Stadt und Land immer stärker. Je weiter sich das Bürgertum bei seinem gesellschaftlichen Aufstieg vom bäuerlichen Leben entfernte, desto stärker wurde das Landleben idealisiert und die Natur mystifiziert – eine Tendenz, die bis heute anhält. Gleichzeitig werden auf den idealen Landmann die Tugenden des aufstrebenden Bürgertums projiziert: Fleiß, Sparsamkeit und eine eher asketische Lebensweise.

Die Dichtung der Romantik fördert die neue schwärmerische Vorstellung von der Natur. „Naturverherrlichung setzt immer die Trennung von der Natur voraus; der Begriff des Naturschönen kann nur aus einer Position formuliert werden, in der die bewußtlose Symbiose mit der Natur reflektiv aufgebrochen ist." [13] Schon im 18. Jahrhundert gab es Begeisterung für den „Naturmenschen", der seinen dekadenteren Zeitgenossen unbeirrt das einfache Leben vorlebt. Wahrscheinlich ist der Begriff „Naturmensch" von Herder geprägt worden [14]. Um die Wende vom 19. zum 20. Jahrhundert stellt man ihm dann mit dem Expressionismus den „Asphaltmenschen" gegenüber, den armen degenerierten Großstädter.

Die Naturromantik bekommt im 19. Jahrhundert immer kritischere Töne gegenüber der Industrialisierung und ihren Folgen. Als Gegenbilder zur rasch sich verändernden Welt, zu Eisenbahnen, Maschinen und Fabrikschloten wird die alte Welt gesetzt: das unzerstörte Dorf, friedlich weidendes Vieh, murmelnde Bäche und Brunnen, einsam rauschende Wälder, Menschen, die im Rhythmus der Jahreszeiten leben, seit Generationen immer gleich. Solche Lebensformen werden erst jetzt, da sie vom Verschwinden bedroht sind, als Werte entdeckt. Die „Heimat" wird beschworen, die gewachsene Eigenart von Landschaft und Menschen und mit ihr der Mythos vom „ewigen Bauern", der „geschichtslos und von jeder Veränderung unberührt, auf seiner Scholle (haust), ein Hort der Beharrung gegenüber dem unfruchtbaren, nomadischen Zivilisationsmenschen"[15]. Das Bedürfnis nach „Einfachheit" äußert sich in der Sehnsucht nach den Kommunikationsformen des Dorfes: dörfliches im Gegensatz zum städtischen Leben, das bedeutet: Unmittelbarkeit und Überschaubarkeit.

Technikkritik war im 19. Jahrhundert ein Anliegen der Konservativen, die zugleich auch die alte ständische Gesellschaftsordnung wahren wollten. Sie begegneten den Ideen der Aufklärung mit tiefem Mißtrauen, sie sprachen sich gegen die „Gleichmacherei", den Sozialismus, die Demokratie, die Frauenemanzipation aus und setzen Werte wie Natur, Brauchtum und Einbindung in die Religion dagegen. Einen romatisch-konservativen Hintergrund haben bis ins 20. Jahrhundert hinein die meisten Anwälte des einfachen Lebens. Leo N. Tolstoi (1828–1910) und Peter Rosegger (1843–1918) teilen diese Weltanschauung, mit ihnen viele andere, wie Jeremias Gotthelf (1797–1854) oder Berthold Auerbach (1812–1882) mit seinen „Dorfgeschichten". Für sie bedeutet einfaches Leben Rückkehr zur Altvätersitte, das heißt auch zur patriarchalischen Familie mit ihren Autoritätsstrukturen. Mitte des 20. Jahrhunderts bekommt diese Einstellung immer stärkere Züge von Weltflucht und Realitätsverleugnung, so etwa, wenn Karl Heinrich Waggerl (1897–1973) in seinem 1940 erschienen „Wagrainer Tagebuch" das einfache Leben auf dem Dorf verklärt, als fände kein Weltkrieg statt.

In der Wilhelminischen Gesellschaft dominierten die gesellschaftlichen Kräfte, die den technischen und wirtschaftlichen Fortschritt wollten, das wirtschaftlich potente Großbürgertum und das politisch mächtige Junkertum. Die Hochbewertung der Natur teilten viele soziale Bewegungen des 19. und 20. Jahrhunderts, die in Opposition zum herrschenden Fortschrittsdenken standen und sich sonst durchaus unterschieden in ihren Inhalten und Zielsetzungen: die Wandervogel-, die Jugend- und die Lebensreformbewegung.

Später wurde der Nationalsozialismus zu einem Sammelbecken für die verschiedenen Zurück-zur-Natur-Strömungen, die das Lob des einfachen Lebens sangen. Die Kritik des „Asphaltmenschen" fügte sich gut in die frühe Nazi-Polemik: „Durch die angeschwollene Großstadt von heute aber hastet der Asphaltmensch hin, der nicht mehr Wurzeln schlägt," heißt es 1933 im Völkischen Beobachter, und „Noch heute besitzt das deutsche Volk … eine Schicht primitiven, schollengebundenen Menschentums, das eine Art Sammel- und Quellbecken der völkischen Kraft darstellt"[16]. Die Nazis werteten die Bauern, den „Nährstand", auf und versuchten, der Landflucht entgegenzuwirken, indem sie Arbeitsdienstkräfte in die Landwirtschaft schickten. Gesundheit und Naturverbundenheit standen hoch im Kurs, nicht nur die Bewegung an der frischen Luft, sondern auch eine gesunde, natürliche Ernährung. Einfach und bodenständig sollte die Küche der deutschen Hausfrau sein. Das Sammeln von Heilkräutern und Wildgemüsen, von Früchten des Waldes stand hoch im Kurs. Der allgemein eingeführte „Eintopftag" zugunsten der Winterhilfe, im Dienste der Volksgemeinschaft, war ein großer Propagandaerfolg. Doch obwohl der Nationalsozialismus sich zunächst naturromantisch gab, setzte er de facto auf technischen Fortschritt, mit den Kriegsvorbereitungen immer mehr, und forcierte so eine massive Industrialisierung. Einige führende Männer im nationalsozialistischen Deutschland waren agrarromantisch eingestellt, u. a. Himmler, während Goebbels und Göring um so technikbegeisterter waren. Alles in allem war der Nationalsozialismus „von seinem Ergebnis her ... eine technokratische Bewegung in romantischem Gewand"[17], die sich zu einer „gigantischen Modernisierungsbewegung" entwickelte.

Nach dem Zweiten Weltkrieg waren Natur- und Agrarromantik durch den Nationalsozialismus so nachhaltig negativ besetzt, daß Begriffe wie Heimat, Brauchtum, Naturnähe lange nicht verwendet werden konnten, ohne daß man sich dem Faschismus-Verdacht aussetzte.

Erst die alternativen Protestbewegungen der späten siebziger und der achtziger Jahre haben die Begriffe und Themen der naturromantischen Zivilisationskritik wieder aufgegriffen, in einem spezifischen Gemisch mit aufklärerischen und linken Ideen. Das Leben auf dem Land wurde wieder zum verklärten Gegenstand der Sehnsucht, das selbstgebackene Brot und das selbstangebaute Gemüse. Ganze Wirtschaftszweige leben heute von der Sehnsucht nach dem „natürlichen" Leben, das für viele Großstädter (denn dort leben die Menschen, die sich am meisten nach dem einfachen Leben sehnen) im Gang zum Bioladen, in der Bekehrung zu einer vollwertigen oder vegetarischen Ernährung oder im Erwerb von Textilien aus Naturfasern besteht. Wenn man schon nicht aussteigen oder ganz aufs Land übersiedeln kann, so will man wenigstens in der Freizeit sein eigenes Bier brauen oder Bienen züchten.

VI. Auf den Spuren des „edlen Wilden":
Aussteigen und Abhauen in exotische Welten

Viele bürgerliche Sehnsüchte nach dem einfachen und glücklichen Leben richteten sich nicht auf vergangene Epochen der eigenen Kultur, sondern sie wurden in die exotische Welt der „Primitiven" projiziert, jener überseeischen Völker, denen die Europäer im Laufe der Kolonialisierung begegnet waren, die sie teilweise verdrängt und unterworfen hatten oder gar auszurotten im Begriff waren. Höhepunkte erreichte die Idealisierung der „Wilden", vor allem der Indianer und Südseeinsulaner, im 18. und dann wieder zu Ende des 19. Jahrhunderts, bis zur Zeit des Ersten Weltkriegs. „Die Vermutung liegt nahe, daß die Beschäftigung mit dem Barbaren und seinem attraktiven Doppelgänger (dem „edlen Wilden", H. S.) in Zeiten an Interesse gewinnt, da der Mensch sich in seiner eigenen Kultur nicht mehr fraglos geborgen fühlt."[18]

Exotische Welten bieten, vielleicht mehr noch als archaische Vorstellungen über die Vergangenheit der eigenen Kultur, Raum für Phantasien, für unerfüllte Hoffnungen, für Ausbruchstendenzen aus Raum und Zeit. In den Daseinsbedingungen mancher Eingeborener, wie sie von enthusiastischen Weltumseglern und Entdeckern beschrieben wurden, glaubte man Reste des paradiesischen Urzustands der Menschheit wiederzuerkennen, Spuren eines Goldenen Zeitalters – das verlorene Paradies. Gewiß trug auch das schlechte Gewissen der Europäer angesichts der Aggressivität ihrer eigenen Zivilisation zur Verklärung des edlen Wilden bei. Der symbolisierte das, was man selber nicht ist, was man vielleicht einmal war und möglicherweise wieder zu werden hoffte – unentwickelte oder unterdrückte Facetten der eigenen Persönlichkeit.

Im 18. Jahrhundert wurde der Südseeinsulaner zum Inbegriff des edlen Wilden; Tahiti galt als das gelobte

Land. Das milde angenehme Klima, die gepflegte Kulturlandschaft mit ihrer unerschöpflichen Fruchtbarkeit und die Freundlichkeit und Ausgeglichenheit der Einheimischen prägten das Bild von den glücklichen Inseln.

„Hier fanden sich Erdenbewohner, die zwar bereits gesellig lebend und die natürlichen Reichtümer der Erde nutzend, noch nicht zu Opfern des Besitzstrebens, der Geltungssucht und eines anbrechenden technisierten Zeitalters geworden waren ... Der Südseeinsulaner besaß alles, wonach er verlangte, in reichlichem Maß, und er hütete sich in weiser Selbstbescheidung, mehr zu wollen: die Früchte des Brotbaumes, Kokosnüsse, Bananen und einige wenige Haustiere genügten ihm vollauf." [19] Selbstbescheidung, Mäßigkeit, eine einfache, gesunde, dabei schmackhafte Ernährung gehörten zum Lebensstil der Südseeinsulaner. Aber was den Europäern vor allem imponierte, war die Lebensfreude, die die Eingeborenen ausstrahlten, ihr Lebensrhythmus, eine anmutige und zwanglose Anpassung an die natürlichen Gesetzmäßigkeiten der Landschaft und des Klimas. Sie besaßen anscheinend in hohem Maße die Fähigkeit, „im Hier und Jetzt zu leben"; ganz von selbst und mühelos zeigten sie die Lebenshaltung, um die sich im 20. Jahrhundert eine intellektuelle Elite der westlichen Kulturen so angestrengt bemüht.

Das Paradiesähnliche des exotischen Lebens unterscheidet solche Utopien grundlegend von den asketisch geprägten Entwürfen des einfachen Lebens, wie wir sie im Zusammenhang mit dem Eremitendasein und dem Klosterleben, mit Sparta und Preußen kennenlernten. Dort ist das einfache Leben Ergebnis von Verzicht und Anstrengung. Das „Ora et labora" der innerweltlichen Askese, der Schweiß, das Müdewerden durch körperliche Anstrengung sind entscheidend für die Erlösung von der quälenden Frage nach dem Lebenssinn (vgl. etwa Ernst Wiecherts Roman „Das einfache Leben").

Die Utopie vom edlen Wilden ist eigentlich eine in exotische Räume versetzte Hirtenidylle. Mit dem idealisierten Bild eines archaischen Bauerntums in der eigenen Kultur teilt es die Hochbewertung der Einfachheit, der Unverdorbenheit und der Naturnähe. Doch stellte man sich das Leben der „Wilden" freier vor als das des Urbauern, ein Zusammenleben von Freien und Gleichen, ohne Eigentum, in einem relativ herrschaftsfreien Raum. Dagegen enthielt das romantisierte Bild vom einfachen Urbauern meist patriarchalisch-autoritäre Züge. Es paßte eher in die konservative Wertewelt. Die Utopie vom edlen Wilden eignete sich dagegen mehr für revolutionäre Phantasien.

Die Naturnähe, die Sinnlichkeit und die Lebensfreude der außereuropäischen Eingeborenen blieb während der letzten drei Jahrhunderte immer anziehend für die überkontrollierten, verklemmten und selbstentfremdeten Europäer. Manchen genügte es, von diesem Paradies zu träumen, einige wenige vollzogen tatsächlich die Flucht aus der Zivilisation. Gauguin ist ein spektakuläres Beispiel. Seine autobiographische Erzählung „Noa Noa", der Bericht über sein Leben auf Tahiti, spricht eine ebenso beredte Sprache wie seine Bilder, die dort entstanden sind. Auch einige der AussteigerInnen, die sich zu Beginn des 20. Jahrhunderts auf dem Monte Verità bei Ascona gefunden hatten, um dort neuen Lebensformen zu erproben, wanderten später in die Südsee weiter, als der Monte Verità sie enttäuschte.

Wen überkäme nicht von Zeit zu Zeit die Sehnsucht danach, wie die biblischen Vöglein zu leben, die nicht säen und nicht ernten (und der Herr ernährt sie doch!), sich dem Augenblick zu überlassen, nicht zu planen und sich mit Sorgen über die Zukunft den Kopf zu zergrübeln, in den Rhythmus der Natur einzutauchen – und das am liebsten in einem warmen Klima, in lieblicher Landschaft!

Diese Sehnsucht durchzieht auch die Literatur der

Romantik. Sie findet sich in Eichendorffs „Taugenichts", der in den Tag hineinlebt, der sich dem protestantischen Arbeits- und Leistungsethos verweigert, seine Zukunft nicht als Schmied in die Hand nimmt, sondern sich einfach treiben läßt, ohne große Ansprüche, bewegt von einer dunklen existentiellen Sehnsucht. „Einfaches Leben" heißt hier: einfach nur leben, im Augenblick leben, sich lebendig fühlen, das eigentliche Leben nicht immer auf die Zukunft verschieben. Solche Ideen waren in der Jugendbewegung lebendig, und sie sind im Hippietum der sechziger Jahre wieder aufgetaucht. Bis in die Gegenwart hinein haben sie den Tourismus beeinflußt, und sie haben Einfluß auf die Phantasien der zumeist jüngeren Menschen, die „aussteigen" und „abhauen" – auf der Suche nach neuen Formen der Religiosität in Indien oder im fernen Osten, als RucksacktouristInnen in Südamerika oder sonstwo, immer auf der Suche nach dem einfachen, dem wahren, lebendigen Leben.

Die AussteigerInnen der siebziger und achtziger Jahre suchen in exotischen Räumen das Land, wo Milch und Honig fließt; sie wollen dahin, wo die Gesetze des kapitalistischen Marktes noch nicht gelten, wo die Menschen sich nicht gegenseitig nach Leistung und Einkommen bewerten, wo sie noch arbeiten, um zu leben, und nicht umgekehrt, wo sie Zeit füreinander haben, unverdorben von der westlichen Zivilisation. Die Suche führt zum ausgedehnten Trip nach Gomera oder Indien oder Thailand, zum Siedlungsversuch in der Toskana, im Tessin, in Griechenland oder irgendwo in Übersee. „Seit nunmehr einem Jahr beschäftigen wir uns mit dem Gedanken, nach Kanada auszuwandern. Wir haben zwar materiell alles, sind aber trotzdem mit der Wohlstandsentwicklung unzufrieden. Unser Ziel ist es, einfacher zu leben, verbunden mit mehr Menschlichkeit und Zeit für uns und andere", berichten Auswanderungswillige in einem Zeitungsinterview[20].

Natürlich haben viele bald begriffen, daß der Ruck-
sacktourismus eine ambivalente Sache ist: einmal weil
ihm der Massentourismus in die bislang unerschlossenen
Gegenden auf dem Fuß folgt, so daß die Liebhaber der
Einsamkeit und der Ursprünglichkeit gerade das zerstören, was sie noch unberührt zu erleben wünschten.
Zum anderen pervertiert auch diese Form der Begegnung
mit den Einheimischen unweigerlich zur Ausbeutung,
denn die jungen Europäer, die nach unseren Standards
wenig Geld haben, sind dort reich; sie wollen möglichst
lange für möglichst wenig Geld in den exotischen Ländern bleiben und gehen wieder, wenn ihr Geld verbraucht
ist. Die meisten von ihnen wären keineswegs bereit, ihren
Lebensunterhalt nach den dortigen Standards mit eigener
Arbeit zu verdienen.

Die Familien, Gruppen und Kommunen, die sich in
südeuropäischen Ländern niederließen und mit dem mil-
deren Klima ein Stück des Ursprungsparadieses suchten,
fanden bald heraus, daß ihr Überleben im Alltag mit
härtester Arbeit verbunden war, und viele hielten nicht
lange durch.

Es gibt auch Phantasien, die den „edlen Wilden" nicht
in exotische Räume ansiedeln, sondern an den Rändern
unserer eigenen Zivilisation. Eine solche Figur ist Leut-
nant Glahn, der „Mann mit dem Tierblick", aus Knut
Hamsuns Roman „Pan".

In den siebziger Jahren wurde „Der Papalagi" von
Erich Scheurmann zu einem Kultbuch der alternativen
Szene, eine 1920 geschriebene Satire auf die westliche
Zivilisation, die plötzlich aus der Versenkung wiederauf-
tauchte – zusammen mit dem Wiedererwachen der kol-
lektiven Sehnsüchte nach einem exotischen Leben. In die-
sem Buch äußert sich der Südseehäuptling Tuiavii aus
Tiavea über unsere Kultur, kopfschüttelnd, voll milder
Verwunderung über die Papalagi, die Weißen, die ihre
Zeit damit verbringen, Gegenstände anzuhäufen und

hinter dem Geld herzujagen, immer in Hektik und vollkommen unfähig zu Glück und Zufriedenheit.

VII. Robinson Crusoes Insel
Das einfache Leben als Autarkiephantasie

Erst in den vergangenen drei Jahrhunderten haben die
Menschen begonnen, Inselphantasien vom einfachen
Leben zu entwickeln, die zumindest teilweise positiv
besetzt sind. Solche Phantasien drehen sich ebenfalls um
den Gegensatz zwischen Natur und Zivilisation, aber sie
idealisieren nicht frühere Zeiten oder exotische Lebenswelten, sondern die individuelle Autarkie – ein Gedanke
der Neuzeit. Für die Menschen früherer Zeiten war es
eigentlich nur eine erschreckende Vorstellung, abseits der
Zivilisation auf sich selbst gestellt zu sein. In der Antike
und auch noch im Mittelalter gehörte es zu den schlimm-
sten Strafen, aus der sozialen Gemeinschaft verstoßen zu
werden. Es war fast so schlimm wie die Todesstrafe; es
konnte ihr unter Umständen auch gleich kommen, denn
häufig waren die Menschen, ganz auf sich allein gestellt,
nicht imstande, sich zu ernähren, vor Hitze oder Kälte
und vor wilden Tieren zu beschützen.

Zwar lebte auch der Einsiedler des Mittelalters einigermaßen autark abseits menschlicher Siedlungen, für sich
allein im Wald von Wurzeln, Pilzen, Beeren und dem, was
ihm von gelegentlich vorbeikommenden Gläubigen geschenkt wurde. Aber er hatte dieses Leben gewählt, um
sich auf Gott und seine Seele zu konzentrieren und nicht,
um herauszufinden, ob er in der Lage sei, allein zurechtzukommen. So wie er auf materiellen Komfort verzichtete, so beraubte er sich auch der menschlichen Gesellschaft und Unterstützung und unterwarf sich damit der
Armut im doppelten Sinn.

In den Geschichten von Schiffbrüchigen und Abenteurern auf einsamen Inseln, wie sie im 18. und 19. Jahrhundert Mode wurden, erfährt die Autarkie und mit ihr das einsame Individuum eine neue Bewertung. Den Roman von Robinson Crusoe können wir in diesem Zusammenhang als beispielhaft ansehen. Zwar hat sich Robinson nicht absichtlich in seine Inselsituation gebracht; er ist durch eine Katastrophe in sie hineingestoßen worden. Aber seine Geschichte liest sich dennoch als Überlebenstriumph des starken Individuums.

Robinson, der zunächst nur sein nacktes Leben gerettet hat, löst seine Probleme Schritt für Schritt, eins nach dem anderen. Erst einmal trifft er notdürftige Vorkehrungen dafür, im Schlaf nicht von wilden Tieren angefallen zu werden. Dann kümmert er sich um Trinkwasser. Angst und Ungewißheit sind immer auch begleitet von dem stolzen Gefühl, wieder ein Stück vorwärtszukommen. Er schwimmt zum Schiffswrack hinaus und bringt nach und nach, erst schwimmend, dann mit einem selbstgebauten Floß, alles an Land, was es an Vorräten und Werkzeugen noch birgt. Passenderweise versinkt das Wrack erst endgültig bei einem weiteren Sturm, als er fast alles an Land geholt hat. In der dritten Nacht schläft er bereits in einem selbstgebauten Zelt, das seine Vorräte vor der Sonne schützt; dann beginnt er mit dem Ausbau einer Höhle, die ihm zusätzlich Schutz gewährt.

Mit dem erzählerischen Trick, das beladene Wrack eine Zeitlang für Robinson erreichbar zu halten, macht Daniel Defoe seine Geschichte vom wunderbaren Überleben des schiffbrüchigen Robinson Crusoe plausibler. Andernfalls wäre er kaum ohne Lebensmittelvorrräte und Werkzeug zurechtgekommen, er hätte als Angehöriger einer zivilisierten Nation des 18. Jahrhunderts nicht so schnell lernen können, wie es die Anpassung an ein Leben in der Wildnis erfordert. So aber besaß er eine, wenn auch bescheidene Minimalausrüstung, ein einfaches Leben zu beginnen.

Die ersten Tage und Wochen sind dem bloßen Überleben gewidmet. Später findet sich Robinson in der Lage der Menschen in der Subsistenzwirtschaft: er muß immer soviel Nahrungsmittel anbauen, erjagen, konservieren, daß er seinen kleinen Vorsprung vor dem Verhungern halten oder, besser noch, vergrößern kann, denn der nächste Rückschlag kommt bestimmt. Robinson erlebt gewissermaßen im Zeitraffer die Entwicklungsgeschichte der Menschheit nach: er muß alles noch einmal lernen, was die Menschen als Jäger und Sammlerinnen und in der Phase ihrer Seßhaftwerdung lernen mußten. Alle seine Fortschritte sind vom Gefühl des Mangels motiviert und von schmerzhaften Erfahrungen begleitet. Doch er schafft es. Mit harter Anstrengung und auch etwas Glück gelingt ihm der Aufbau vom Nichts zur bescheidenen Behaglichkeit.

Es ist bezeichnend, daß das Robinson-Szenario vom einfachen Leben die Menschen bis in die Gegenwart hinein immer wieder beschäftigt.

Das hat seinen Grund zum einen in den unverhüllten Größenphantasien des modernen Menschen, die sich paradoxerweise in einer Zeit entfalten, in der die Abhängigkeit des Individuums von der Zivilisation größer geworden ist denn je – und damit auch seine Chancen, notfalls allein zu überleben, geringer sind denn je. Unsere Zivilisation hat die fühlbare Abhängigkeit von den Mitmenschen, der kleinen Gruppe, reduziert, dafür die Abhängigkeit von Institutionen, etwa von der Geldwirtschaft, dem Markt, dem Staat, einer hochkomplexen arbeitsteiligen Wirtschaft, von Versicherungssystemen etc. erhöht. Das sind abstrakte Abhängigkeiten, die es im sozialen Alltag erlauben, auch auf Distanz zu den anderen Menschen scheinbar allein zurechtzukommen.

Hinter den Robinson-Phantasien der Gegenwart steckt einerseits der Wille herauszufinden, wie groß die individuelle Abhängigkeit von der Zivilisation tatsächlich ist, andererseits der Wunsch, sich angesichts von Notsituationen und extremem Mangel selbst zu erfahren und die eigene Stärke und Autonomie zu beweisen. Das war das Anliegen von Henry David Thoreau, als er 1845 eine Hütte in den Wäldern von Massachusetts baute und dort ein Jahr einfach und einigermaßen autark lebte. Das ist ein Thema nicht nur der fiktiven Literatur, sondern auch das geheime Motiv hinter Selbstversorgungsbestrebungen und Überlebenstraining.

Aber die Autarkiephantasien sind ambivalent: Sie drücken nicht nur individuelle Größenphantasien aus, sondern sie dienen auch der Abwehr von Ängsten: der tiefsitzenden Angst nämlich, Naturkatastrophen, Kriegen und dem partiellen Zusammenbruch der Zivilisation in Wirklichkeit nicht mehr gewachsen zu sein. Denn die Ängste vor solchen Katastrophen beunruhigen die Menschen gerade in Zeiten des Überflusses und des länger andauernden Wohllebens.

Zur Beschwichtigung solcher Ängste dient die Erinnerung an Mangelsituationen, mit denen man in der Vergangenheit fertig geworden ist. Viele Geschichten von Armut und Not werden rückblickend gern erzählt: an eine entbehrungsreiche Kindheit erinnert sich der gern, der es inzwischen zu etwas gebracht hat. Die Notzeiten von Krieg und Nachkriegszeit mit ihrem erzwungenermaßen einfachen Leben werden nachträglich oft verklärt. Soldaten erzählen mit Stolz von den an der Front durchgestandenen Entbehrungen, von Hunger und Durst, von extremer Kälte oder Hitze, von behelfsmäßigen Unterkünften, von unsäglichen Nahrungsmitteln, vor denen sie sich ekelten, die sie aber dennoch gegessen haben. Frauen berichten von der unerschöpflichen Phantasie, mit der es ihnen gelang, aus fast nichts Essen zu kochen und Kleidungsstücke herzustellen, etwa aus Kartoffelschalen Kuchen zu backen oder alte Uniformstoffe zu Röcken und Blusen zu verarbeiten.

Schwere Zeiten durchgestanden zu haben, wirkt nachträglich beruhigend. Im Kontrast kann man den Luxus der gegenwärtigen Situation noch erleben, und gleichzeitig versichert man sich: wir haben es schon einmal gekonnt, wir würden es notfalls wieder können. Zwar hofft man, dergleichen nie mehr erleben zu müssen, und nur eine Minderheit begibt sich um der Selbsterfahrung und Selbstbestätigung willen freiwillig-spielerisch in vergleichbare Situationen. Aber trotzdem erscheint das erzwungene einfache Leben in der Erinnerung oft als etwas Kostbares, etwas Reineres und Besseres als die materiell gesicherte, bequeme Gegenwart. Die Wärme eines Ofens erscheint einem als das Wunderbarste auf der Welt, wenn man vorher gefroren hat; ein einfaches, aber reichliches Essen wird als wahres Fest empfunden, wenn man wirklich hungrig ist. Gern erzählt man sich auch, die Menschen seien in Notzeiten hilfsbereiter und freundlicher, sie rückten einander näher und fühlten sich trotz des Mangels zufriedener und ausgefüllter. Daran ist sicher etwas Wahres, so lange der Mangel nicht zu extrem ist und nicht zu lange andauert.

In der Zeit nach dem Zweiten Weltkrieg, als für die Mehrheit der Westdeutschen extremer Mangel allmählich in Wohlstand überging, wurde das Immer-mehr eine Weile als ein Immer-besser empfunden und reichte vielen Menschen vorübergehend als Lebenssinn aus. Manchmal sehnen sich gerade die, die im Überfluß schwimmen, nach der Fraglosigkeit harter Zeiten zurück. Denn das Leben wird in jeder Hinsicht einfach, wenn man vorrangig mit dem Überleben beschäftigt ist.

VIII. Die „neue Askese"
Verzicht in der Überflußgesellschaft

Die beiden Jahrzehnte nach dem Zweiten Weltkrieg waren eine Phase unbekümmerter Wohlstandsmehrung, gekennzeichnet von raschem Wirtschaftswachstum, Zunahme der individuellen Einkommen bei der Mehrheit der Bevölkerung, einer ungebrochenen Stimmung des: Mehr! Größer! Schneller! Das hat sich spätestens in den achtziger Jahren verändert. Zwar wächst die Wirtschaft noch, wenn auch sehr langsam, und die Mehrheit lebt noch immer im Wohlstand. Aber Arbeitslosigkeit auf einem hohen Niveau ist zum Normalzustand geworden, und eine neue Armut breitet sich aus. Während eine kleine Zahl von Vermögenden immer reicher wird, fühlt sich ein größerer Teil der unteren Mittelschicht vom sozialen Abstieg bedroht. Gewiß ist Armut ein relativer Begriff; in unserer Wohlstandsgesellschaft ist der Prozentsatz derjenigen, die verhungern oder erfrieren, erheblich kleiner als in den armen Ländern der dritten Welt. Aber die Zahl der Armen, der Obdachlosen, der Arbeitslosen und der Sozialhilfeempfänger, die an den Rand gedrängt werden, weil sie sich den hierzulande für normal gehaltenen Lebensstil nicht mehr leisten können, wächst stetig an.

Nicht nur die volkswirtschaftliche Situation hat sich verändert. Innerhalb der letzten beiden Jahrzehnte hat sich ein Unbehagen am materiellen Fortschrittsdenken weit verbreitet. An vielen Menschen sind die ökologischen Appelle der grünen Bewegung nicht spurlos vorüber gegangen, der Hinweis auf die begrenzten Ressourcen, die Verwüstung der Welt, die zunehmende Schere des Wohlstands zwischen den industrialisierten und den anderen Ländern. Immer mehr Menschen sind sich der Tatsache bewußt, daß unser Lebensstandard katastrophale Folgen für die ganze Weltbevölkerung hat, erst recht dann, wenn alle ihn anstreben. Zwar fühlen

heute viele eine vage Verantwortung, weniger und bewußter zu konsumieren, aber noch gedeiht hektischer
Konsumismus weiter neben dem kollektiven schlechten
Gewissen und manchmal geradezu apokalyptischen Ängsten vor der Zukunft. Manche versuchen, einfacher und
ökologisch bewußter leben – allerdings ist nicht immer
klar, was das genau heißt. Keine Plastiktüten benutzen?
Auf das Auto verzichten? Den Energieverbrauch reduzieren? Weniger Fleisch essen? Nur biologisch gedüngtes
Gemüse kaufen?

Das spektakuläre Aussteigen aus Überdruß in eine
radikal-alternative Existenz mag nicht mehr ganz so
populär sein wie in den siebziger und achtziger Jahren.
Aber gerade in den Kreisen der Mittelschicht, die noch
nicht direkt vom sozialen Abstieg bedroht sind, gibt es
viele nachdenkliche Stimmen, die ein „Produktfasten"
fordern, eine „neue Askese": bewußteres Konsumieren
oder relativen Konsumverzicht.

Friedrich Cramer, der den Begriff der „neuen Askese"
geprägt hat, versteht darunter eine Absage an die Idee des
materiellen Fortschritts, den „Verzicht auf sinnlose Zivilisationsgüter, auf Chrom und Lack, auf Supersauberkeit,
auf Modetorheit, auf Überfressen und Wohlstandsalkoholismus."[21]

Doch die Sehnsucht nach dem einfachen Leben hat
nicht nur mit dem ökologischen Gewissen zu tun. Sie
hängt auch mit der immer komplexer werdenden Welt
zusammen, mit den großen Anstrengungen, die es kostet,
in dieser Welt ein mündiges Individuum zu sein. Individuelle Freiheit und Selbstbestimmung gehört zu den
höchsten Werten der Moderne, aber es ist gar nicht so
leicht, immer zwischen mehreren Möglichkeiten wählen
zu können und anschließend von dem Gefühl geplagt zu
werden, man habe vielleicht falsch gewählt und damit die
bessere Alternative verpaßt. Das gilt nicht nur für das
Konsumverhalten, sondern für die ganze Lebensführung.

Um sich Entscheidungen zu sparen, schwimmt man mit Moden und Trends. Doch die wechseln schnell, der Überdruß an der Vielfalt der Eindrücke nimmt zu, das Gefühl der Beliebigkeit und der Hilflosigkeit wächst.

In der verwirrenden Vielfalt der Erscheinungen verspricht das Einfache und das Natürliche dem Menschen eine Orientierung und einen Wert. Alles, was sich mit dem Etikett „natürlich" schmückt, erfreut sich heute größerer Beliebtheit denn je – obwohl es meist mit der Natur nur wenig zu tun hat. Vor allem die Werbung nutzt die verbreitete Sehnsucht nach dem Natürlichen. Mit Bildern von blühenden Kräutergärten, kleinen Fachwerkhäusern im Grünen und Kühen auf einsamer Alm verkauft sie das Gegenteil vom einfachen Leben, nämlich einen Berg überflüssiger Kosmetika, Nahrungs- und Genußmittel, deren Herstellung alles andere als natürlich und einfach ist. Sie verspricht die Essenz des Natürlichen und des Einfachen in gleichsam geronnener Form in ihren künstlichen Produkten. Die Zigarettenwerbung mit den Cowboys am Feuer in der wilden Berglandschaft suggeriert die gleichen Gefühle wie das Überlebenstraining sie als Ergebnis extremer Anstrengung und Entbehrung verschafft – doch hier sind sie viel einfacher zu haben, als Assoziation mit dem Kaufakt.

Die Sehnsucht nach dem Natürlichen äußert sich in vielen Hobbies, in der Liebe zum Kleingarten, beim Halten von Haustieren, in manchen Formen des Tourismus, bei Freizeitbeschäftigungen wie Wandern, Camping, Picknicken und Grillen im Freien. Dabei begnügt man sich aber meist mit einer symbolischen Andeutung des Natürlichen und Einfachen, und ganze Industrien leben von der dekorativen Ausgestaltung dieser symbolischen Geste. Wer die Steaks unter freiem Himmel brät, zelebriert Naturnähe – aber sie müssen gut gewürzt sein, Saucen und sonstigen Beilagen dürfen nicht fehlen, man will auf Sitzkomfort auch auf der Wiese nicht verzichten, und die Getränke sollen gekühlt serviert werden. Wer wandert, kauft sich erstklassige Schuhe, einen Rucksack möglichst mit dem Zertifikat „himalayaerprobt" und atmungsaktive Kleidung. Wer in seinen Ferien zeltet, will auch während dieser Zeit nicht auf den kleinen Kühlschrank, das Radio und den Fernseher verzichten. So äußert sich die Suche nach dem einfachen Leben vorwiegend in nostalgischen Zitaten, beschränkt sich auf eine bloß symbolische Annäherung, die so lange mit großem Perfektionswahn ausgestaltet wird, bis das in dieser Weise inszenierte einfache Leben sich vom normalen hochzivilisierten Alltag kaum mehr unterscheidet.

Dennoch: bei immer mehr Menschen wächst heute die Erkenntnis, daß Überfluß und materielle Erlebnisorientierung nicht mehr Befriedigung bringen, sondern einen auf Dauer eher der Glücksfähigkeit berauben. Wenn man ständig Neues kauft, überdauert das Vergnügen, einen Gegenstand zu besitzen, kaum den Kaufakt. Anschließend stehen zahllose Dinge herum, die nicht wirklich gebraucht werden, nur Platz wegnehmen und womöglich gepflegt, geputzt und in Ordnung gehalten werden müssen. Weniger Besitz, vor allem von minderwertigem Plunder, kann sehr entlastend sein. So wird von manchen eine „Entrümpelung" des Alltags gefordert. Was braucht man wirklich von den vielen Kleidungsstücken in der Garderobe, den vielen Büchern, Schallplatten, CDs und Videos, den Küchengeräten und dem Mobiliar, dem Kleinkram und dem Nippes? Was weder nützlich noch schön ist, sollte verschwinden, lautet die Devise. Die radikale Vereinfachung soll der Wiederherstellung der Erlebnisfähigkeit dienen.

Der Gedanke ist bestechend. Doch es ist wahrscheinlich, daß die meisten Menschen, wenn sie einmal gründlich aufgeräumt und „entmüllt" haben, gleich wieder mit dem Anhäufen von Gegenständen beginnen. Dann würde das Entrümpeln nur den schnellen Kreislauf vom

Kaufen und Wegwerfen weiter beschleunigen und die Müllberge, sortiert oder unsortiert, um so rascher wachsen lassen. Vielleicht gehört das Sammeln und Anhäufen zu den menschlichen Grundtrieben. Denn die meiste Zeit ihrer Geschichte waren die Menschen darauf angewiesen, alles aufzuheben, weil es einmal nützlich werden könnte, es war beruhigend, immer einen kleinen Hamstervorrat zwischen sich und der Existenznot zu wissen. Das „Entmüllen" besorgten ganz von selbst die immer wieder hereinbrechenden Katastrophen, die Hungersnöte und Kriege.

Die Vereinfachung des Alltags, die von einigen nachdenklichen Stimmen gefordert wird, soll sich aber nicht nur auf überflüssige Gebrauchsgegenstände beziehen. Wir sollten auch unsere Freizeitgewohnheiten „entrümpeln": uns mit weniger Dingen bewußter beschäftigen. Nicht in jeden neuen Film rennen, nicht ständig gedankenlos Musik hören, während wir etwas anderes tun, nicht gleichzeitig telefonieren und den Fernseher laufen lassen. Erich Fromm bezeichnet diese Form der Achtsamkeit und Konzentration als eine wichtige Komponente der „Kunst des Liebens".

Vereinfachung bedeutet auch einen anderen Umgang mit der Zeit, das Bestreben, sich der ständigen Beschleunigung des allgemeinen Lebenstempos zu verweigern – die „Entdeckung der Langsamkeit". Vereinfachung bedeutet nicht nur, weniger Gegenstände bewußter zu erwerben und zu nutzen, sondern sich auch mit weniger und bewußter wahrgenommenen Eindrücken intensiver auseinanderzusetzen, sich partiell der Informationsflut zu verweigern, die ständig über uns hereinbricht.

In der Wohlstandsgesellschaft sind viele Dinge, die früher als Luxusgüter und Prestigeobjekte galten, einer breiten Mehrheit zugänglich geworden. Damit haben sie ihren Luxuscharakter und Prestigewert verloren. In Zukunft werden die wahren Luxusgüter vielleicht immaterieller Natur sein. So könnte es der größte Luxus werden, über selbstbestimmte Zeit zu verfügen, wieder Ruhe und Muße zu empfinden – während die anderen sich im Hamsterlaufrad des alltäglichen Stresses abstrampeln, um eines etwas teureren Autos oder einer etwas exotischeren Fernreise willen.

Eine Vereinfachung des Lebens zur Steigerung der Genußfähigkeit – das ist heute, in den Zeiten der Übersättigung, vielleicht aktueller als je zuvor in den kargeren Phasen der Menschheitsgeschichte. Epikur grüßt von fern, und hier schließt sich der Ring zwischen den aktuellen und den historisch überdauernden Motiven, ein einfaches Leben anzustreben.

Es mag zynisch klingen, in Zeiten wachsender Alltagsnot zur Vereinfachung zwecks Steigerung der Genußfähigkeit aufzurufen. Aber solche Appelle haben möglicherweise größere Chancen als moralisierende Aufrufe. Wahrscheinlich haben die Menschen im Laufe der Geschichte nur sehr selten ihr Verhalten verändert, weil sie es moralisch verwerflich fanden. Sie haben sich immer nur von der Notwendigkeit zu Verhaltensveränderungen zwingen lassen – oder dann, wenn sie sich etwas Positives davon versprachen.

Anmerkungen

1. Majid Rahnema: Armut. In: Wolfgang Sachs (Hg.): Wie im Westen so auf Erden, Rowohlt, Reinbek 1993, S. 16–43.
2. Johan Huizinga: Herbst des Mittelalters, Kröner, Stuttgart 1987, S. 81.
3. Majid Rahnema: a.a.O., S. 20.
4. Charles Reich: Die Welt wird jung, Wien 1971, zitiert nach Dieter Baacke: Jugend und Jugendkulturen, Juventa, Weinheim/München 1987, S. 52.
5. Henri de Catt: Unterhaltung mit Friedrich dem Großen. Die Tagebücher Henri de Catts 1758–1760, Limes Verlag, Wiesbaden 1954, S. 172, S. 58; S. 130, S. 70.

6. Thomas Babington Macaulay: Friedrich der Große. Ein historischer Essay. Haude und Spenersche Verlagsbuchhandlung, Berlin o. J., S. 46, S.75.

7. Marion Gräfin Dönhoff: Preußen – Maß und Maßlosigkeit, Siedler, Berlin 1987.

8. Richard Grünberg: Das 12jährige Reich, Wien, Molden 1972, S. 92.

9. John R. Gillis: Geschichte der Jugend, Beltz, Weinheim 1980, S. 154.

10. Zitiert nach Johan Huizinga: a.a.O., S. 150.

11. Thomas Lange: Idyllische und exotische Sehnsucht, Scriptor Verlag, Kronberg/Ts., 1976, S. 143.

12. Johan Huizinga, a.a.O., S. 147.

13. Rolf Peter Sieferle: Fortschrittsfeinde?, C.H. Beck, München, 1984, S. 163.

14. Vgl. Thomas Lange: a.a.O., S. 134.

15. Rolf Peter Sieferle: a.a.O., S. 188.

16. Zitiert nach: Cornelia Berning: „Vom Abstammungsnachweis zum Zuchtwart. Vokabular des Nationalsozialismus", de Gruyter, Berlin 1964.

17. Rolf Peter Sieferle: a.a.O., S. 221, 223.

18. Urs Bitterli: Die Wilden und die Zivilisierten, C.H. Beck, München 1976, S. 374.

19. Ebd., S. 383f.

20. Klaus Bergmann u.a.: Abhauen, Rowohlt, Reinbek, 1981, S. 15.

21. Friedrich Cramer: Fortschritt durch Verzicht, Nymphenburger Verlagsbuchhandlung, München 1975, S. 266.

I. Diogenes in der Tonne
oder
Die Freiheit der Bedürfnislosigkeit

Heinrich Böll

Kleine Anekdote zur Senkung der Arbeitsmoral

In einem Hafen an der westlichen Küste Europas liegt ein ärmlich gekleideter Mann in seinem Fischerboot und döst. Ein chick angezogener Tourist legt eben einen neuen Farbfilm in seinen Fotoapparat, um das idyllische Bild zu fotografieren: Blauer Himmel, grüne See mit friedlichen, schneeweißen Wellenkämmen, schwarzes Boot, rote Fischermütze. Klick. Noch einmal: klick, und da aller guten Dinge drei sind, und sicher sicher ist, ein drittes Mal: klick. Das spröde, fast feindselige Geräusch weckt den dösenden Fischer, der sich schläfrig aufrichtet, schläfrig nach seiner Zigarettenschachtel angelt, aber bevor er das Gesuchte gefunden, hat ihm der eifrige Tourist schon eine Schachtel vor die Nase gehalten, ihm die Zigarette nicht gerade in den Mund gesteckt, aber in die Hand gelegt, und ein viertes Klick, das des Feuerzeuges, schließt die eilfertige Höflichkeit ab. Durch jenes kaum meßbare, nie nachweisbare Zuviel an flinker Höflichkeit ist eine gereizte Verlegenheit entstanden, die der Tourist – der Landessprache mächtig – durch ein Geräusch zu überbrücken versucht.

„Sie werden heute einen guten Fang machen."

Kopfschütteln des Fischers.

„Aber man hat mir gesagt, daß das Wetter günstig ist."

Kopfnicken des Fischers.

„Sie werden also nicht ausfahren?"

Kopfschütteln des Fischers, steigende Nervosität des Touristen. Gewiß liegt ihm das Wohl des ärmlich gekleideten Menschen am Herzen, nagt an ihm die Trauer über die verpaßte Gelegenheit.

„Oh, Sie fühlen sich nicht wohl?"

Endlich geht der Fischer von der Zeichensprache zum wahrhaft gesprochenen Wort über. „Ich fühle mich großartig", sagt er. „Ich habe mich nie besser gefühlt." Er steht auf, reckt sich, als wollte er demonstrieren, wie athletisch er gebaut ist. „Ich fühle mich phantastisch."

Der Gesichtsausdruck des Touristen wird immer unglücklicher, er kann die Frage nicht mehr unterdrücken, die ihm sozusagen das Herz zu sprengen droht: „Aber warum fahren Sie dann nicht aus?"

Die Antwort kommt prompt und knapp: „Weil ich heute morgen schon ausgefahren bin."

„War der Fang gut?"

„Er war so gut, daß ich nicht noch einmal auszufahren brauche, ich habe vier Hummer in meinen Körben gehabt, fast zwei Dutzend Makrelen gefangen…"

Der Fischer, endlich erwacht, taut jetzt auf und klopft dem Touristen beruhigend auf die Schultern. Dessen besorgter Gesichtsausdruck erscheint ihm als ein Ausdruck zwar unangebrachter, doch rührender Kümmernis.

„Ich habe sogar für morgen und übermorgen genug", sagt er, um des Fremden Seele zu erleichtern. „Rauchen Sie eine von meinen?"

„Ja, danke."

Zigaretten werden in Münder gesteckt, ein fünftes Klick, der Fremde setzt sich kopfschüttelnd auf den Bootsrand, legt die Kamera aus der Hand, denn er braucht jetzt beide Hände, um seiner Rede Nachdruck zu verleihen.

„Ich will mich ja nicht in Ihre persönlichen Angelegenheiten mischen", sagt er, „aber stellen Sie sich mal vor, Sie führen heute ein zweites, ein drittes, vielleicht sogar ein viertes Mal aus und Sie würden drei, vier, fünf, vielleicht gar zehn Dutzend Makrelen fangen… stellen Sie sich das mal vor."

Der Fischer nickt.

„Sie würden", fährt der Tourist fort, „nicht nur heute, sondern morgen, übermorgen, ja, an jedem günstigen Tag zwei-, dreimal, vielleicht viermal ausfahren – wissen Sie, was geschehen würde?"

Der Fischer schüttelt den Kopf.

„Sie würden sich in spätestens einem Jahr einen Motor kaufen können, in zwei Jahren ein zweites Boot, in drei oder vier Jahren könnten Sie vielleicht einen kleinen Kutter haben, mit zwei Booten oder dem Kutter würden Sie natürlich viel mehr fangen – eines Tages würden Sie zwei Kutter haben, Sie würden …", die Begeisterung verschlägt ihm für ein paar Augenblicke die Stimme, „Sie würden ein kleines Kühlhaus bauen, vielleicht eine Räucherei, später eine Marinadenfabrik, mit einem eigenen Hubschrauber rundfliegen, die Fischschwärme ausmachen und Ihren Kuttern per Funk Anweisung geben. Sie könnten die Lachsrechte erwerben, ein Fischrestaurant eröffnen, den Hummer ohne Zwischenhändler direkt nach Paris exportieren – und dann …", wieder verschlägt die Begeisterung dem Fremden die Sprache. Kopfschüttelnd, im tiefsten Herzen betrübt, seiner Urlaubsfreude schon fast verlustig, blickt er auf die friedlich hereinrollende Flut, in der die ungefangenen Fische munter springen.

„Und dann", sagt er, aber wieder verschlägt ihm die Erregung die Sprache. Der Fischer klopft ihm auf den Rücken, wie einem Kind, das sich verschluckt hat. „Was dann?" fragt er leise.

„Dann", sagt der Fremde mit stiller Begeisterung, „dann könnten Sie beruhigt hier im Hafen sitzen, in der Sonne dösen – und auf das herrliche Meer blicken."

„Aber das tu ich ja schon jetzt", sagt der Fischer, „ich sitze beruhigt am Hafen und döse, nur Ihr Klicken hat mich dabei gestört."

Tatsächlich zog der solcherlei belehrte Tourist nachdenklich von dannen, denn früher hatte er auch einmal geglaubt, er arbeite, um eines Tages einmal nicht mehr arbeiten zu müssen, und es blieb keine Spur von Mitleid mit dem ärmlich gekleideten Fischer in ihm zurück, nur ein wenig Neid.

Epikur

Die Genügsamkeit ist ein großes Gut

Auch die Genügsamkeit halten wir für ein großes Gut, nicht, um uns in jedem Fall mit wenigem zu begnügen, sondern um, wenn wir nicht die Hülle und Fülle haben, uns mit dem wenigen zufriedenzugeben, in der richtigen Überzeugung, daß diejenigen den Überfluß mit der stärksten Lustwirkung genießen, die desselben am wenigsten bedürfen, und daß alles Naturgemäße leicht zu beschaffen, das Eitle aber schwer zu beschaffen ist. Denn eine bescheidene Mahlzeit bietet den gleichen Genuß wie eine prunkvolle Tafel, wenn nur erst das schmerzhafte Hungergefühl beseitigt ist. Und Brot und Wasser gewähren den größten Genuß, wenn wirkliches Bedürfnis der Grund ist, sie zu sich zu nehmen. Die Gewöhnung also an eine einfache und nicht kostspielige Lebensweise ist uns nicht nur die Bürgschaft für volle Gesundheit, sondern sie macht den Menschen auch unverdrossen zur Erfüllung der notwendigen Anforderungen des Lebens, erhöht seine frohe Laune, wenn er ab und zu einmal auch einer Einladung zu kostbarerer Bewirtung folgt, und macht uns furchtlos gegen die Launen des Schicksals. Wenn wir also die Lust als das Endziel hinstellen, so meinen wir damit nicht die Lüste der Schlemmer und solche, die in nichts als dem Genusse selbst bestehen, wie manche Unkundige und manche Gegner oder auch absichtlich Mißverstehende meinen, sondern das Freisein von körperlichem Schmerz und von Störung der Seelenruhe. Denn nicht Trinkgelage mit daran sich anschließenden tollen Umzügen machen das lustvolle Leben aus, auch nicht der Umgang mit schönen Knaben und Weibern, auch nicht der Genuß von Fischen und sonstigen Herrlichkeiten, die eine prunkvolle Tafel bietet, sondern eine nüchterne Verständigkeit, die sorgfältig den Gründen für Wählen und

Meiden in jedem Falle nachgeht und mit allen Wahnvor-
stellungen bricht, die den Hauptgrund zur Störung der
Seelenruhe abgeben.

Epiktet

Unterweisungen für Kyniker

Doch wie ist es möglich, ohne Hab und Gut, ohne Kleider, ohne Haus und Herd, im Straßenstaube, ohne Diener
und ohne Heimat sich wohl zu fühlen? Seht, Gott hat
einen zu euch gesandt, euch durch sein Beispiel zu zeigen,
daß es möglich ist. Seht mich an, ich habe kein Haus, keine Heimat, besitze nichts, habe keinen, der mir dient; ich
schlafe auf bloßer Erde, habe weder Frau noch Kinder,
nicht einmal ein Zelt, sondern nur die Erde und den
Himmel und einen alten Mantel. Und was fehlt mir? Ich
kenne weder Trauer noch Furcht, ich bin ganz frei. Hat
jemals einer von euch gesehen, daß ich etwas gewünscht
und nicht erreicht hätte? daß ich etwas hätte meiden wollen und wäre doch hineingeraten? daß ich mich über Gott
und Menschen beklagt hätte? Habe ich je auf einen
geschimpft? hat einer von euch mich mürrisch gesehen?
wie trete ich denen gegenüber, die ihr fürchtet und
bewundert? Behandle ich sie nicht wie Sklaven? Glaubt
nicht jeder, wenn er mich ansieht, seinen König und
Herrn zu sehen?

Seht, das ist die Sprache des Kynikers, das sein Charakter, sein Ziel. Aber nicht der Bettelsack, der Stab und
das große Maul, nicht, wenn er alles aufißt oder einsackt,
was man ihm gibt, oder Vorübergehende, wenn's ihm
gerade einfällt, beschimpft oder ihnen auch eine schöne
Schulter zeigt. Wie gehst du an ein so großes Werk heran? Nimm dir zuerst einen Spiegel, sieh dir deine Arme,

deine Hüften, deine Schenkel an. Du willst dich in Olympia einschreiben lassen, mein Lieber, nicht für irgendeinen armseligen Wettkampf. [...]

Ein Kyniker muß freilich einen gesunden Körper haben; wenn er schwindsüchtig, mager und bleich daherkommt, so gilt sein Zeugnis nicht sehr viel. Denn er muß nicht nur durch seine inneren Vorzüge den andern zeigen, daß es möglich ist, auch ohne die Dinge, die man gewöhnlich bewundert, ein ordentlicher Mensch zu sein; sondern er muß auch an seinem Körper zeigen können, daß eine einfache, schlichte Lebensweise in freier Natur nicht einmal den Körper schädigt. „Sieh, auch davon bin ich ein Beweis, seht meinen Körper!" So sprach Diogenes. Er salbte sich und ging so einher, und gerade sein Körper zog die Augen vieler auf sich. Ein Kyniker aber, der Mitleid einflößt, ist wie ein Bettler: alle wenden sich von ihm ab, alle nehmen Anstoß an ihm. Auch darf er sich nicht schmutzig zeigen, um nicht dadurch die Menschen zu verscheuchen, sondern auch sein Bettlergewand muß sauber und anziehend sein. [...]

Lerne verzichten!

Merke: benimm dich im Leben wie bei einem Gastmahl. Eine Speise wird herumgetragen und gelangt zu dir: du langst zu und nimmst mit Anstand davon. Sie wird vorübergetragen: du hältst sie nicht zurück. Sie ist noch nicht an dich gekommen: du unterdrückst dein Verlangen und wartest ruhig, bis sie an dich kommt. So mach es deinen Kindern, deiner Frau, Ehrenstellen und Reichtümern gegenüber, und du wirst ein würdiger Tischgenosse der Götter sein. Nimmst du aber auch das nicht, was dir vorgesetzt wird, sondern läßt es vorübergehen, so bist du nicht bloß bei den Göttern zu Gast, sondern teilst mit ihnen ihre Macht. So handelten Diogenes, Heraklit und ihresgleichen, und darum hießen sie mit Recht göttlich.

Über den Luxus

Als Maß für den Besitz soll jedem der Körper gelten, wie
für den Schuh der Fuß. Bleibst du dessen eingedenk, so
wirst du Maß halten. Andernfalls geht es unaufhaltbar
die abschüssige Bahn hinab. Es ist wie mit dem Schuh:
gehst du über das Bedürfnis des Fußes hinaus, so wird er
zuerst vergoldet, danach mit Purpur verbrämt, endlich
gar gestickt. Ist einmal das Maß überschritten, so gibt es
keine Grenze mehr.

Befriedigung der körperlichen Bedürfnisse

Es verrät gewöhnlichen Sinn, bei den Bedürfnissen des
Körpers zu lange zu verweilen und zum Beispiel zuviel
Zeit auf Leibesübungen, auf Essen und Trinken, auf die
Befriedigung der niedrigsten und sinnlichsten Triebe zu
verwenden. Das alles sind doch nur gleichgültige Dinge,
und unsere Aufmerksamkeit gebührt der geistigen Seite
unseres Wesens.

Prahle nicht!

Wenn du deinen Körper an Einfachheit gewöhnt hast, so
prahle nicht damit. Wenn du nur Wasser trinkst, so sage
nicht bei jeder Gelegenheit: ich trinke nur Wasser. Übst
du dich im Ertragen von Strapazen, so tue es für dich und
nicht für die Zuschauer. Statuen umarme nicht, um die
Abhärtung deines Körpers zu zeigen. Aber wenn du einmal heftigen Durst hast, nimm einen Schluck kaltes Wasser, spei es wieder aus und sage keinem davon.

Suche das Glück in dir selbst!

Ein Ungebildeter erwartet keinen Nutzen oder Schaden
von sich selber, sondern alles von außen. Der Philosoph

erwartet allen Nutzen und allen Schaden von sich selber. Der Fortschreitende tadelt und lobt niemanden, schilt niemanden, macht niemandem Vorwürfe und spricht nicht über sich selber, als sei er etwas Besonderes oder wisse etwas Besonderes. Wird er durch irgend etwas gehindert oder gehemmt, so sieht er die Ursache in sich selbst. Lobt ihn jemand, so lächelt er bei sich selbst über den, der ihn lobt; tadelt ihn jemand, so läßt er sich nicht auf eine Widerlegung ein. Er geht einher wie ein Kranker und hütet sich zu bewegen, was noch nicht gefestigt ist. Jede Begierde hat er aus seinem Wesen verbannt, seine Abneigung auf das beschränkt, was naturwidrig ist und zu dem gehört, was nicht in seiner Macht steht. Sein Wollen ist in allen Dingen ohne Leidenschaft und darum um so beständiger und fester. Erscheint er töricht und unwissend, so macht ihm das keine Sorge. Aber vor sich selber ist er auf der Hut, wie vor einem Feinde und Verräter.

Willy Hochkeppel

Die Hippies der Antike

Diogenes, der um 412 geboren wurde und 323 in Korinth starb, kam von Sinope am Schwarzen Meer nach Athen – wie es heißt, weil er oder sein Vater in Sinope Falschmünzerei betrieben hatte. Auf alle Fälle war er ein armer Flüchtling, der so sparsam wie möglich leben mußte – woraus er eine Tugend machte und seine Wohnung in einem Faß aufschlug. Um sich abzuhärten, soll er sich im Sommer im glühheißen Sand gewälzt und im Winter die eiskalten Bildsäulen umarmt haben. Von ihm heißt es auch, er habe auf dem hainartigen Sportplatz Kraneion vor Korinth, seinem Lieblingsaufenthalt außerhalb Athens, in der Sonne gelegen, als der große Alexander auf

ihn zutrat und ihn einen Wunsch äußern ließ; darauf
habe Diogenes nur entgegnet: „Geh mir aus der Sonne.“

Ob dies, wie vieles andere, was über ihn erzählt wird,
nur anekdotisch ist oder nicht – feststeht, daß dieser Diogenes ein Kauz, ein Original war, der die Athener Bürger,
die doch einiges gewohnt waren, wie auch die Leute in
anderen poleis, mit seiner Hundelebensweise und seinen
skurrilen Einfällen herausfordern wollte. Verbürgt soll
immerhin sein, daß er sich mitten auf dem Athener
Marktplatz gewisse Obszönitäten leistete, nämlich dort
schlankweg onanierte. Dabei sagte er: „Könnte man
doch den Bauch ebenso reiben, um den Hunger loszu-
werden.“ Er bettelte auch die Passanten um einen Obulus an, und wenn sie knausrig waren, pißte er sie gelegentlich an. Als er einmal bei dem zu dieser Zeit schon
vielbeachteten Philosophen Platon eingeladen war, habe
er, so will es der Klatsch, auf dessen Teppichen herumge-
trampelt und dabei gerufen: „Ich trete Platons Aufgeblasenheit mit Füßen.“ Schlagartig habe Platon darauf erwidert: „Ja, mit einer anderen Aufgeblasenheit, Diogenes.“
Zweifellos hatte es Diogenes darauf abgesehen, sich über
die, wie er meinte, spießigen, „kapitalistischen“ und
genußsüchtigen Athener Bürger um jeden Preis lustig zu
machen, und dazu müssen ihm pausenlos neue Späße und
Sticheleien eingefallen sein, wenn man der Überlieferung
glaubt. Gelegentlich spielte er auch den politischen Propheten. Zum Beispiel soll ihn einmal jemand gefragt
haben, wie er begraben werden wolle. „Auf dem Gesicht
liegend“, sagte Diogenes, und auf die verdutzte Frage
nach dem Grund, gab er zur Antwort: „Weil in kurzer
Zeit das Unterste zu oberst gekehrt werden wird.“

Waren das nur die Flausen eines unheilbaren Narren,
eines Bürgerschrecks von Beruf – wie in unseren Tagen
die Clownerien eines Fritz Teufel –, oder steckte hinter
Diogenes frechem Gebaren eine Weltanschauung, eine
Philosophie? Natürlich. Diogenes, der eine Menge

geschrieben haben soll, von dem aber nichts erhalten geblieben ist – zu dem es freilich auch gepaßt hätte, wenn er dem Papyros keine Zeile anvertraut hätte –, drückte mit seinem Sarkasmus, seinem verwahrlosten Äußeren, seiner „alternativen" Lebensweise handgreiflich die kynische Lehre sozusagen in nuce aus. Und nach dieser Lehre waren die bestehende Gesellschaft, ja Kultur und Zivilisation, so weit man sie damals so empfand, überhaupt entschieden abzulehnen. Sie mußten zynisch ad absurdum geführt werden. Denn der Mensch, so meinten alle Kyniker, sei von Hause aus, physei, bedürfnislos, gut und mit sich selbst in Einklang. Die Gesellschaft hingegen, die staatlich-städtische Ordnung mit ihren falschen Sitten, Konventionen und Zwängen, die eben nur thesei oder nomo, also in Verordnungen bestehe, lege ihm Gesetze auf, mit denen er nichts zu schaffen habe; sie verschütte sein Wesen durch Gerede, Kunst und Kultur und den ganzen „Plunder der Zivilisation"; und sie deformiere mit gekünstelten Sitten sein gesundes Empfinden. Mit all dem lenke die zivilisierte und nun auch brutalisierte Gesellschaft den Menschen von ihrem wahren Ziel ab. Das wahre Ziel aber war für die Kyniker – wie für alle anderen Heilslehrer ja auch – ein tugendhaftes Leben. Und was verstanden sie, so wie sie sich gebärdeten, unter einem tugendhaften Leben? Sie meinten damit eben, man müsse „ökologisch" nach der Natur leben, frei und unabhängig von den Zwängen menschlicher Konventionen. Der Gegensatz der Kyniker zum späten Platon springt hier ins Auge: Auch Platons Ziel war das tugendhafte Leben, aber dazu forderte er gerade mehr Staat, ja eine Art totalen Staat. Die Kyniker hingegen sahen sich gleichsam als anarchistische Internationale, und die einzig wahre Staatsverfassung lag für sie im Weltall. „Ich bin Weltbürger", soll Diogenes auf die Frage nach seinem Heimatort geantwortet haben. Er fühlte sich als Kosmopolit.

Die Kyniker waren demnach extreme Moralisten, mehr Tugend- als Weisheitslehrer, die ernst mit der Tugend machen wollten und die es gut mit den Menschen meinten. Bei all ihrer zynischen Bitterkeit waren sie Philanthropen. Sie waren also alles andere als „zynisch" in unserem Verstande. Daß es im Laufe der Geschichte dazu kommen konnte, daß man sie in einem anderen Lichte sah und daß aus den alten Kynikern unsere bösartigen Zyniker wurden, hängt natürlich damit zusammen, wie die Kyniker ihre Lehre, ihre Ideologie, an den Mann brachten.

Vergegenwärtigen wir uns einmal, wie sie einem ordentlichen fleißigen Bürger im Athen jener Jahre begegneten. Alle ließen sich Bärte wachsen, waren ungewaschen, trugen zottiges langes Haar, an dem sie sich, nach damaligem Brauch die fettigen Hände abwischten. Der eine wohnte gar in einer Tonne! Ihre Kleidung war verlottert – sie trugen, Sokrates kopierend, den faltbaren Philosophenmantel, den Tribon, ein rechteckiges Tuch aus kratzigem, grobem Wollstoff – und meist wandelten sie mit Stock und Rucksack umher. Denn eine feste Bleibe hatten sie in den seltensten Fällen, und sie zogen, wie Stadt- oder Landstreicher, von polis zu polis. Sie ließen sich gehen und befriedigten hemmungslos öffentlich ihre elementaren Bedürfnisse. Wo sie konnten, zogen sie ätzend über die kulturellen und sozialen Institutionen oder „Errungenschaften" her, auf die der brave Athener Bürger immer noch stolz war, und wollten offenbar die Gesellschaft und den Staat „kaputtmachen". Und diese Hippies, diese Aussteiger wollten Tugendlehrer sein! Antisthenes soll einmal wegen seines Umgangs mit solchen „Typen" zur Rede gestellt worden sein. Darauf habe er erwidert: „Auch die Ärzte sind mit ihren Patienten zusammen, ohne Fieber zu bekommen."

Hieronymus Savonarola
Von der Einfalt des christlichen Lebens

Da das christliche Leben in der Gnade und Liebe Gottes
besteht, so entspringt und entspricht alles, was von der
Gnade und Liebe eingegeben und getragen ist, seiner
inneren Beschaffenheit oder Natur, ist also natürlich oder
einfältig; denn alles Natürliche ist einfältig und alles Einfältige natürlich. Wer aus seiner innersten Natur heraus
spricht, der spricht natürlich oder einfältig; wer sich
dagegen nach den Regeln der Beredsamkeit richtet, der
spricht künstlich. Die Kunst ist ein Versuch, die Natur
nachzuahmen; da sie dies nicht zu erreichen vermag, so
bezeichnen wir als das Eigenartige an einem Kunstwerke
das, was der Künstler schafft, ohne sich genau an die
Natur zu halten. Man sagt daher auch im gewöhnlichen
Leben von einem Maler, wenn er nicht getreu der Natur
folgt, sondern seine Kunst zu stark hervorkehrt, er ver-
fahre gekünstelt. Allen Menschen gefallen von Haus aus
natürliche, d. h. einfache Werke besser als künstliche; die
einfachen Werke sind die Werke Gottes, die Kunstwerke
sind das Erzeugnis menschlicher Erfindung. Die Künstler
suchen daher ihre Kunst möglichst zu verbergen, wie die
Redner und Maler. Wir machen auch die Erfahrung, daß
die Handlungen und Worte der Kinder eben um ihrer
Natürlichkeit und Ungekünsteltheit willen alle Herzen
erfreuen. So erklärt es sich auch, daß Redner und Dichter, wenn sie sich nach ihrer Kunst richten, nichts ausrichten, wie auch Prediger, die sich der Kunst bedienen,
keinen Erfolg haben, während die Apostel und andere
Prediger, welche im Geiste Gottes sprachen, die ganze
Welt bekehrten. Und obwohl auch die Kunstwerke gefallen, so machen sie doch um so tieferen Eindruck, je sorg-
fältiger die Künstler die Natur wiedergeben und je weniger sie ihre Kunst in den Vordergrund rücken; ist es ja

doch ein besonderes Lob für ein Gemälde, wenn man sagt: diese Wesen scheinen zu leben, sie erscheinen ganz natürlich. Somit ergibt sich die äußere Lebenseinfalt als natürlicher Ausdruck der inneren Herzenseinfalt von selbst, wie umgekehrt auch diese ohne jene nicht zu bestehen vermag. [...]

Das Maß der äußeren Einfalt für die verschiedenen Berufsstände bietet die Hl. Schrift. Da man die äußere Einfalt besonders in der Kleidung zu übertreten pflegt, so handeln wir zunächst von ihr, es wird so auch das Verständnis in allen anderen Stücken erleichtert. Freilich lassen sich nun der Hl. Schrift nicht für jeden einzelnen Stand besondere Vorschriften über Schnitt, Farbe und Preis der Kleidung entnehmen, wie sie die hl. Väter in ihren Mönchsregeln aufstellen. Wohl aber ist unschwer aus ihr zu ersehen, was sich für jeden Stand schickt. Aus den Briefen der Apostelfürsten Petrus und Paulus ergibt sich nun folgender Maßstab: *„Die Frauen"*, heißt es 1. Pet. 3,1 f., *„seien untertan ihren Männern, damit die, welche dem Worte nicht glauben, durch den Wandel der Frauen auch ohne Worte gewonnen werden, wenn sie euren in Furcht keuschen Wandel gewahren. Ihr Schmuck sei nicht der äußerliche mit Haarflechten, goldenem Geschmeide und Kleiderpracht, sondern der verborgene Mensch des Herzens mit dem unvergänglichen Wesen des sanften und stillen Geistes, welcher kostbar ist vor Gott."* Paulus aber sagt (1. Tim. 2,9 f.): *„Die Frauen sollen sich in Sittsamkeit schamhaft und maßvoll schmücken, nicht mit Haargeflecht und Gold oder Perlen und kostbaren Kleidern, sondern wie es Frauen geziemt, welche sich zur Gottesfurcht bekennen, durch gute Werke."* Daraus ist erstens ersichtlich, daß die Schrift hier nicht von armen Frauen handelt, denn es wäre töricht, solchen zu verbieten, sich mit Gold, Perlen oder kostbarer Kleidung zu schmücken. [...]

Da sich nun aber die Einfalt ohne Ablegung alles Überflusses weder recht verstehen noch beobachten läßt, so müssen wir nunmehr von ihr und von der Verteilung alles Überflüssigen an die Armen handeln (was in acht Leitsätzen des vierten Buches geschieht). „Wer reich werden will", lautet der erste, „kann nur schwer ins Himmelreich eingehen." Daß sie reich werden wollen, behaupten wir aber von all denen, welche mehr Vermögen ansammeln, als sie nicht nur zum Leben überhaupt, sondern auch zu einem standesgemäßen Leben brauchen ... Der Christ muß sich aus aller Kraft ins Himmlische versenken, was er ohne göttlichen Beistand nicht vermag; wie schwer fällt es selbst jenen, die schon alles verlassen haben, auf dem Wege Gottes auszuharren! Wer nun aber, sei es auch – was sehr schwer ist – auf gerechte Weise nach Reichtum trachtet, der kann ihn nur mit großer Mühe erwerben; er muß sich mit vielen Dingen abgeben und große Sorgfalt auf sie verwenden, wie die Erfahrung lehrt. Auch die Geistlichen und Ordensleute, welche unter dem Scheine der Ehre Gottes und um ihre Kirche zu schmücken den ganzen Tag über in den Häusern und Flecken herumlaufen, können sich dem Gebete nicht widmen, da es unmöglich ist, seine volle Aufmerksamkeit auf das Höhere und Niedere zugleich zu richten. Wer also reich werden will, der wird seinem Verstande wie seinem Gemüte nach vom Höheren abgelenkt und kann sich dem Gebete nicht hingeben, und die Folge wird sein, daß er in Versuchung gerät, sei es wegen des Zwiespaltes zwischen Fleisch und Geist, sei es wegen der Schliche und Bosheit des Teufels, sei es wegen der weltlichen Beschäftigungen und der Verfolgungen von seiten der Bösen, so daß er also die Sünde nur mit großer Mühe zu meiden und ins Himmelreich einzugehen vermag. Doch wozu die Zeit mit Gründen vertrödeln, wenn die tägliche Erfahrung eine so deutliche Sprache führt und Paulus (1. Tim. 6,7 ff.) allen Gläubigen die Mahnung ans Herz legt: *„Wir haben nichts in die Welt gebracht und werden auch ohne Zwei-*

fel nichts mitnehmen. Wenn wir Nahrung und Kleidung haben, so seien wir damit zufrieden! Denn wer reich werden will, der fällt in Versuchung und in die Schlinge des Teufels wie in viele unnütze und schädliche Gelüste, welche den Menschen in Untergang und Verderben stürzen" usw. Selbst wenn der Reiche nicht noch reicher werden will, so wird er nur schwer ins Himmelreich eingehen. Denn der Reichtum läßt sich leicht verschmähen, solange man ihn nicht besitzt; besitzt man ihn aber, so ist es schwer, ihn nicht zu lieben. [...]

Darum sage ich: wer den Reichtum nicht haßt, d. h. wer in ihm nicht eine Gefahr für sein geistiges Leben erblickt, so daß er ihn, wenn es ihm möglich und mit seinem Stande vereinbar wäre, als heilsgefährlich oder doch hinderlich am liebsten ganz weggäbe; und wer ihn nicht lediglich um der Lebensnotdurft und um eines entsprechenden Zusammenlebens mit den anderen Menschen willen liebt, der kann nur schwer ins Himmelreich eingehen. Der Grund liegt erstens in der außerordentlichen Heftigkeit der Selbstliebe, welche ihrerseits wieder im Drange nach Sein und Leben wurzelt und nach Erhaltung des Lebens trachtet. Zweitens in der ebenso außerordentlichen Heftigkeit des Zeugungstriebes, weshalb allen Dingen die ungestüme Begierde, ihresgleichen hervorzubringen, innewohnt. Daher die ungeheure Gewalt der geschlechtlichen Begierde. Dazu kommt drittens die Ruhmsucht, welche dem Verstande entspringt; wie groß ihre Gewalt ist, das lehrt die Erfahrung. Da nun gerade der Reichtum die Mittel liefert, sich alles das, was dem Menschen am meisten am Herzen liegt, zu verschaffen, nach dem Ausspruche Salomos *„dem Gelde gehorcht alles"* (Eccle. 10,19), so übt er eine äußerst verführerische Gewalt aus, so daß der Christ, wenn er ihn nicht als bittere Arznei und schwere Gefahr für sein geistiges Leben betrachtet und in der erwähnten Weise haßt, nur schwer ins Himmelreich eingeht, weil er die Sünde nur schwer zu meiden vermag. Und das eben will auch unser Erlöser sagen, wenn wir seine Worte recht erwägen: *„Niemand kann zwei Herren dienen, denn entweder wird er den einen hassen und den anderen lieben, oder er wird dem einen anhangen und den anderen verschmähen."* Und um zu erklären, wer diese beiden Herren seien, fügt er bei: *„Ihr könnt nicht zugleich Gott und dem Mammon dienen"* (Matth 6,24). Der Christ begehrt für sich nichts als das zum leiblichen und geistigen Leben Nötige;...darf aber ohne Sünde auch das zu einem standesgemäßen Leben Erforderliche ersehnen und anstreben, selbst wenn es über das zum leiblichen und geistigen Leben Nötige hinausgeht. Denn da der Mensch ein gesellschaftliches Wesen ist und für gewöhnlich mit anderen Menschen zusammenlebt, so darf er anderen nicht im Wege stehen und kein unnützes Glied der Gesellschaft bilden, sondern muß darauf bedacht sein, sich dieser förderlich und unentbehrlich zu erweisen. Hat daher ein Fürst, Bürger oder Handwerker nicht im Sinne, die Welt zu verlassen und in den geistlichen oder Ordensstand einzutreten oder sich sonst zu verändern, sondern ist er entschlossen, in der Welt und Gesellschaft je nach seinem Stande zu wirken, so wäre er, lediglich auf seinen Lebensunterhalt angewiesen, nicht imstande, seine gesellschaftliche Stellung anständig zu bekleiden. Da es nun nicht nur nicht verboten, sondern Pflicht ist, standesgemäß zu leben, so sündigt man nicht, wenn man das hierzu Erforderliche zu erwerben trachtet, mag es auch die körperliche und geistige Notdurft übersteigen. Im Gegenteile verstößt man durch ein unstandesgemäßes Leben gegen die gesellschaftliche Ordnung, da man hierdurch den Anschein erweckt, als wolle man mit seiner Heiligkeit prunken, und sich nicht so fast als wahrer Christ, denn vielmehr als Heuchler benimmt und der Menge mehr zum Ärgernisse als zur Erbauung gereicht. Ferner beraubt man sich so auch der Möglichkeit, der Gesellschaft zu nützen, da man keine öffentlichen Würden und Ämter übernehmen kann, zu welchen sich nur angesehene Männer mit den entsprechenden Kleidern und Geldmitteln eignen. Endlich ist man dann auch zur Unterstützung der Armen und vielen anderen guten Dingen unfähig. – Was er aber über das zu einem standesgemäßen Leben Erforderliche hinaus besitzt, das soll der Christ den Armen schenken.

Martin Luther

Wider den Mammon

Dies ist ein reiches Evangelium und eine lange Predigt wider den Geiz. Dem ist unser Herr Christus besonders feind. Denn es ist sonst kein Laster, welches das Evangelium mehr hindert und den Christen mehr Schaden tut als der Geiz. Und es ist dennoch so allgemein, daß die ganze Welt darin ersoffen ist, wie wir sehen. Denn jedermanns größte Sorge ist Tag und Nacht, wie er ernährt werden solle. Und das fördert den Geiz besonders, daß keiner sich an dem genügen läßt, was ihm Gott gönnt und gegeben hat. Alle wollen sie mehr haben und höher fahren. Wem Gott ein schönes Haus beschert hat, der wollte gern ein Schloß haben; hat er ein Schloß, so wollte er gern ein Dorf dazu haben und so fort, daß sich niemand genügen läßt, jedermann wollte gern höher kommen und mehr haben. Wo der Geiz und Stolz nicht wäre, hätten wir sonst alle genug und würde kein solch Sorgen, Zusammenscharren und -kratzen unter den Menschen sein.

Solchem unchristlichen Wesen wollte der Herr gern mit dieser Predigt wehren. Er macht es deshalb sehr heftig und sagt: „Niemand kann zwei Herren dienen: entweder er wird einen hassen und den anderen lieben" usw. Er nennt die zwei Herren: der eine heißt Gott, das ist der rechte Herr, dem wir zu dienen schuldig sind, der andere Herr heißt Mammon, das ist nicht der rechte Herr, darum will er, daß wir ihm nicht dienen sollen.

Was es aber heiße, dem Mammon dienen, erklärt er auch, nämlich: für das Leben sorgen, was man essen und trinken werde, und für den Leib sorgen, was man anziehen werde. Er richtet die ganze Predigt dahin, daß wir solche Sorge ganz fallen lassen sollen. Denn sie ist nicht allein eine vergebliche Sorge, deren wir nicht bedürfen und mit der wir nichts ausrichten können, sondern solche Sorge hindert auch den rechten Gottesdienst. Deshalb soll man sich davor hüten und sich dahin gewöhnen, daß man Gott diene und des sich zu ihm versehe: er wisse, wessen wir bedürfen, er wolle es uns auch schaffen und gern geben, wenn wirs nur bei ihm suchen.

Zu solchem Vertrauen haben wir eine große Hilfe dadurch, daß wir sehen, daß Gott uns bereits, ohne unsere Vorsorge, Leib und Leben gegeben hat. Da laß nun alle Welt darüber urteilen. Ist es nicht wahr, wenn gleich alles Essen auf einem Haufen da wäre, nichts wäre dir so lieb wie dein Leben? Ebenso ist dein Leib dir lieber als alle Kleidung. Sind wir denn nicht heillose, undankbare Leute, über die Gott billig zürnen sollte? Wir müssen bekennen, daß er uns das Meiste und Größte bereits gegeben hat, und wollen ihm nicht trauen, daß er auch das Geringere geben werde? Es sollte ja einem reichen Mann wehe tun, wenn er dir tausend Gulden geschenkt hätte, daß du ihm nicht so viel vertrauen wolltest, daß er dir auch ein altes Paar Schuhe schenken würde. Ebenso tun wir in Wahrheit gegen unseren Herrgott im Himmel, wenn wir für Essen und Trinken sorgen, sintemal er bereits das Größte und Meiste geschenkt hat. Wie ihm aber solches Mißtrauen gefalle, darüber mögen wir nachdenken.

Deshalb sagt Christus: Wollt ihr Christen sein, so habt Gott in eurem Herzen, laßt ihn für Essen, Trinken und

Kleidung sorgen, er will euer Vater sein. Hat er euch das Leben und den Leib gegeben, so wird er euch auch Speise und Kleider geben. Geizt nur nicht, sorgt nicht, verzweifelt nicht so an ihm. Hat er sich nicht bereits genug erzeigt? Er hat euch Leib und Leben gegeben, alles habt ihr von ihm; danach gibt er täglich Fleisch, Fisch, Vögel, Brot, Wein, Gold, Silber usw. Das alles ist euer. Was soll er mehr tun? Hat er sich nicht genug erzeigt, daß ihr ihm vertrauen dürftet? Er will euch nichts mangeln lassen, glaubt nur, daß es wahr sei und daß er euer Gott und Vater sein wolle.

Solches alles dient dazu, daß wir Gott vertrauen lernen, so daß wir an den geringen Dingen, welche zur Nahrung dieses Lebens und zur Kleidung des Leibes gehören, unserem Herrgott auch das Größere zu befehlen anfangen. Denn wenn wir nicht glauben, daß uns Gott den Brotkasten füllen und den Leib bekleiden werde, wie wollen wir ihm unsere Seele befehlen, wenn wir nun sterben sollen? Da sehen wir weder Haus noch Herberge, da ist weder Korn noch Rock, da ist weder Speise noch Kleidung, sondern wir müssen allein glauben und uns auf das bloße Wort ergeben und so im Glauben dahinfahren. Wie wollen wir Gott nun diese hohen Dinge vertrauen, die das ewige Leben betreffen, wenn wir ihm den Bauch nicht vertrauen können?

Gleich wie wir nun an uns selbst, an unserem Leib und Leben, an Augen, Ohren, Händen, Füßen und allen unseren Gliedmaßen lernen und bekennen müssen, Gott habe uns viel gegeben und Gutes getan, so stellt der Herr uns das Beispiel anderer Kreaturen vor Augen, daß wir an ihnen lernen sollen. Gott zu vertrauen und nicht zu sorgen. „Sehet die Vögel unter dem Himmel an", so sagt er, „und lernet von ihnen." Es ist kein Rabe, der da für die Nahrung sorge, was er morgen essen werde. Sondern er setzt sich des Nachts in das Nest, des Morgens fliegt er aus und findet zu essen, wo es ihm Gott hingelegt hat.

Desgleichen tun alle Vögel, sie finden allesamt genug zu essen, ohne alle ihre Sorge. Wenn nun euer himmlischer Vater die Vögel ernährt, sollte er denn euch nicht auch ernähren? Seid ihr nicht viel mehr als die Vögel?

Damit verbietet aber Christus nicht, daß man arbeiten solle. Denn auch die Vögel haben ihre Arbeit, wenn sie auch nicht säen, nicht ernten, nicht in die Scheuern sammeln, noch solche Arbeit wie die Menschen tun. Sie müssen die Flügel ausbreiten und nach ihrem Essen suchen. So sollen wir auch arbeiten. Denn das ist dem Menschen von Gott auferlegt, wie 1. Mose 3,19 geschrieben stehet: „Im Schweiße deines Angesichts sollst du dein Brot essen", und 2. Thess. 3,10: „Wenn jemand nicht will arbeiten, der soll auch nicht essen". Aber das Sorgen ist verboten, daß die Menschen denken, Gott habe sie vergessen, und meinen, sie müssen es mit ihrem Sorgen ausrichten. Etliche wollen Gott auch nicht in ihrem großen Überfluß vertrauen, wenn sie alles genug haben. Das ist verboten, denn wir sind doch lauter Narren mit unserem Sorgen. Soll das Korn auf dem Felde geraten, so muß es Gott allein geben, unser Sorgen wird es nicht ausrichten. Denn was können wir dazu tun? Man sieht es und begreift es, daß es alles in Gottes Händen steht, der muß es tun. Aber wir sind verzweifelte Leute, lernen nicht glauben, sondern setzen an die Stelle des Glaubens die Sorge. Die ganze Welt ist ein Haufe verzweifelter Geizhälse, die Gott nicht trauen, Gott nicht dienen, sondern dem Teufel. Denn der Mammon ist der Gott der Welt. Mammon heißt Besitz. Nun sucht alle Welt am Besitz nicht, daß sie davon essen und trinken (welches jedermann voll gegönnet wäre), sondern daß sie nur viel Geld und den Mammon im Kasten haben und ihn anbeten. Deshalb ist die Welt voller Mammonsdiener. Nun sage mir, ist es nicht wahr? Wenn du auf diese Weise schon das Haus voll Geld hättest, und das Haus wäre dazu golden, und in Elbe oder Rhein flösse Gold, was könnte dir das helfen, wenn sonst nichts da wäre, kein

Korn, kein Bier, kein Wein, kein Wasser? Ei, wie fein hast
du alsdann dem Mammon gedienet! Du wirst ja das Gold
nicht fressen können.

Nikolaus Lenau

Die drei Zigeuner

Drei Zigeuner fand ich einmal
Liegen an einer Weide,
Als mein Fuhrwerk mit müder Qual
Schlich durch sandige Heide.

Hielt der eine für sich allein
in den Händen die Fiedel,
Spielte, umglüht vom Abendschein,
Sich ein feuriges Liedel.

Hielt der zweite die Pfeif im Mund,
Blickte nach seinem Rauche,
Froh, als ob er vom Erdenrund
Nichts zum Glücke mehr brauche.

Und der dritte behaglich schlief,
Und sein Zimbal am Baum hing,
Über die Saiten ein Windhauch lief,
Über sein Herz ein Traum ging.

An den Kleidern trugen die drei
Löcher und bunte Flicken;
Aber sie boten trotzig frei
Spott den Erdengeschicken.

Dreifach haben sie mir gezeigt,
Wenn das Leben uns nachtet,
Wie mans verraucht, verschläft, vergeigt
Und es dreimal verachtet.

Nach den Zigeunern lang noch schaun
Mußt ich im Weiterfahren,
Nach den Gesichtern dunkelbraun,
Den schwarzlockigen Haaren.

Ernst Wiechert

Das einfache Leben

Von Orla, 45 Jahre, Korvettenkapitän a. D., befindet sich am Ende des Ersten Weltkriegs in einer tiefen Sinnkrise. „Wir haben mehr verloren als nur den Krieg." Die alten Werte haben sich als trügerisch erwiesen, die alte Gesellschaft ist zusammengebrochen, und er fühlt sich abgestoßen von den Menschen um sich her, die in hektischer Aktivität und Vergnügungssucht diese Krise zu überspielen versuchen. Auch seine Frau, der er sich schon lange entfremdet hat, hat sich in ein hohles gesellschaftliches Leben gestürzt und nennt ihn einen Träumer und Spinner. Thomas von Orla zieht sich an den äußersten östlichen Rand des Deutschen Reiches zurück, nach Masuren, das noch unberührt von aller Zivilisation liegt. Hier erscheint die Macht der Natur gewaltig, die Menschen einsam, fast verloren; ihr Leben wird vom Wechsel der Jahreszeiten beherrscht. Von Orla verschweigt seinen Adelstitel und tritt bei einem Gutsherren, General a.D., einem schrulligen Relikt wilhelminischer Zeiten, als Fischer in Dienst. Von nun an schrumpft seine Welt auf eine einsame kleine Insel, wo seine Fischerhütte liegt, mit nicht viel mehr als Tisch, Bett, Schrank, Herd ausgestattet. Alle täglichen Arbeiten erledigt er selbst; er hält seine Hütte in Ordnung, er kümmert sich um sein Holz, er lernt, die Netze auszulegen, einzuholen, zu flicken. Einfaches Leben: körperliche Arbeit, zurück zur Natur: die-

ser Rhythmus läßt ihn wieder Tritt fassen. So findet von Orla den Seelenfrieden für sich. „Still sein und arbeiten" ist seine Devise. Es reicht ihm als Lebenssinn, daß er sich abends, von körperlicher Arbeit ermüdet, „fröhlich schlafen legen kann".

Nun also würde er fortgehen, und nur als von einem Narren würde von ihm geredet werden. Sein Vater würde es wissen, aber sein Vater war tot. Man mußte es nun allein wissen. Sich abends mit frohem Herzen niederlegen können, das war vielleicht das ganze Geheimnis. Froh, wenn man an den gewesenen Tag, und froh, wenn man an den kommenden Tag dachte. Keine Erlebnisse, keine Heldenrolle, kein Glanz um die Stirn. Die Netze auslegen und wieder einziehen, Haus und Insel sauberhalten, ein paar Seiten lesen und abends am Wasser sitzen und in die Sterne sehen. Den Vertrag erfüllen, den man unterschrieben hatte. [...]

Thomas drehte langsam das Glas mit den Fingern. „Zuerst war es ein Psalm, Herr General, in dem ich las. Nein, nicht zuerst, sondern zuletzt. Da fand ich den Vers, über den wir immer hinlesen. ‚Wir bringen unsere Jahre zu wie ein Geschwätz'. Er traf mich wie ein Hammer, mitten ins Leben. Dann war ich bei unserem Pfarrer, am gleichen Abend. Er tat, als seien Gott und Christus und Kirche nichts vor ihm. ‚Arbeiten!' Das war sein Evangelium, und so hat er mich ausgesandt. Für ein paar Jahre will ich nichts tun als dieses, an nichts anderes denken, nur arbeiten. Vielleicht für mein ganzes Leben. Der Engel hat mich angesehen, und er will nur das Einfache von mir. Das andere habe ich nicht gut gekonnt, das Frühere. Aber dieses werde ich können. Ein fröhliches Herz will ich gewinnen, Herr General."

Dieser dachte lange nach. „Guter Plan, Orla", sagte er endlich. „Sich bescheiden: Anfang der Weisheit. Gestürmt und gestürmt, um Kranz zu erwerben, aber das Beste ist Schweiß auf der Stirne. [...]

Der Kuckuck rief nicht mehr. Die Tage wurden kürzer, und wenn Thomas die Leiter zu den Eichen hinaufstieg, konnte er in der Ferne, wo das ärmliche Dorf lag, gelbe Stoppeln sehen und hin und wieder einen dreieckigen Vogel mit langem wehendem Schwanz, den ersten Drachen, der hoch über dem blauen Walde stand. In der Frühe war das Gras auf der Insel mit Spinnweben bedeckt, und der Tau lag so dicht, daß es aussah, als habe es schon gereift. Doch stiegen immer noch Gewitter über den Wäldern auf, jede Nacht füllten sich die Netze, und die Fledermäuse taumelten jeden Abend um das graue Dach. In den Nächten stürzten die Sternschnuppen am Himmelsgewölbe hernieder, einzeln und in ganzen Schwärmen, schrieben eine strahlende Bahn auf das dunkle Blau und erloschen so jäh, als lägen dort oben eisige Meere, in denen sie lautlos versanken.

Thomas merkte den Gang des Jahres zumeist an der Lampe, die er jeden Abend früher anzündete, und daran, daß das Herdfeuer nun immer wohler tat und die Bücher immer länger in seiner Hand blieben. Es schien ihm, als sei es auch für ihn Erntezeit, als habe er zwar noch nicht viel des Rühmlichen einzubringen, aber als könne er doch mit fröhlichem Herzen in den Winter gehen. Er glaubte nicht, daß es den General nach Christoph oder nach einem von dessen Vorgängern zurückverlangte, und er glaubte auch nicht, daß es irgendeinen in der Welt nach ihm selbst verlangte, er also die Insel aufzugeben und einen anderen Platz besser und mit mehr Ehren auszufüllen hätte. Es schien ihm nicht schlechter, Fische zu fangen und auf dem See Ordnung zu halten, als ein Bankbuch zu führen oder Kabel herzustellen. [...]

Er schüttelte den Kopf und sah über das dunkelnde Land. Es würde ihn nun nichts mehr austreiben von hier, keine Angst und kein Gespenst. Und der Mann, der die Hände gerungen hatte über seinem Land, er hatte doch das Rechte gesagt mit dem Wort von der Arbeit. Gott mochte viel sein, oder er mochte ein Traum sein, aber der Schweiß der Stirne war kein Traum. Thomas legte die Finger in seine Handflächen und fühlte die Schwielen des Sommers auf der harten Haut. Der Nebel hatte keine Schrecken für ihn, die Nacht nicht, der Herbst nicht. Bald würden die Netze trocknen und der Fisch in die Tiefe gehen. Dann würde auch er ruhen für eine Weile, wie es allen Lebenden bestimmt war. Und sich besprechen mit sich selbst, wie die großen Vögel es getan hatten. Und von neuem in die alte Spur treten, wenn das Jahr wieder heraufstieg. Und er wußte, daß der Engel ihm zusah. [...]

„Und was brauchen Sie, Thomas?"

„Frieden, Marianne, und ein fröhliches Herz."

Sie dachte eine Weile nach, mit zusammengezogenen Brauen. Thomas hatte eine Bank unter den Eichen aufgeschlagen, auf der sie saßen. Über ihnen pfiffen die Eichelhäher leise im welken Laub, und hier und da klopfte eine der braunen, blanken Früchte in das Moos.

„Du betest noch immer nicht zur Nacht?" fragte sie endlich leise.

„Nein."

„Wir bitten Gott um das, was du sagtest, der Großvater und ich. Wer soll euch schenken, was ihr braucht?"

Er machte mit seiner Hand eine weite Bewegung über das Wasser und die Wälder hin. „Dies hier", sagte er. „Dies und die Bücher und die Sterne und deine Stimme, wenn wir sie am Ufer hören."

Sie hatte die Hände im Schoß zusammengelegt und blickte auf sie nieder. „Weshalb bist du nicht in das Haus gezogen, das er dir geschenkt hat?" fragte sie endlich.

„Wir brauchen keinen Besitz", erwiderte er. „Wir brauchen Arbeit, Armut und ein bißchen Zeit. Und wir denken immer noch, daß wir ein wenig für dich sorgen müssen."

II. Heilige und Klöster:
Das einfache Leben als religiöser Weg

Thomas a Kempis

Das Beispiel der heiligen Vorväter

1. Betrachte das herrliche Beispiel der heiligen Vorväter, dieser Leuchten echter Vollkommenheit und Gottesfurcht. Dann erkennst du, wie wenig wir leisten, ja geradezu nichts.

Was für ein klägliches Bild bietet unser Wandel, verglichen mit dem ihrigen!

Die Heiligen und Christusfreunde dienten dem Herrn in Hunger und Durst, in Kälte und Blöße, in Arbeit und Mühsal, in Wachen und Fasten, in Gebet und frommer Betrachtung, in vielerlei Schmach und Verfolgung.

2. Überaus zahlreich und groß waren die Leiden der Apostel, Blutzeugen, Bekenner, Jungfrauen und all derer, die in Christi Fußstapfen treten wollten. Sie haßten ihr irdisches Leben, um das ewige zu gewinnen.

Welch strenges und abgetötetes Dasein führten die heiligen Wüstenväter! Was für lange und schwere Versuchungen hielten sie aus, wie oft wurden sie vom Bösen Feind angefallen, wie häufig und inbrünstig riefen sie zu Gott im Gebet, wie ungemein streng war ihr Fasten, mit welch glühendem Eifer rangen sie nach Vollkommenheit, wie unerbittlich führten sie Krieg gegen ihre Leidenschaften, mit welch lauterer Absicht dienten sie Gott!

Ihr Tag war der Arbeit, die Nacht langdauernden Gebeten gewidmet, obschon auch während der Arbeit ihr inneres Gebet nicht ruhte.

3. Sie vertrödelten keine Zeit; jede Gebetsstunde schien ihnen zu kurz; vor lauter Wonnen der Beschauung vergaßen sie Speise und Trank.

Sämtlichen Reichtümern, Würden, Ehren, Freunden und Verwandten hatten sie den Rücken gekehrt. Sie verlangten nichts Irdisches mehr; kaum das Lebensnotwendige nahmen sie zu sich; nur mit Widerwillen gewährten sie ihrem Leib das Unerläßliche.

So waren sie zwar arm an Erdengütern, aber überreich an Gnade und Tugend.

Nach außen darbten sie; innerlich erquickte sie Gnade und Gottestrost.

4. Der Welt abgestorben, lebten sie in innigvertrautem Umgang mit Gott.

Unwert in ihren Augen, verachtet von der Welt, standen sie vor Gottes Angesicht kostbar und groß da.

Sie verharrten in wahrer Demut, lebten in schlichtem Gehorsam, wandelten in Liebe und Geduld. So vertiefte sich ihr geistliches Leben von Tag zu Tag, und Gott gewann sie immer lieber.

Für alle Ordensleute stehen sie als Vorbild da, und sie müssen uns nachhaltiger zum Fortschritt anspornen, als die zahlreichen Lauen uns zum Krebsgang verleiten.

5. Wie eifrig waren sämtliche Ordensleute zu Beginn ihrer heiligen Gründung! Aufs schönste blühten damals Gebetseifer, Tugendstreben, straffe Zucht, Ehrfurcht und Gehorsam unter der Regel des Stifters.

Noch bleiben uns die Zeugen der echten Heiligkeit und Vollkommenheit der Männer erhalten, die in unentwegtem Ringen die Welt mit Füßen traten.

Heute wird es einem schon hoch angerechnet, wenn er die Regel hält und seinen Pflichten nachkommt.

6. Verwünscht sei dieser Zustand der Lauheit, dieses rasche Ablassen vom ursprünglichen Eifer! Alles ist unsrer Feigheit gegenwärtig schon zu viel.

Gott wolle, daß in dir das Tugendstreben nicht ganz erkalte, nachdem du so oft das erhabene Vorbild der Frommen geschaut.

Franz von Assisi

Preis der Tugenden

Sei gegrüßt, Königin Weisheit, der Herr gnade dir mit deiner Schwester, der heilig reinen Einfalt. Herrin heilige Armut, der Herr gnade dir mit deiner Schwester, der heiligen Demut. Herrin heilige Liebe, der Herr gnade dir mit deiner Schwester, der heiligen Zucht. Heiligste Tugenden alle, euch gnade der Herr, von dem ihr ausgeht und kommt.

Kein Mensch ist irgend in all der Welt, der eine von euch zu haben vermöchte, er sterbe denn zuvor. Alle hat, wer eine hat und die andern nicht beleidigt, und keine hat und alle beleidigt, wer eine beleidigt.

Und eine jegliche schlägt die Laster und Sünden. Heilige Weisheit schlägt den Satan und all seine Bosheit. Reine heilige Einfalt schlägt alle Weisheit dieser Welt und fleischliche Weisheit. Heilige Armut schlägt alle Begierde und Habsucht und Sorgen dieser Zeitlichkeit. Heilige Demut schlägt den Hochmut und alle Menschen dieser Welt und alles Wesen der Weltlichkeit. Heilige Liebe schlägt alle teuflischen und sinnlichen Anfechtungen und alle sinnlichen Ängste.

Heilige Zucht schlägt jeden körperlichen und fleischlichen Willen und hält ertötet den Körper zum Gehorsam unter den Geist und zum Gehorsam unter den eigenen Bruder, und macht den Menschen untertan allen Menschen dieser Welt, und nicht nur allen Menschen, nein, auch allem Getier und Gewürm, daß sie mit ihm tun können, was sie nur mögen, soweit es ihnen gegeben ist von dem Herrn droben.

Konrad von Marburg

Das Leben der heiligen Elisabeth von Thüringen

Ehrwürdiger Vater,
Eurer Heiligkeit dürfte bekannt sein, daß der Bruder Roderich mir oft geschrieben hat, ich möge euch über die Wunder unterrichten, die durch sein Beichtkind, die Herrin Elisabeth, einst Landgräfin von Thüringen, gewirkt wurden. [...]

Ich wurde ihr Beichtvater, zwei Jahre bevor sie mir anvertraut wurde, zur Zeit, als ihr Gemahl noch lebte.

Damals, als der Landgraf vom Kaiser nach Apulien gerufen wurde, brach eine Hungersnot aus, die vielen Menschen das Leben kostete. Zu jener Zeit begann sich Schwester Elisabeth schon durch Tugend auszuzeichnen. In der gleichen Weise, wie sie bereits die Trösterin der Armen geworden war, wurde sie jetzt die Retterin der Hungrigen. Sie richtete ein Siechenhaus ein, nahe einem ihrer Schlösser, und dort brachte sie viele Kranke und Schwache unter. Sie verteilte viele reichliche Almosen, nicht nur in der Burg, wo sie wohnte, sondern in allen Landen, die ihrem Gemahl unterstanden. Sie erschöpfte alle Einkünfte der vier Länder des Fürsten und verkaufte ihre Juwelen und kostbaren Kleider, um die Armen zu unterstützen. Sie begann die Kranken regelmäßig zweimal am Tage zu besuchen, am Morgen und am Abend, und die jammervollsten Siechen pflegte sie selbst. Sie gab ihnen frische Streulager, hob sie bei den Schultern auf und vollführte alle Samariterdienste. Allen diesen Unternehmungen pflichtete ihr Gemahl bei.

Als ihr Gatte gestorben war und Ihr, Heiliger Vater, mich für würdig erachtetet, sie mir anzuvertrauen, beobachtete ich, wie sie immer bemüht war um das höchste Ziel. Sie versuchte zu ergründen, ob es besser wäre, wenn ich sie in einer Einsiedelei oder in einem Kloster beriete;

schließlich kam sie zu einem Entschluß und bat mich unter Tränen, sie doch in einen Bettelorden ziehen zu lassen. Als ich ihr dies abschlug, erwiderte sie: „Aber ich werde tun, was Ihr nicht verhindern könnt."

Am Karfreitag (24. März 1228), als die Altäre bar und bloß waren, verzichtete sie auf alle weltlichen Eitelkeiten und auf alles, was der Erlöser in der Heiligen Schrift als Verzicht anrät, Eltern, Kinder und den eigenen Willen. Das geschah in der Kapelle der Minoritenbrüder in Wehrda, wo sie Obdach gesucht hatte, und sie legte dabei die Hände auf den Altar. Aber als sie auch auf ihre Besitztümer verzichten wollte, da hielt ich sie davon zurück, denn die Schulden ihres Gemahls waren noch nicht bezahlt. Auch hatte sie vor, die Anwohner mit den Geldern zu unterstützen, die ihr als Witwe zukamen (500 Silbermark jährlich).

Als sie dann die Möglichkeit sah, sich von den Unruhen der Welt zurückzuziehen und vom weltlichen Ruhm des Landes, in dem sie so fürstlich mit ihrem Gemahl gelebt hatte, da folgte sie mir nach Marburg, das ihr zum Witwensitz bestimmt worden war und das am anderen Ende der Lande lag, die ihrem Gemahl gehörten.

In Marburg ließ sie ein Siechenhaus bauen, darin versammelte sie die Siechen und die Kranken. Die, die am elendigsten und am abstoßendsten waren, hieß sie an ihrem Tische sich niedersetzen. Als ich sie einmal darob tadelte, erwiderte sie, daß sie besondere Befriedigung und Frömmigkeit aus dieser Verfügung erfahre, und sie erinnerte mich daran, wie sie einst gelebt hatte, und daß sie jenen Hochmut nur sühnen könnte, wenn sie Entgegengesetztem mit Entgegengesetztem begegnete. Dies hatte sie erkannt als eine Frau von zweifellos großer Weisheit.

Als ich einsah, daß sie immer weiter nach größerer Vervollkommnung strebte, entfernte ich jegliche unnötige Gemeinschaft von ihr und befahl, daß sie mit drei Bediensteten zufrieden wäre: einem Conversus für die grobe Hausarbeit, einer Nonne von niedriger Herkunft (Irmingard) und einer Edelfrau (Hedwig von Seebach), die sehr streng und unfreundlich war. Mit diesem Befehl wollte ich erreichen, erstens größere Demut durch die Magd und größere Geduld durch die gestrenge Witwe; während etwa die Magd das Gemüse putzte, mußte die Herrin die Töpfe waschen und umgekehrt.

Sie nahm auch einen Knaben in ihr eigenes Haus, der litt an ständigen Blutungen. Sie ließ ihn auf ihrem eigenen Strohsack schlafen, um sich zu kasteien. Mancherlei Mühsal ertrug sie für ihn, denn oft mußte sie ihn des Nachts hinaustragen, und wenn ihre Kleider dabei beschmutzt wurden, wie es in solchen Fällen vorkommen kann, so wusch sie sie mit ihren eigenen Händen.

Als dieser Knabe gestorben war, wollte sie, ohne mein Wissen ein aussätziges Mädchen heilen und hielt sie in ihrem Hause verborgen. Sie vollführte aber nicht nur üblichen barmherzigen Hilfsdienst an ihr, wie ernähren, betten und waschen, sondern sie erniedrigte sich sogar soweit, daß sie ihr die Schuhe, die die Aussätzigen wegen der Ansteckungsgefahr tragen müssen, auszog, um die Füße zu pflegen. Und ihre Frauen bat sie, daran nicht Anstoß zu nehmen. Als ich von diesen Dingen erfuhr, fürchtete ich, daß sie sich anstecken könnte, und ich strafte sie körperlich, was Gott mir verzeihen möge.

Nachdem ich die Aussätzige entfernt hatte und zu einer Predigtfahrt davongehen mußte, ging sie wieder daran, einen Knaben zu pflegen, der so von Ausschlag befallen war, daß er nicht mehr ein einziges Haar auf dem Kopf hatte. Sie machte eine Kur mit ihm durch Waschen und Salben. Ich weiß nicht, woher sie all dies wußte, und dieser Knabe saß an ihrem Totenbett.

Außer diesen Taten eines barmherzigen Lebens, erkläre ich vor Gott, daß ich selten eine Frau gesehen habe, die so beschaulich war. Mehrere fromme Männer und

Frauen haben gesehen, wie ihr Gesicht wunderbar erstrahlte, als wenn Sonnenstrahlen aus ihren Augen leuchteten, wenn sie im Gebet versunken war. Und doch, wenn sie eigentlich von den stundenlangen vertieften Gebeten zurückkam und erschöpft hätte sein müssen, benötigte sie keine Nahrung oder nur sehr wenig.

Als ihr Tod nahe bevorstand, sie aber noch einherging, ich dagegen in Krankheit darniederlag, fragte ich sie, was für ein Leben sie führen würde, wenn ich stürbe. Da sagte sie mir in völliger Überzeugung, daß ihr Tod nahe sei. Am vierten Tag nach dieser unserer Begegnung wurde sie selbst auf den Tod krank und litt zwölf Tage. Am dritten Tag vor ihrem Sterben wies sie alle weltlichen Personen fort von sich und erlaubte nur edlen Menschen, einzutreten.

Als die Abgewiesenen fragten, warum sie ausgeschlossen würden, erklärte sie denen, die um sie waren, sie wünsche sich in Betrachtung des letzten und strengen Gerichtes vor dem Höchsten Richter zu versenken.

Am folgenden Sonntag vor der Oktav des heiligen Martin hörte ich nach den Laudes ihre Beichte. Aber sie konnte sich auf nichts besinnen, das sie nicht schon früher gebeichtet hätte. Als ich sie fragte, welche Bestimmungen sie machen wollte in bezug auf das, was sie noch zu besitzen schien, sagte sie, daß all ihr Hab und Gut den Armen gehörte, und bat mich, alles zu verteilen mit Ausnahme der ärmlichen Kutte, die sie trug und in der sie begraben zu werden wünsche.

Als dies alles besprochen war, empfing sie den Leib des Herrn. Danach sprach sie noch des öftern bis zur Stunde der Vesper. Sie erinnerte sich an die schönsten Predigten, die sie gehört hatte, auch über die Auferstehung des Lazarus und wie der Erlöser über Lazarus geweint hatte. Und als die umsitzenden Nonnen und Mönche durch ihre Worte zu Tränen gerührt wurden, sagte sie:

„Töchter von Jerusalem, weinet nicht über mich, sondern über euch selber." Nachdem sie das gesagt hatte, verfiel sie in Schweigen und obgleich sie den Mund nicht bewegte, drangen doch süße Töne aus ihrer Kehle. Als man sie fragte, woher diese Töne kämen, wunderte sie sich, daß die Anwesenden nicht gehört hätten, wie sie mit anderen zusammen gesungen hatte.

Nach der Dämmerstunde lag sie da, wie erleuchtet und schien in tiefster Anbetung versunken bis zum ersten Hahnenschrei. Dann sagte sie: „Jetzt kommt die Stunde, zu der die Jungfrau geboren hat."

Dann riet sie allen, innig zu beten und verschied, als wenn sie sanft einschlafe.

Die Mönche des Zisterzienserordens und viele Fromme, die von ihrem Tod vernahmen, kamen aus allen Teilen des Landes zu dem Siechenhaus, wo sie begraben werden sollte.

Da die Leute darauf bestanden, sie zu ehren, blieb sie aufgebahrt in der kleinen Kapelle liegen bis zum vierten Tage, ohne irgendwelche Zeichen des Todes und ohne ihre natürlichen Farben einzubüßen. Ihr Körper blieb weich und biegsam, als lebte sie noch, und ein süßer Duft umgab sie.

Peter Brown

Der Asket in der Wüste

Der Asket brachte in die Wüste zerbrechliche Zeichen einer fortdauernden Menschlichkeit mit, die er hartnäckig verteidigen mußte, wenn er überhaupt überleben und bei Verstand bleiben wollte. Er konnte nicht wie ein Tier ihrer lockenden Unermeßlichkeit verfallen. Seine Zelle war meist ein Produkt mühevoller menschlicher Sorgfalt: Ihre Wände standen zwischen ihm und den wilden Tieren, die die Wüste in weit größerer Anzahl durchstreiften, als sie es heute tun. Er war an diese Zelle gebunden. Er mußte lernen, ihre „Süßigkeit" zu genießen; sie war sein glühender Backofen und zugleich der Ort, an dem er zu Gott sprach. Sie war das tiefe Grab, in dem er, „tot" für die Welt, in der Wüste lag. In seinen langen Wachen stand nur sein ungebrochener menschlicher Wille zwischen seinem Körper und der ungeheuren Empfindungslosigkeit des Schlafs.

Während seines Lebens in der Wüste blieb der Körper des Mönchs unwiderruflich an menschliche Nahrung gebunden. Dieses Band konkretisierte sich in dem kleinen Haufen getrockneter Brotlaibe, die in einem Winkel seiner Zelle aufgeschichtet waren. Brot bedeutete eine fortbestehende Bindung an menschliches soziales Leben. Es wurde gewöhnlich durch ständige Handarbeit erlangt. Sein Erwerb erforderte gelegentliche Reisen zurück an den Saum des Nils, um seine Waren auf dem Dorfmarkt zu verkaufen und noch mehr Geld mit Schichten von Knochenarbeit als wandernder Erntearbeiter auf den Feldern des Tals zu verdienen. Das Bedürfnis nach menschlicher Nahrung, die durch harte Arbeit verdient wurde, band den Mönch unauflöslich an die gemeinsamen Schwächen einer hungernden Menschheit. [...]

Es gibt keinen Zweifel an den schrecklichen Entbehrungen, die selbst das relativ gefestigte Leben in den pachomianischen Klöstern mit sich brachte. Doch wir dürfen nicht vergessen, daß das Körperbild, das die Asketen in die Wüste mitbrachten, ihrer Hoffnung auf Wandel durch Selbstabtötung beträchtliche kognitive und emotionale Nahrung verlieh. Es bereitet der modernen Vorstellungskraft einige Schwierigkeiten, diesen Aspekt des asketischen Lebens wieder einzufangen. Die Asketen der Spätantike neigten dazu, den Körper als ein „autarkes" System zu betrachten. Unter idealen Bedingungen wurde er für fähig gehalten, mit seiner eigenen „Hitze" in Gang zu bleiben; er würde nur soviel Nahrung brauchen,

um diese Hitze am Leben zu erhalten. In seinem „natürlichen" Zustand – einem Zustand, mit dem die Asketen
tendenziell die Körper von Adam und Eva identifizierten
– hatte der Körper wie eine fein abgestimmte Maschine
agiert, die endlos „leerlaufen" konnte. Nur der verlogene
Wille der gefallenen Menschen war es, der den Körper
mit unnötigem Essen vollgestopft hatte und dadurch in
ihm das unheimliche Übermaß an Energie erzeugte, das
sich in körperlichem Appetit, in Zorn und im Sexualtrieb
zeigte. Dadurch, daß er die Nahrungsaufnahme reduzier-
te, an die er gewöhnt worden war, schuf der Asket langsam seinen Körper neu. Er verwandelte ihn in ein genau
geeichtes Instrument. Seine drastischen physischen Veränderungen nach Jahren asketischer Disziplin verzeich-
neten mit befriedigender Präzision die wesentlichen, vor-
läufigen Stadien der langen Rückkehr des Menschen, der
Gemeinschaft von Leib und Seele, zu einem ursprünglichen, natürlichen und unverdorbenen Zustand.

Thich Nhat Hanh

Aus dem Leben des Gautama Buddha

Es gehörte zu den Gewohnheiten des Buddha, früh am
Morgen aufzustehen und in Meditation zu sitzen, um
danach zwischen den Bäumen des Waldes Gehmeditation
zu üben.
    Eines Morgens sah er während des Gehens in der Fer-
ne einen stattlichen, elegant gekleideten Mann, vielleicht
Ende zwanzig, der, halb noch im morgendlichen Dunst
verborgen, langsam näherkam. Der Buddha setzte sich
auf einen großen Stein, und als der Mann ganz nah an
dem Stein vorbeiging, murmelte er, ohne allerdings den
Buddha zu bemerken: „Ekelhaft! Widerwärtig!"

Der Buddha sagte laut: „Da gibt es nichts Ekelhaftes. Da gibt es nichts Widerwärtiges." Wie angewurzelt blieb der Mann stehen. Die Stimme des Buddha war so klar und besänftigend; der Mann blickte auf und sah den Buddha auf dem Stein sitzen, ganz entspannt und heiter. Der junge Mann zog seine Sandalen aus und verbeugte sich tief vor dem Buddha. Dann setzte er sich ganz in die Nähe auf einen anderen Stein.

Der Buddha fragte ihn: „Was ist denn so ekelhaft? Was ist so widerwärtig?"

Der junge Mann stellte sich vor als Yasa, Sohn eines der wohlhabendsten und angesehensten Kaufleute Varanasis. Bisher hatte Yasa ein Leben voller Pracht und Bequemlichkeit genossen. Seine Eltern suchten jede seiner Launen zu befriedigen, ihm jedes Vergnügen zu ermöglichen; er besaß ein stattliches Haus, Juwelen, Geld, Wein, Kurtisanen, gab Gesellschaften und große Festessen.

Doch Yasa war ein empfindsamer, nachdenklicher junger Mann, und allmählich wuchs in ihm das Gefühl, an diesem Leben voller Vergnügungen zu ersticken; er konnte einfach keinerlei Zufriedenheit mehr darin finden.

Er war wie ein Mensch, der in einem Raum ohne Fenster eingesperrt war; er hatte Sehnsucht nach frischer Luft, nach einem einfachen, gesunden Leben.

Die Nacht zuvor hatte sich Yasa mit einigen Freunden getroffen; sie hatten gefeiert, getrunken, Musik gemacht und sich von liebreizenden jungen Kurtisanen unterhalten lassen. Mitten in der Nacht erwachte Yasa auf einmal; er betrachtete seine Freunde und die jungen Frauen, die lang ausgestreckt dalagen und schliefen. In diesem Moment wußte er, daß er nicht mehr so weiterleben konnte. Er warf sich einen Umhang über, schlüpfte in ein Paar Sandalen und ging zum Vordertor hinaus, ohne Vorstellung, wohin er gehen wollte. Die ganze Nacht wanderte er ziellos umher, bis er sich zufällig im Wildpark von Isipatana wiederfand. Und nun, als die Sonne aufging, saß er dem Buddha gegenüber.

Der Buddha gab ihm folgenden Rat: „Yasa, dieses Leben ist voller Leid, aber ebenso ist es auch voller Wunder. Sich nur in sinnlichen Vergnügungen zu ergehen ist schlecht für die Gesundheit von Körper und Geist. Lebst du einfach und gesund, läßt dich nicht von Begierden beherrschen, dann ist es möglich, die vielen Wunder des Lebens zu erfahren. Yasa, schau dich um! Siehst du die Bäume, die dort im morgendlichen Dunst stehen? Sind sie nicht wundervoll? Der Mond, die Sterne, die Flüsse, die Berge, das Sonnenlicht, der Gesang der Vögel, das Sprudeln der Quelle – dies alles sind Manifestationen eines Universums, das uns endloses Glück schenken kann.

Das Glück, das wir von all diesen Dingen empfangen, nährt unseren Körper und unseren Geist. Schließe deine Augen und atme einige Male ein und aus! Nun öffne sie wieder. Was siehst du? Bäume, Dunst, Himmel, Sonnenstrahlen. Deine eigenen Augen sind Wunder. Weil du mit diesen Wundern nicht mehr in Berührung warst, hast du begonnen, Körper und Geist zu verachten. Manche Menschen verachten ihren Geist und ihren Körper so sehr, daß sie Selbstmord begehen wollen. Sie sehen nur das Leiden im Leben. Doch das Leiden ist nicht die wahre Natur des Universums. Leiden ist das Ergebnis unserer Lebensweise und unserer falschen Auffassung vom Leben."

Die Worte des Buddha berührten Yasa wie frische Tautropfen, die sein brennendes Herz kühlten. Von Glück überwältigt warf er sich vor dem Buddha nieder und bat darum, sein Schüler werden zu dürfen.

Der Buddha half ihm aufzustehen und sagte: „Ein Mönch lebt ein einfaches, anspruchsloses Leben. Er hat kein Geld. Er schläft in einer Hütte aus Stroh oder unter den Bäumen. Er ißt nur das, was er beim Betteln empfängt, und er ißt nur eine Mahlzeit am Tag. Kannst du ein solches Leben führen?"

„Ja, Meister, ich möchte gern ein solches Leben führen."

Der Buddha fuhrt fort: „Ein Mönch gibt seinen Geist und Körper hin, um Befreiung zu erlangen, um sich und anderen zu helfen. Er konzentriert seine Anstrengungen darauf, das Leiden zu lindern. Gelobst du, einem solchen Pfad zu folgen?"

„Ja, Meister, ich gelobe, einem solchen Pfad zu folgen."

„Dann nehme ich dich als meinen Schüler an. Ein Schüler in meiner Gemeinschaft ist als ein *bhikkhu,* ein Bettler, bekannt. Du wirst jeden Tag dein Essen erbetteln, um dich zu ernähren, um Demut zu üben und um mit anderen in Berührung zu sein und ihnen den Weg zu weisen."

[...]

Und wieder – kaum hatte der Buddha seine Rede beendet – erhob sich der Ehrwürdige Devadatta und verbeugte sich vor dem Buddha. Er sagte: „Herr, du lehrst die Bhikkhus, ein einfaches Leben zu führen, frei von Wünschen; sie sollen nur das annehmen, was wirklich gebraucht wird. Ich möchte fünf neue Regeln vorschlagen, die unsere Verpflichtung zu einem einfachen Leben bindender machen würden:

Erstens: Die Bhikkhus müssen in Wäldern leben, und es ist ihnen nicht erlaubt, in Dörfern oder Städten zu schlafen.

Zweitens: Die Bhikkhus dürfen sich nur von erbettelten Speisen ernähren, es ist ihnen nicht gestattet, Einladungen zu Mahlzeiten in den Häusern der Laienschüler anzunehmen.

Drittens: Die Bhikkhus müssen ihre Roben aus Abfällen und Lumpen selbst nähen und dürfen Roben niemals als Gabe von Laienschülern annehmen.

Viertens: Die Bhikkhus dürfen nur unter Bäumen schlafen und nicht in Hütten oder Häusern.

Fünftens: Die Bhikkhus dürfen nur vegetarische Speisen zu sich nehmen.

Herr, wenn die Bhikkhus diesen fünf Regeln folgten, würde es ihnen wirklich gelingen, ein einfaches, schlichtes Leben mit wenig Wünschen zu führen."

Der Buddha antwortete: „Devadatta, der Tathagata kann deine Regeln nicht als verbindlich anerkennen. Jeder Bhikkhu, der ausschließlich in Wäldern leben will, hat die Erlaubnis, das zu tun. Doch für andere ist es angenehmer, in Hütten, Klöstern, Dörfern und Städten zu leben. Jeder Bhikkhu, der sein Essen ausschließlich erbetteln will, kann das tun und Einladungen, in den Häusern von Laienschülern zu essen, ablehnen. Doch andere müssen sich frei fühlen können, solche Einladungen anzunehmen, denn diese bieten Gelegenheit, die Lehre zu vermitteln. Jeder Bhikkhu, der seine Robe aus Abfällen und Lumpen selbst nähen möchte, kann das tun. Für andere mag es besser sein, Roben von den Laienschülern anzunehmen; solange ein Bhikkhu nicht mehr als drei Roben besitzt, ist auch das gut. Jeder Bhikkhu, der ausschließlich unter Bäumen schlafen will, kann das gerne tun. Aber ebenso recht ist es, wenn andere in Hütten oder Häusern schlafen. Jeder Bhikkhu, der ausschließlich vegetarische Speisen zu sich nehmen will, mag das tun. Doch andere können Speisen annehmen, die Fleisch enthalten, solange sie sicher sind, daß das Tier nicht ausdrücklich für sie geschlachtet wurde. Devadatta, die gegenwärtig geltenden Vorschriften geben den Bhikkhus mannigfaltige Gelegenheit, mit den Laien in Berührung zu kommen. Sie können die Lehre denen bringen, die gerade erst mit dem Weg des Erwachens bekanntgeworden sind."

Der Ehrwürdige Devadatta fragte: „Dann akzeptierst du also diese fünf Regeln nicht?"

Der Buddha antwortete: „Nein, Devadatta, der Tathagata akzeptiert sie nicht."

Hermann Hesse

Siddharta

Auch Hermann Hesse stellt im „Siddharta" das einfache Leben als Weg zur Erfahrung des Göttlichen dar. Siddharta, der Brahmanensohn, wächst in Wohlstand und konventioneller Frömmigkeit auf. Sein unruhiges Suchen treibt ihn von zu Hause fort. Um sein Ich abzutöten, schließt er sich zunächst den Samanas, streng asketisch lebenden Bettelmönchen an. Drei Jahre verbringt er in Entbehrung, lernt Hunger, Schmerzen und Schlafentzug ertragen. Dann verläßt er die Bettelmönche; denn die Askese, so hat er für sich herausgefunden, „tötet das Ich des Fleisches", aber sie „mästet dabei das Ich der Gedanken". Der nächste Schritt seines Lebens führt ihn in die Welt der Sinne, die er als asketischer Jüngling verachtete. Er erlernt die Kunst der Liebe und das Handwerk des Geldverdienens. Zunächst hält er eine gewisse Distanz zu allen Sinnenfreuden, aber im Laufe der Jahrzehnte wird er immer abhängiger von ihnen. Bis er eines Tages, übersättigt und voll Selbstekel, von heute auf morgen seinen Reichtum hinter sich läßt und wieder aufbricht. Ziellos irrt er durch die Wälder. Am großen Fluß angekommen, will er sich sogar das Leben nehmen. Doch plötzlich hört er im Rauschen des Wassers wieder die alte Verheißung vom Einssein aller Dinge, vom Einklang des Ich mit dem Göttlichen. Er schließt sich als Fährknecht dem Fährmann Vasudeva an, demselben, der ihn einst, als er in die Welt aufbrach, über den Fluß setzte. Hier am Fluß lebt Siddharta für den Rest seiner Tage ein einfaches Leben in körperlicher Arbeit und Kontemplation. Er lebt mit Vasudeva in der Einsamkeit der Wälder in einer bescheidenen Hütte, von selbst angebauter Nahrung; er setzt Reisende mit der Fähre über den Strom und er versenkt sich in die Betrachtung des Flusses, zu allen Tages- und

Jahreszeiten. Der Fluß wird für ihn zum Sinnbild des Göttlichen in allen Dingen.

Siddhartha blieb bei dem Fährmann und lernte das Boot bedienen, und wenn nichts an der Fähre zu tun war, arbeitete er mit Vasudeva im Reisfelde, sammelte Holz, pflückte die Früchte der Pisangbäume. Er lernte ein Ruder zimmern, und lernte das Boot ausbessern, und Körbe flechten, und war fröhlich über alles, was er lernte, und die Tage und Monate liefen schnell hinweg. Mehr aber, als Vasudeva ihn lehren konnte, lehrte ihn der Fluß. Von ihm lernte er unaufhörlich. Vor allem lernte er von ihm das Zuhören, das Lauschen mit stillem Herzen, mit wartender, geöffneter Seele, ohne Leidenschaft, ohne Wunsch, ohne Urteil, ohne Meinung.

Freundlich lebte er neben Vasudeva, und zuweilen tauschten sie Worte miteinander, wenige und lang bedachte Worte. Vasudeva war kein Freund der Worte, selten gelang es Siddhartha, ihn zum Sprechen zu bewegen.

„Hast du", so fragte er ihn einst, „hast auch du vom Flusse jenes Geheime gelernt: daß es keine Zeit gibt?"

Vasudevas Gesicht überzog sich mit hellem Lächeln.

„Ja, Siddhartha", sprach er. „Es ist doch dieses, was du meinst: daß der Fluß überall zugleich ist, am Ursprung und an der Mündung, am Wasserfall, an der Fähre, an der Stromschnelle, im Meer, im Gebirge, überall zugleich, und daß es für ihn nur Gegenwart gibt, nicht den Schatten Vergangenheit, nicht den Schatten Zukunft?"

„Dies ist es", sagte Siddhartha. „Und als ich es gelernt hatte, da sah ich mein Leben an, und es war auch ein Fluß, und es war der Knabe Siddhartha vom Manne Siddhartha und vom Greis Siddhartha nur durch Schatten getrennt, nicht durch Wirkliches. Es waren auch Siddharthas frühere Geburten keine Vergangenheit, und sein Tod und seine Rückkehr zu Brahma keine Zukunft. Nichts war, nichts wird sein; alles ist, alles hat Wesen und Gegenwart."

Siddhartha sprach mit Entzücken, tief hatte diese Erleuchtung ihn beglückt. Oh, war denn nicht alles Leiden Zeit, war nicht alles Sichquälen und Sichfürchten Zeit, war nicht alles Schwere, alles Feindliche in der Welt weg und überwunden, sobald man die Zeit überwunden hatte, sobald man die Zeit wegdenken konnte? Entzückt hatte er gesprochen, Vasudeva aber lächelte ihn strahlend an und nickte Bestätigung, schweigend nickte er, strich mit der Hand über Siddharthas Schulter, wandte sich zu seiner Arbeit zurück.

Und wieder einmal, als eben der Fluß in der Regenzeit geschwollen war und mächtig rauschte, da sagte Siddhartha: „Nicht wahr, o Freund, der Fluß hat so viele Stimmen, sehr viele Stimmen? Hat er nicht die Stimme eines Königs, und eines Kriegers, und eines Stieres, und eines Nachtvogels, und einer Gebärenden, und eines Seufzenden, und noch tausend andere Stimmen?"

„Es ist so", nickte Vasudeva, „alle Stimmen der Geschöpfe sind in seiner Stimme."

„Und weißt du", fuhr Siddhartha fort, „welches Wort er spricht, wenn es dir gelingt, alle seine zehntausend Stimmen zugleich zu hören?"

Glücklich lachte Vasudevas Gesicht, er neigte sich gegen Siddhartha und sprach ihm das heilige Om ins Ohr. Und eben dies war es, was auch Siddhartha gehört hatte.

Und von Mal zu Mal ward sein Lächeln dem des Fährmanns ähnlicher, ward beinahe ebenso strahlend, beinahe ebenso von Glück durchglänzt, ebenso aus tausend kleinen Falten leuchtend, ebenso kindlich, ebenso greisenhaft. Viele Reisende, wenn sie die beiden Fährmänner sahen, hielten sie für Brüder. Oft saßen sie am Abend gemeinsam beim Ufer auf dem Baumstamm, schwiegen und hörten beide dem Wasser zu, welches für sie kein Wasser war, sondern die Stimme des Lebens, die Stimme des Seienden, des ewig Werdenden. Und es geschah zuweilen, daß beide beim Anhören des Flusses an dieselben Dinge dachten, an ein Gespräch von vorgestern, an einen ihrer Reisenden, dessen Gesicht und Schicksal sie beschäftigte, an den Tod, an ihre Kindheit, und daß sie beide im selben Augenblick, wenn der Fluß ihnen etwas Gutes gesagt hatte, einander anblickten, beide genau dasselbe denkend, beide beglückt über dieselbe Antwort auf dieselbe Frage.

Es ging von der Fähre und von den beiden Fährleuten etwas aus, das manche von den Reisenden spürten. Es geschah zuweilen, daß ein Reisender, nachdem er in das Gesicht eines der Fährmänner geblickt hatte, sein Leben zu erzählen begann, Leid erzählte, Böses bekannte, Trost und Rat erbat. Es geschah zuweilen, daß einer um Erlaubnis bat, einen Abend bei ihnen zu verweilen, um dem Flusse zuzuhören. Es geschah auch, daß Neugierige kamen, welchen erzählt worden war, an dieser Fähre lebten zwei Weise oder Zauberer oder Heilige. Die Neugierigen stellten viele Fragen, aber sie bekamen keine Antworten, und sie fanden weder Zauberer noch Weise, sie fanden nur zwei alte freundliche Männlein, welche stumm zu sein und etwas sonderbar und verblödet schienen. Und die Neugierigen lachten und unterhielten sich darüber, wie töricht und leichtgläubig doch das Volk solche leere Gerüchte verbreite.

Oliver von Hammerstein

Ich war ein Munie

Die Intensität der nun folgenden Erfahrungen kann nicht annähernd beschrieben werden. Es war eine unmenschliche Art zu leben. Ein ständiges Unterdrücken und Überwinden natürlicher Bedürfnisse und Gewohnheiten unter dem Motto, als Gruppe zu einer bedürfnislosen, uneingeschränkt einsatzfähigen, unbedingt gehorsamen Einheit zu verschmelzen. Wir mußten uns selbst zu immer größeren Verzichten und höheren Leistungen anspornen, um sogenanntes „geistiges Wachstum" auf dem Weg unserer Vervollkommnung zu ermöglichen, damit Sun Myung Mun seine Mission der Errichtung einer vollkommenen Welt erfüllen könnte. Ich las nie mehr eine Zeitung oder eine andere Information aus der „Welt draußen". Die einzige Lektüre, die es wert war, göttliche Zeit zu opfern, waren die ‚Göttlichen Prinzipien'. Während meines ganzen Aufenthaltes in der VK (= Vereinigungskirche) las ich nur eine halbe Seite aus der Bibel. Während der Mahlzeiten hatte ich immer ein schlechtes Gewissen wegen meines Appetits. Wir schliefen durchschnittlich vier Stunden und baten Gott noch vor dem Einschlafen, er möge uns durch diesen Schlaf Kraft geben, am nächsten Tag noch härter und gehorsamer zu arbeiten. [...]

Muns luxuriösen Lebensstil billigten wir ihm großmütig zu. Man sagte, niemand wolle einen Messias in Armut leben lassen und außerdem könne Gott – wie der Mensch – echte Freude nur auf kommunikativer Basis mit einem Partner empfinden und deshalb sei Mun als erster vollkommener Sohn Gottes der einzige reine Kommunikationspartner für Gott: hatte Sun Myung Mun Spaß am Leben, dann könnte auch Gott sich mit ihm freuen. [...]

Im Innenstadtzentrum hatten wir manchmal Gelegenheit, die ‚Göttlichen Prinzipien' zu lesen und eigene Vorträge einzustudieren. Beim (Saft-)Frühstück setzte man sogenannte „geistige Ziele" für den Tag fest, z.B. positiv zu sein, den anderen zu dienen, soundsoviele Gäste ins Zentrum zu bringen usw. *Conditions* wurden gesetzt, d.h. bestimmte zusätzliche Opfer geleistet wie etwa Fastenbedingungen, Renn-Bedingungen (Rennen statt Gehen beim Missionieren), Studier- und Gebetsbedingungen auf Kosten der Schlafzeit. [...]

Die Workshops waren die anstrengendste Beschäftigung für mich. Das ständige Beschatten und künstliche Lenken der Gäste, das nervenaufreibende Wachbleiben in den Vorträgen (wir kauten höllenscharfe Peperoni, die einen brennenden Schmerz in der Mundhöhle erzeugten, oder stachen uns heimlich mit Stecknadeln in die Beine, denn den Kopf zu senken oder die Augen zufallen zu lassen, galt als Laster), der ständige Kampf mit dem imaginären Satan um das geistige Wohl der ahnungslosen Auserwählten, die Verpflichtung zu ewigem Lächeln und anregenden Wortbeiträgen kostete große Anstrengungen.

Michael Holzach

Besuch bei den Hutterern

In Strenge und Einfachheit leben hier, in der Brudergemeinde Wilson, 120 Menschen in zwölf Familien so dicht beieinander, als gäbe es in dieser Unendlichkeit der Prärie, die nur im Westen vom Fels der Rocky Mountains begrenzt wird, nicht Raum genug. Aus der Distanz sieht Wilson aus wie eine Mischung aus israelischem Kibbuz und dem Flüchtlingslager Friedland: sechs graue, langgestreckte Wohnbaracken, in Zweierreihen Seite an Seite von Norden nach Süden ausgerichtet, davor die Gemeinschaftsküche, dahinter die Schule und etwas abseits die Stallungen, die Werkstätten und die Scheunen.

Arbeiten, Beten, Essen, Schlafen – hutterisches Leben.

Einfach und klar wie das äußere Bild der Kolonie ist auch ihre Struktur. Gott ist der „Herr über Himmel und Erde" und damit auch über die Hutterer als sein heiliges Volk. Gottes Stellvertreter in Wilson ist der gewählte Prediger Johannes Wurz, der so viele Enkel und Urenkel hat, wie sein Leben Jahre zählt: 77. Er ist über die Gemeinde gestellt wie ein Hirte über seine Herde, „der euch weiden soll mit Lehre und Weisheit" (Jeremias 3,15). Ihm zur Seite stehen sein 58jähriger Sohn Georg Wurz als stellvertretender Prediger und die vier Gerichtsbrüder: der „Säckelmann" oder „Hauswirt" Jakob Wurz, ein nur um zwei Jahre jüngerer Bruder des Predigers, sein zweitältester Sohn Johannes, der als „Weinsedel" für die Organisation der Arbeit zuständig ist, der Schullehrer Samuel und nicht zuletzt Johannes Hofer, seines Zeichens Brotschneider, der während der gemeinsamen Mahlzeiten dafür Sorge zu tragen hat, daß auch alle satt werden. Die Gerichtsbrüder werden vom „Stiebel", der Versammlung aller getauften Männer, gewählt und sind ihm Rechenschaft schuldig.

Frauen haben kaum etwas zu sagen, weder in der Kolonie, „eure Weiber lasset schweigen in der Gemeinde" (1. Korinther 14,34), noch in der Familie, „der Mann ist des Weibes Haupt" (Epheser 5,23). Nicht zufällig nennt sich Wilson eine „Brudergemeinde" und läßt die Schwestern unerwähnt. Sie haben vor allem Kinder zu bekommen, ein knappes Dutzend im Schnitt. In den vergangenen hundert Jahren hat Gottes heiliges Volk sich alle 15 bis 25 Jahre verdoppelt, „seid fruchtbar und mehret euch" (1. Moses 1,22). So bilden die Kinder und Jugendlichen in Wilson auch fast eine Zweidrittelmehrheit, die der Schullehrer mit alttestamentarischer Strenge unter seiner strengen Kontrolle hält. [...]

Zweimal im Jahr wird das Material für die Kleidung in der Küche ausgeteilt. Alle Frauen sitzen dann um einen großen Tisch, Katharina, die Köchin, führt das Wort und die Schere. Sie hat eine große Liste mit Namen und Alter aller Gemeindemitglieder. Auf dem Fußboden stapeln sich die Stoffballen. Die schwarzen sind für die Männertracht, die dunkelblau-braunen oder grünen für die der Weiber. Aus dem weißgepunkteten Stoff werden die

Schneegestöber-Kopftücher gemacht, aus den türkis-rosa und giftgrünen Baumwollrollen die warme Unterwäsche für beiderlei Geschlecht – Farbenfreude ausnahmsweise dort, wo sie das Auge nicht „glusteln" kann.

Köchin Katharina schneidet für jeden Bruder und jede Schwester das „Zeig" zu. Jede Mutter empfängt das „Packel" ihrer Familie, und je mehr Kinder sie hat, desto größer ist ihr Haufen. Die jungverheiratete, kinderlose Anna kann die Sachen für sich und ihren Christian leicht unter den Arm nehmen, die rundliche Lehrersfrau Katharina muß für ihre neun Kinder zwei große Fuhren mit dem Handkarren wegschaffen. Und weil es bei so vielen Kindern auf eines mehr oder weniger nun nicht mehr ankommt, liegt auf Katharinas Wägelchen auch meine Kleiderration: „vier Yard Hosenzeig, vier Yard Jankerzeig, drei Yard Einfutter, 32 Zoll Leiblzeig, fünf Yard Hemden, fünf Yard Schwitzgfat."

Wie selbstverständlich hat die Köchin beim Teilen an mich gedacht, denn „jedr kriegt, wos ihm not ist". [...]

Am schmerzlichsten aber empfinde ich die unzureichenden sanitären Einrichtungen, das Fehlen von fließendem Wasser im Haus. Längst hätten sich die Kolonisten Bäder und Wassertoiletten leisten können, denn ihre Gemeinde hat genug Geld für viel teurere Melkmaschinen und Mähdrescher. Aber es bleibt beim gemeinschaftlichen Waschhaus und bei den kleinen hölzernen „Gagheisel" vor jedem Haus mit einem niedrigen Sitz für die Kinder und einem höheren für die Erwachsenen – „das bese Flasch muß leidn".

Schlimmeres Leiden als bei stürmischer Nacht ins unbeheizte, oft schneeverwehte Plumpsklo zu stapfen und dort die Hose herunterlassen zu müssen, bei arktischen Temperaturen, die Wasser in Minuten zu Eis gefrieren lassen – größere Körperqual ist mir bisher im Leben kaum widerfahren. Der vulgäre Spruch von der Stange Wasser, die man abstellt, wird bei minus 30 Grad fast zur greifbaren Alltäglichkeit, von größeren Geschäften ganz zu schweigen. Ohne Jakobs abführendes Trockenobst wäre ich sicher eines Nachts einfach festgefroren. Schlimmer können auch die Mönche der Geißler-Bewegung nicht gelitten haben, die sich im Mittelalter selber mit dornenbesetzten Geißeln auspeitschten und dabei die Worte schrien: „Steh auf durch der reinen Marter Ehre, und hüte Dich vor der Sünden mehre!" Auch die Hutterer kennen dieses „Sprichel". [...]

Seinem Besitz zu entsagen, sich freimachen vom Ballast des Materiellen, um mit anderen Menschen gemeinsam an einer Gemeinschaft zu arbeiten, nicht mehr für das „Ich" zu leben, sondern für das „Wir", nicht mehr für das Haben, sondern für das Sein, all das erscheint mir wirklich paradiesisch. Und doch kann ich hier nicht auf Dauer existieren, denn dieses hutterische Sein beginnt ja eigentlich erst nach dem „Nicht-mehr-Dasein" auf der Erde, also nach dem leiblichen Tod. Für so hochgesteckte Lebensziele fehlt mir aufgeklärtem Zeitgenossen einfach der Glaube, da komme ich nicht mit. Ich suche nach Selbstverwirklichung, nicht nach Selbstaufgabe, wie es die Taufe praktisch fordert: „Nicht mehr sein selbst sein", darf der Täufling, „Glied am Leib des Herrn" muß er werden, „willenlos und gehorsam". Für mich Menschen aus dem 20. Jahrhundert erscheint das wie ein Rückfall ins Mittelalter, in Leibeigenschaft und Frohn.

Für einen Hutterer ist das ganz anders. Er braucht diese freiwillig auferlegte Beschneidung seiner Freiheiten, um in Gelassenheit den Versuchungen der Außenwelt widerstehen zu können. Versuchungen, die ja die Menschheit auf ganz andere Weise viel stärker beschränken und binden als die Taufe. Theoretisch wußte ich das schon lange. Aber erst bei den Hutterern habe ich am eigenen Leibe erlebt, wie befreiend die Reduzierung der Ansprüche ist, wieviel Kraft der Mensch dadurch schöpft, daß er sich begnügen kann mit einem Dach über dem Kopf, drei Mahlzeiten am Tag, Kleidung, die ihn warm hält, und Arbeit, durch die er einer Gemeinschaft nützlich ist, einer Gemeinschaft, die ihn nicht ausbeutet, sondern liebt. Hier in der Waterton-Kolonie, wo ein Kaugummi und wenige Bonbons die Kinder am Heiligen Abend glücklich machen, erscheint mir fast wie Freiheitsberaubung, was sich an diesem Abend an Zwang unter den Weihnachtsbäumen meiner Welt abspielt. Welch befreiendes Gefühl dagegen, wenn man sein eigenes Ich in den Hintergrund gestellt sieht, das plötzlich gar nicht mehr so wichtig ist, zu dessen Ansprüchen man nicht dauernd aufsehen muß wie ein Bergsteiger zu einer unbezwingbaren Steilwand. Das einzige, was den Hutterern fehlt, ist die Freiheit der quälenden Wahl zwischen den klangechtesten Stereoanlagen, den günstigsten Lebensversicherungen und den gründlichsten Waschmitteln.

III. In Gruppen siedeln:
Das einfache Leben als Gemeinschaftsutopie

Wilhelm Stählin

Der neue Lebensstil

Mit dem Instinkt des Lebens hat die Jugend ihren Bundesgenossen gefunden und liebt ihn mit inbrünstiger Freundschaft: die Natur. Die ganze heutige Jugendbewegung hat von dem Wandern ihren Ausgangspunkt genommen. 1896 haben von Steglitz aus die ersten „Wandervögel" die Schönheit der Mark entdeckt, etwa 10 Jahre später wesentlich andere Kreise sich im „Hamburger Wanderverein" zusammengefunden. Die Not der zwischen Steinen aufgewachsenen großstädtischen Jugend und der Ekel an dem, was die Großstadt aus ihrer Jugend gemacht hat, weckte eine brennende Sehnsucht nach der Natur.

„O so öffnet euch Mauern und gebt den Gefangenen ledig, zu der verlassenen Flur kehr' er gerettet zurück!"

Diese Stimmung, die wir einst aus Schillers Spaziergang in uns einsogen, lehrte ein neues Geschlecht der Jugend, in der Natur die Freiheit und die Lehrstätte ihres eigenen Wesens zu finden. Wenn nicht mehr eine dicke Kruste von Stein den Menschen von dem mütterlichen Erdboden trennt, so springen in ihm selber verschüttete Quellen auf. Der Zwang und die Unnatur, Hast und Gier des Stadtgetriebes fallen von uns ab, wenn wieder der Wald sich über uns wölbt und der Wiesenbach uns zur Seite dahinplätschert und die Wolken in endlosem Zug über uns dahingehen! Eine Jugend, die in Mietskasernen aufwächst und in staubigen Schulzimmern lernt, wird trunken von heimlichen Schönheiten der neuentdeckten Heimat. Nicht vielgepriesene Naturwunder, sondern verschwiegene Pfade locken sie an, und im Wiesental, über dem der Rauch der Hütten aufsteigt, am Waldrain und auf weiter Heide, über der die Sonne brennt, erlebt sie ihre größten Offenbarungen. Wer aber erzählt von den heimlichen Wundern: wie zwischen dem Gemäuer einer verfallenen Burg die Sterne blinken, wenn da eine fröstelnde Schar dem neuen Jahr entgegenwacht, oder wie, wenn das Sonnwendfeuer allmählich verglommen, das Frührot über die Berge steigt ... Ihr armen Städter, die ihr nur auf wohlbetretenen Pfaden euch ins Freie wagt, ihr ahnt ja nicht, was für ein Märchenland unsere Erde ist! Und sage keiner etwas von romantischer Naturschwärmerei! Nein, diese Jugend kennt die Natur. Ihre Wanderfahrten sind keine naturwissenschaftlichen Exkursionen, aber wer bei Sonnenschein und Gewittersturm im Sommer und im Winter draußen gewesen ist, wer unter der Eiche seine Nachtruhe gesucht hat, dem tut die Natur die verschwiegenen Heimlichkeiten ihres Lebens kund; der kennt den Vogelflug; der weiß, wo die schönsten Blumen blühen und wo Quellen aus dem Gestein brechen. Diese aus vertrautem Umgang geschöpfte Kenntnis kommt auch der Heimat als solcher und ihrem Volk zugute. Ja man kann sagen: Diese Jugend wandelt nicht mehr in fernen Zauberländern eines Karl May, sondern hat die eigene Heimat neu entdeckt. Man muß Briefe aus dem Felde lesen, um ganz zu verstehen, was für eine harte innige Liebe zur Heimat aus diesen Wanderfahrten erwachsen ist. Auch eine romantische und sentimentale Einschätzung des Bauerntums, wie sie manchem naheliegen mag, der der Stadt überdrüssig geworden ist, kann da nicht mehr bestehen, wo man dutzendemale beim Bauern im Quartier gelegen ist und hundertmal bei der Arbeit mit Hand angelegt hat; dafür aber ist ein Größeres entstanden, ein neuer Besitz von größerem Wert für unser ganzes Volk: Achtung und Liebe. Man soll nur nicht die widerwärtigen Horden, die in buntem Fastnachtszug, ihre Gassenhauer brüllend, die Dörfer heimsuchen, den Dörfern zur Plage, den Städten zur Schande, von ferne mit Wandervögeln verwechseln. Die Jugend, die ich meine, geht stille Pfade, und ihr Gesang und ihr Tanz hat in manchem

Dorf die Erinnerung an besten eigenen Volksbesitz geweckt. Wandervögel haben um das Vertrauen der Bauern geworben und haben einen fast vergessenen Schatz heimlich gehüteter Lieder gehoben...

Und was für eine tiefgreifende Erziehungsarbeit hat dies Leben auf den Wanderfahrten fast ungewollt geleistet! Das Wandern in kleinem Kreis verlangt von jedem volle Selbständigkeit; da findet jeder allein seinen Weg und weiß Rat, wo manch anderer hilflos wäre. Das Wandern bei jedem Wetter, wobei bequemes Gasthausleben ganz und gar verpönt ist, verlangt nicht nur eine Kleidung – auch bei den Mädchen –, die zur Natur und zu allerlei Wetter paßt, und die schön wird, nicht weil sie schön sein soll, sondern weil sie gut und zweckmäßig ist; sondern es verlangt von den Menschen selbst ein herbes und anspruchsloses Wesen; nur was echt und schlicht ist, kann hier bestehen. Wer gewohnt ist, sich seine einfache Mahlzeit selbst zu bereiten, und dankbar ist, wenn er im Heu sein Nachtlager findet, der hat ein für allemal den Geschmack verloren an raffiniertem Luxus und verzärtelnder Weichlichkeit.

Romano Guardini

Die katholische Jugendbewegung Quickborn

Wie lebt Quickborn? Irgendein alter Stadtturm oder eine Dachstube dient als Heim. Mit einfachsten Mitteln haben es die Quickborner selber eingerichtet. Ein Tisch, ein paar Bänke, wenn's hoch kommt, ein kleiner Schrank. Aber auf dem Tisch steht ein Blumenstrauß, im Winkel hängt der Kruzifixus, und ein paar feine Bilder an der Wand.

An einem bestimmten Tag der Woche trifft sich dort

die Gruppe, Laute, Fiedel und Flöte müssen da sein. Alte Volksweisen erklingen, lustige und ernste. Einer erzählt dazwischen oder liest aus einem feinen Buche vor. Ein andermal wird Thing gehalten: Gau- und Burgbriefe verlesen und besprochen, Pläne gemacht, Fragen der Lebensgestaltung erörtert. Hierbei wird tüchtige Arbeit geleistet. Die Briefe „Gottes Werkleute" spiegeln manches davon. Die Buben sind im Sommer viel draußen beim Spiel bei Gerwerfen und springen. Manch heiße Schlacht wird auch ausgefochten. Im Winter wird allerhand Kunstfertigkeit geübt, geschnitzt, gebuchbindert u. s. f.

Manche Gruppe hat dazu noch ein Landheim, ein Bauernhäuschen oder eine alte Mühle oder sonst ein verwunschenes Gebäu, selbst geweißt und eingerichtet. Da weilen sie an freien Tagen – kochen und putzen tun sie selber –, schaffen mitsammen in Garten und Feld, lesen oder plaudern abends um den großen Tisch. Da fällt denn auch manch ernstes und sinnendes Wort.

In Ferien und zuweilen an Sonntagen – doch darf der Gottesdienst keine Störung erfahren – geht's auf Fahrt. Immer sind's nur wenige: 6–8 für Tagesfahrten, wenn's aber auf große Wanderschaft geht, nur drei oder vier. Alles, was man braucht, hat man im Rucksack: Kleider, Wäsche, Lebensmittel und ein Kochtopf obendrauf. Die Zeltbahn dient als Decke und Mantel. Des Nachts schlafen sie beim Bauern im Heu, in Jugendherbergen, die über ganz Deutschland und Österreich zerstreut sind, oder sie bitten um Gastfreundschaft bei Quickbornern, in Klöstern und Pfarrhöfen. Vor allem die engste Heimat gilt es so auf Fahrt kennenzulernen. Dann das ganze Vaterland von den Alpen bis zur See, und einzelne Wagemutige beginnen auch die Grenzen zu überschreiten. Besonders Italien lockt, wie einst die Fahrenden Gesellen im Mittelalter.

Bisweilen, zwei- oder dreimal im Jahr, feiert Quickborn seine Feste. Am liebsten auf einer Waldwiese oder unter alten Bäumen. Die Eltern und Freunde sind dabei. Da wird Reigen getanzt, gesungen und gespielt: Hans Sachs, Märchenspiele und mehr der Art, Kasperle macht seine Streiche. Wenn's Abend ist, singen einzelne schöne Lieder und zum Beschluß ein Preis der Himmelskönigin. Einen eigenen Zauber hat Weihnachten. Da sitzen alle unter dem großen Lichterkranz, beim Klang der wundersamen alten Weisen wird man so kinderfroh; oder die Jungen zünden den Weihnachtsbaum im verschneiten Tannenwald unter dem Sternenhimmel an. Am Hl. Abend ziehen die Sänger aus. In Höfen und Gassen klingen ihre Melodien, die Menschen froh zu machen. Eltern und Freunden wird das neue Jahr angesungen und sie müssen dann wohl auch etwas für die hungrigen Spielleute spenden.

Robert Landmann

Die Lebensreformer auf dem Monte Verità

Der Monte Verità wurde in kurzer Zeit das besuchteste Ausflugsziel der näheren und weiteren Umgebung. Der Schiffahrtsdienst aus Italien mußte an Sonn- und Feiertagen Extradampfer einstellen und Extrafahrten einlegen, um den Andrang einigermaßen zu bewältigen.

Die wenigsten Besucher kamen auf den Berg, um die herrlichen Anlagen und das eigenartige Panorama zu genießen. Nicht die Naturschönheiten, nur die Naturmenschen lockten das Publikum. Die guten Bürger waren wie die Kinder. Sie faßten ihre neugierige Pilgerfahrt als etwas Verbotenes auf, fanden einen pikanten Reiz darin, die Kolonie zu besichtigen, einen gierigen Blick in das Luftbad zu werfen und die sonderbaren Langhaarigen anzugaffen. Wer Glück hatte, konnte die Spezies der Nuß- und Obstvertilger sogar beim Essen beobachten.

Es war längere Zeit üblich, daß Sanatoriumsgäste nur Rohkost bekamen. Zur festgesetzten Stunde versammelten sie sich im Zentralgebäude. Im großen Saal war zu beiden Seiten der Tür die Rückwand in viele längliche, durch Klappen verdeckte Fächer eingeteilt. Von der anderen Seite der Wand her wurde in jedes Fach eine Tüte mit Nüssen und etwas Obst gelegt. Jeder Inhaber eines Faches nahm auf diese Weise die ihm zugeteilte Ration – „Portiönchen" war Lotte Hattemers Ausdruck dafür – in Empfang. Durch diese Methode, eine Erfindung Ida Hofmanns, wurde der peinliche Eindruck einer Bedienung vermieden.

Die bescheidenen Gäste setzten sich mit ihren Tütchen an die Tische oder nahmen ihre Mahlzeiten zum Ergötzen der Eintrittzahlenden irgendwo im Freien ein. Um einen einzelnen Rohköstler lagerten sich häufig ganze Gruppen von Familien mit ängstlich blickenden Kindern.

Das Recht zur Besichtigung des Monte Verità kostete nicht weniger als 2 Franken je Person. Oedenkoven war auf die glänzende Idee gekommen, den Monte Verità der Öffentlichkeit freizugeben und durch die Erhebung eines Obulus die schwierige Finanzlage des Unternehmens zu bessern. Tatsächlich erwies sich diese Neuerung als außerordentlich lukrativ. Die Besucher wurden durch den Eintrittspreis nicht etwa abgeschreckt, sondern nur noch mehr angezogen. Sie fanden die Kolonie jetzt noch tausendmal interessanter als vorher, wo ihnen für die Befriedigung ihrer Sensationslust kein Geld abverlangt worden war.

Manche der Fremden waren zuerst etwas enttäuscht. Den tollen Berichten nach, die bis in die einsamsten oberitalienischen Dörfer gedrungen waren, liefen die Langhaarigen unbekleidet herum, saßen mit Wurzeln zwischen den Zähnen auf den Bäumen oder lugten wie wilde Tiere aus Erdhöhlen heraus. Statt dessen ging hier alles zwar seltsam, aber durchaus sittsam zu.

Es geschah, daß einer der Kolonisten von einem Herrn, der sich in Hemdsärmeln und Hosenträgern sehr frei und fast unanständig vorkam, gefragt wurde: „Wo sind denn hier die Naturmenschen?", worauf prompt die Antwort erfolgte: „Da oben irgendwo auf den Platanen. Aber geben Sie acht, die haben jetzt Hunger, und dann sind sie sehr bissig!" Gewiß hat der falsch aufgefaßte Spott manch unsinniges Gerücht verschuldet.

Die Hauptattraktion bildeten natürlich die Luftbäder. Denn da waren wirklich nackte Menschen zu sehen – die sagenhaften, schrecklichen, vom Pfarrer mit der Hölle bedrohten nackten Menschen! Die Besucher machten von ihrem Recht, selbst Luftbäder zu nehmen, keinen Gebrauch. Sie beschränkten sich darauf, durch die schönen Luftparkanlagen zu lustwandeln und ihre sonderbaren Mitmenschen bei Garten- oder Schreinerarbeiten zu beobachten. Die Kolonisten ließen sich nicht im geringsten stören und lächelten den erötenden Biederleuten mit freundlicher Überlegenheit zu.

Der Eingang zum Monte Verità war bei der „Cooperativa". Das war ein größeres Holzhaus, in dessen unteren Räumen neben einer Werkstatt ein Verkaufsladen eingerichtet war. Der Umsatz des reichhaltigen Lagers brachte bedeutende Summen ein und trug dazu bei, das Unternehmen etliche Jahre über Wasser zu halten.

In der „Cooperativa" gab es das selbstgebackene Brot, eingemachte Früchte, Gebrauchsgegenstände aller Art, darunter die für die Sanatoriumsgäste obligatorischen Reformkleider; ferner einige erlaubte Genußmittel, die sehr begehrt waren, da die Mahlzeiten trotz dem verhältnismäßig hohen Pensionspreis auf Grund der Ernährungstheorien nicht allzu reichlich bemessen waren; schließlich gab es auch noch allerlei Kaufenswertes für die Ausflügler, vor allem Ansichtskarten vom Monte Verità und Bilder von seinen Bewohnern. Die Karten fanden reißenden Absatz, und an manchen Tagen wurden davon Tausende abgesetzt. Besonderer Beliebtheit erfreute sich eine mit bekennerischen Sprüchen verzierte Serie, die die unbekleideten Menschen bei ihrer Beschäftigung im Luftbad darstellte. Auf einer solchen Karte war ein kurzbeiniger nackter Mann zu sehen, der mit einem riesengroßen Spaten Erdarbeiten verrichtete; links von ihm stand: „Die Schande hat uns gekleidet", und rechts von ihm: „Die Ehre wird uns wieder nackt machen."

Erich Weinert

Gesang der Edellatscher

Der Frühling braust; wir ziehn fürbaß
  Und zupfen unsre Geigen.
Wir hüpfen froh ins nasse Gras
  Und tanzen unsre Reigen.
Die Klampfe klirrt im Schritt und Tritt.
Die Kochgeschirre klirren mit.
  Der Wald ist voll Akustik.
  Wir sind so schrecklich lustig.

Und sitzen wir am Waldesrand,
  Dann schweigen unsre Klampfen.
Dann lassen wir durchs stille Land
  Die Hafergrütze dampfen.
Die Maggisuppe duftet weit
In Wald und Bergeseinsamkeit.
  Wie lustig schmort die Soße
  In der Konservendose!

Und ist die Grütze aufgekaut,
  Dann wird in blau und rosa
Das Seelenleben aufgebaut,

Teils lyrisch, teils in Prosa.
Hoch in die Wolken flieht der Blick.
Wir ziehn uns aus der Welt zurück
   Und sprechen leis im Chore
   Rabindranath Tagore.

Wir fühlen uns nicht bürgerlich
   Und auch nicht proletarisch
Wir wandeln auf dem Himmelsstrich
   Und leben literarisch.
Die schnöde Welt, wir hassen sie.
Nur abgeklärte Poesie
   Ist unsre Seelenspeise.
   Wir sind so schrecklich weise.

Pfui Klassenkampf! Wie ordinär!
   Wir kennen nicht Tarife.
Der Reichtum kommt von innen her
   Aus unsrer Seelentiefe.
Wer sich von innen her beschaut
Und Nietzsche liest und Rüben kaut,
   Was kümmern den die andern?
   Juchhu! Wir müssen wandern!

Winfried Hammann und Jochen Klein

Ein Hippie-Haushalt im Jahre 1967

Das erklärt etwas von dem *Asketentum des Hippieseins*,
das doch ansonsten keiner, und selbst der gefährlichsten
Freude und Wonne abgeneigt war. Es wendete sich gegen
die Zurichtung der Bedürfnisse durch den Konsum und
hoffte, in radikaler Abkehr davon, zu den „richtigen
Bedürfnissen" vorstoßen zu können. Einige von Benjamin

Franklins Tugenden (Bescheidenheit, Friedfertigkeit, Verzicht, Aufrichtigkeit) bekamen hier einen anderen Sinn. In gewisser Weise könnte man sie als Kampfestugenden bezeichnen, über die man nicht die Prosperität des Kapitalismus, sondern eine neue Freiheit erreichen wollte.

„Obwohl es nicht möglich ist, *so far, anyway,* in der Liebe allein zu leben, so ist es doch möglich, mit einem Minimum an Bargeld zu leben.

	wöchentlich	*monatlich*	*Idee*
Miete	1.50 $	6 $	Lebe in einer 10-Personen-Kommune, Gesamtmiete 60 $
Essen	5.91 $	23.63 $	79 c für Instant Kaffee 1.06 für Frühstück 20.00 Essen (Hot Dogs, Hamburger, Coke, Pommes frites) 1.78 2 Flaschen span. Wein zu 89 c weitere Empfehlung: Schlafe lange, so sparst du das Frühstück; außerdem gibt es Schriftsteller, die Hippie-Stories schreiben und froh sind, dich für ein Interview zum Essen einzuladen. Geh, wenn möglich, einmal in der Woche nach Hause (deine Eltern werden froh sein, dich mal zu sehen), außerdem gibt es freies Essen bei den Digger-Stores und Essenmarken bei den Kommunalverwaltungen

	wöchentlich	*monatlich*	*Idee*
Transport	fast nichts		Du kannst trampen, bei den Subways nimmst du das Ticket von den Leuten, die gerade aussteigen
Trips			
Pot	5 $	20 $	das reicht für einen Joint am Tag
Acid	3–6 $	12–18 $	das reicht für einen Trip pro Woche, wenn du mehr bezahlst, haben sie dich beschissen
Anwälte	frei		du findest bestimmt einen sympathischen Anwalt, der dich verteidigt auf Tauschbasis: z. B. er haut dich raus und du streichst seine Wohnung
Zeitungen		1.40 $	die meisten Undergroundzeitungen kosten ca. 20 c, kleine Magazine 1 $
Kleidung (wahlweise)		8 $	es reicht ein Kleidungsstück pro Monat, ein Minirock kostet 8 $, 5 $ eine Jeans; 2 $ ein Arbeiterhemd, indische Sandalen 75 c
Haarschneiden			kein Kommentar!
Blumen			pflücke die Blumen der Saison
Unterhaltung	1.25 $	5 $	2.50 $ ist momentan der Durchschnittspreis für Acid Rock-Shows, Psychedelic-Diskotheken, Happenings sind frei."

Das Beispiel dieses Hippiehaushalts von 1967 zeigt deutlich die Beschränktheit des asketischen Ideals, das sich aus der Konsumkritik ergab. Für das Erreichen anderer Welten und Bewußtseinsdimensionen gingen 50 Prozent des Haushaltsgeldes drauf, dafür soff man schlechten Wein und Cola, fraß Hamburger und Hot Dogs, lebte auf der Matratze und im Sperrmüll der Wohlstandsgesellschaft. Das Wort, das dies alles in ein blühendes Paradies verwandelte, war „Freiheit": „Freies Essen, freie Arbeit, freier Sex, freies Lächeln, freie Sonne, freier Mond, freie Liebe, freies Theater, freie Musik, freie Drogen, freies Leben, freier Park." (J. Rubin: Do it!)

Bernd Leineweber
Aus dem Tagebuch eines linken Kommunarden 1979/80

5.10.1979
Donnerstag nachmittag kommen Anna, Jani und ich von einer vierzehntägigen Reise nach G. und O. zurück. Wir merken, daß wir so etwas wie „Erholung" gemacht haben: nicht arbeiten, kein Haushalt, keine Gruppe.

Freitag gleich wieder der bekannte volle Arbeitsalltag. Ich mache mit Kartoffeln aus. Wir ernten ca. vier Zentner, darunter viele kleine und schlechte, bei etwa 2 Zentnern Saatgut ein Tiefpunkt unseres ohnehin bescheidenen Erfolges in der diesjährigen Landwirtschaft. Beim Einlegen der Kartoffeln in den Keller stellen wir fest, daß der Kohl, den wir für den Winter gelagert haben, zu faulen beginnt. Und beim Hofabend beschließen wir, dieses Jahr aufs Mosten zu verzichten – zuviel Sonstiges zu tun. Freilich, es gibt zu wenig Obst dieses Jahr, nicht nur bei uns, und unsere Getreideernte war unter anderem so schlecht, weil die Klee-Untersaat in der trockenen Frühjahrsperiode schneller wuchs als das Getreide und dieses nicht recht hochkommen ließ.

Aber die Äcker sind eben auch schlecht gedüngt, die Kartoffeln schlecht gehäufelt, die Mohrrüben nicht verzogen, daher jetzt viel zu klein, die Raupen vom Kohl nicht weggesammelt, die Zwiebeln zum Teil abgemäht, die Gurken nicht hochgebunden, und überall konnte das Unkraut wieder mal schießen, wie es wollte. Außer bei einigen Gemüsesorten sind die Erträge schlecht. Die Milchleistung der Schafe ist mäßig.

Wir merken es, denn es wird unübersehbar: es fehlen uns Organisation und Professionalität. Wir sind noch zu sehr Ideologen der Spontaneität oder einfach Männer und Frauen in ihren „besten Jahren", die sich alles zutrauen und dabei über ihre Kräfte wirtschaften. Wir machen zu viel, und vieles davon machen wir schlecht, weil wir keine Ahnung haben. Wann kommt es bei einer Arbeit sonst schon vor, daß man nur aus Erfahrung lernt? Allerdings ist gerade diese Eigenschaft der Landarbeit in Garten und Stall, jedenfalls für mich, auch eine Ursache für den Spaß, den die Sache macht.

11. 10.
[...]
Mittwoch am Hofabend beschließen wir, den Garten aufzuteilen in Parzellen. Jeder versorgt drei Beete für den Winter und baut das nächste Jahr, freilich nach gemeinsam aufgestelltem Plan, an, was er will bzw. was nach Plan verteilt wird.

Wieder ein Stück Organisation mehr, ein Stück „Spontaneität" weniger. Aber gerade beim Garten zeigte sich deutlich, daß unsere Art, dort zu arbeiten, Chaos und Schlamperei produziert hat: Unkraut, zu spät oder ganz ausgefallene Ernten, Rüben nicht verzogen, Sachen gesät oder gepflanzt, um die sich dann niemand mehr geküm-

mert hat, Kohl und Mohrrüben unter den Stangenboh-
nen, wo sie kein Licht kriegen, usw.

15. 10.
[...]
Freitag kommt Alfred aus Frankfurt. Langt gleich mächtig zu mit Aufräumen unter der Remise, dem offenen
Wagenunterstand im Nebengebäude, und mit Holzma-
chen.

Sonntag fahren Hans und Beate nach U. Irma und Brigitte fahren nach Holzbrick und Leimbach, wo unsere
Einkaufsgenossenschaft sich trifft, Konrad, Eberhard
und Alfred in die Sauna. Anna und ich fahren mit Jani
zum Kaffee auf Schloß O.

Mir macht diese Tage das Arbeiten auf dem Hof großen Spaß. Alle anstehenden Arbeiten laufen ohne Druck
und kontinuierlich, es ist gute Stimmung. Bescheidenes
Schaffen auf dem grünen Planeten, fernab von stella hec-
tica, irgendwo im Mittelpunkt des Lebens, wo man nicht
nur sein eigenes Leben leben sieht, fühlt, hört, sondern
auch das der anderen, ja das Leben überhaupt. Tiere,
Wasser, Luft und Kinder, Holz, Erde, Früchte und Tau.
Die Familie sitzt um den Tisch und redet und schwätzt.
Dann ist es Zeit für die Einsamkeit.

16. 10.
Noch warm, aber teilweise Regen. Wir machen Holz.

Abends ist Diskussion über Konrads Artikel. Die
Hauptthemen waren unsere ökonomische Basis, die Sta-
bilität der Gruppe, unsere Art und Weise, miteinander
umzugehen, besonders in Konflikten, „Verhältnis zur
Natur". Die Gruppe tut sich schwer, aus der Alternative
zwischen Stereotypen und Schweigen herauszukommen.
Es zeigt sich, daß wir zwar miteinander arbeiten, aber
wenig gemeinsam dieses Leben reflektieren, schon gar
nicht in politischer Hinsicht.

19. 10.
Ich fahre mit Edith und den beiden Besucherinnen, die gestern gekommen sind, Isa und Anke aus G., in den Wald, um die letzte Ladung Holz vorzubereiten. Wir schneiden mit der Motorsäge die Stämme auf Ladelänge und schichten sauber auf. Eine schnelle konzentrierte Aktion. Die gute Zusammenarbeit mit Edith schafft für die nächsten paar Tage spürbare Freundlichkeit und Nähe. Am Abend setze ich mich zu ihr, und wir plaudern eine Weile über Ereignisse und Begegnungen in der letzten Zeit.

Sylvester 1979
Zum Neujahrsfest haben wir vierzehn Gäste, die mehrere Tage bei uns wohnen. Fast alles alte Freunde.

Am ersten Weihnachtsfeiertag haben wir uns zusammengesetzt, um einmal darüber zu reden, „wie das Jahr so gewesen ist". Wir sind im dritten Jahr, d. h. wir blicken durch und wissen, was das Leben auf dem Hof und mit den anderen für uns bedeutet. Und wir wissen ungefähr, wie es weitergehen wird. Wir sind nunmehr voll verantwortlich für das, was wir hier tun. Wir können uns nicht mehr dabei beruhigen, daß wir erst am Anfang stehen, im Aufbau der Gruppe und des Hofes, daß wir das Leben auf dem Lande erst richtig kennenlernen müssen, das Wechselspiel von Spontaneität und Organisation in der Arbeit erst lernen müssen und das Aufstehen frühmorgens im kalt gewordenen Zimmer ...

Der Stand der Unschuld ist wieder einmal dahin.

20. 3. 1980
Import – Export
Niemand von uns konnte sich vorstellen, was daraus werden würde, als wir vor fünf Jahren auf den Hof zogen. Der Ort war sich selber so fremd geworden, wie wir ihn in Besitz nahmen und daran gingen, aus den

längst nicht mehr bewirtschafteten und verwitterten Gebäuden Wohnräume, Ställe und Werkstätten zu schaffen, in denen es sich leben und arbeiten ließ.

Auch untereinander waren wir uns teilweise fremd. Was uns zusammengebracht hatte, war neben dem Entschluß, das öde gewordene Leben eines Lehrers, Wissenschaftlers, Angestellten oder Handwerkers mit oder ohne Job zumindest auszusetzen, die günstige Gelegenheit, einen Schritt zu tun (für einige der erste im Leben), den man bereuen konnte. Denn die uneingeschränkte Verantwortung für diesen Schritt ging einher mit nahezu völliger Ahnungslosigkeit über seine Folgen.

Das romantische Verhältnis zu uns selbst dachten wir aufgehoben im ländlichen Schoß der Natur. Wenn wir mit der Natur produzierten, würde eine Gemeinschaft entstehen, zu der es auch eine gute Wohngemeinschaft kaum bringt, wenn man voneinander isoliert arbeitet und sich erst nach Dienstschluß sieht, und auch kein städtisches Arbeitskollektiv, das nur für den Markt und nicht unmittelbar für die eigene Versorgung arbeitet.

Naiv waren wir allerdings nicht. So sind wir heute nicht besonders überrascht und auch nicht zu sehr enttäuscht, daß die romantischen Bilder vom gemeinsamen Leben auf dem Land durch die realistische Schule gegangen sind. Nach wie vor befriedigt uns das Leben auf dem Hof, wir sind hier heimisch geworden, und wir haben Pläne für die Zukunft.

Wir haben erst im Laufe der Zeit unsere Motive zum kommunitären Leben auf dem Land genauer kennengelernt, gemeinsame und einzelne Interessen herausgefunden und Kenntnisse, Erfahrungen und Wissen erworben.

Wovon wir auf lange Sicht zu leben hätten, das war uns von Anfang an klar, waren Geldeinkommen von außen. Recht unterschiedlich waren dagegen die Annahmen über das Ausmaß, in dem wir uns durch Selbstversorgung und Marktproduktion auf dem Hof wirtschaftlich würden unabhängig machen können, und über die Zeit, die dieser Prozeß des Aufbaus dauern würde. (Für den Kauf sowie den Ausbau des Hofes samt Investitionen in Viehbestand, technische Geräte, Material usw. hatten wir ein Anfangskapital, das inzwischen verbraucht ist, das zusammen mit entsprechenden Krediten jedoch ausreichte, um alle Ausgaben zu decken.) Inzwischen gibt es da hinreichende Klarheit. Mit 9 Erwachsenen, einem Jugendlichen und 4 Kleinkindern können wir uns aus Platzgründen personell nicht mehr ausdehnen. Unsere 11 Milchschafe, 1 Kuh, 2 Ziegen sowie Hühner und Enten sind mit den Erträgen, die bei sachgerechtem biologischem Anbau auf unseren 2,5 Hektar Land zu erzielen wären, kaum zu füttern. Niemand von uns hat eine landwirtschaftliche und nur einer hat eine handwerkliche Berufsausbildung. Auch wenn unsere dieses Jahr anlaufenden einkommensfähigen Produktionszweige – Milch- und Wollprodukte, Seminarkurse und Therapie-Workshops, Möbelschreinerei, Töpferei, Übersetzungen – sowie unsere Selbstversorgung mit Lebensmitteln und Viehfutter ihre volle Kapazität erreicht haben, werden wir bei gegebener Bedarfslage, Qualifikation und Arbeitszeit unsere regelmäßigen Kosten zu nicht viel mehr als einem Drittel durch die Arbeit auf dem Hof decken können.

Auch wer, wie wir, keine vollständige wirtschaftliche Unabhängigkeit anstrebt, wenn er nicht dazu gezwungen ist, wird in einem solchen Verhältnis von Arbeit und Geldeinkommen nicht nur den idealen Zustand sehen, den die Sozialutopien des bürgerlichen Zeitalters ausmalten, wo die Arbeit zum Spiel geworden ist und jeder nach seinen Fähigkeiten handeln kann, wie jedem nach seinen Bedürfnissen gegeben wird.

Ina-Maria Greverus

Sarakiniko – der Garten Eden

Im September 1981
Wie versprochen will ich Euch heute einen kleinen Reise-
bericht mit meinen Erlebnissen und Gedanken auf Ithaka
schicken. [...]

Mir ging's zwar nicht wie Odysseus, aber ein bißchen
Heimkehrgefühle hatte ich doch. So war es wirklich
unglaublich schön, daß da plötzlich jemand am Hafen
stand, der mich anguckte und ich ihn – bist Du es? – und
das war Cornelius, der einfach mal probieren wollte, ob
wir schon kämen. Große Begrüßung auch mit einigen
anderen Sarakinikern! Ein paar Kilometer ging es dann
noch mit dem Wagen weiter bis zur Sarakiniko-Bucht
und dem Fuß des Berges zum Garten Eden. Der Aufstieg
war mühsam, das Gepäck war schwer und unsere Füße
so gehungewohnt wie unsere Lungen luftungewohnt.
Brigitte hatte am nächsten Tag einen „Ozonschock".
Oben angekommen, wurden wir mit selbstgepflücktem
Kräutertee (Salbei, Pfefferminz, Lindenblüten, Kamille)
gelabt. Dann bauten wir die Zelte unter den großen alten
Olivenbäumen auf, direkt über der Trockenmauer, die
ich vor zwei Jahren mit gebaut hatte.

Und ich schaute mich um, ob sich vieles verändert
hatte, oder ob ich alles wiedererkennen würde. Cornelius
sagte mir gleich, daß der große Stein, auf dem ich damals
– aufs Meer und in die Wolken träumend – immer geses-
sen hätte, leider einer Planierung weichen mußte, aber
daß mein Erinnerungs-Geoden-Arrangement im Olivenbaum noch immer da wäre. Und im anderen Olivenbaum
war noch immer der Küchenschrank, und das Klo
(Donnerbalken über Eimer) in einer Felsennische mit
Meerblick hatte sich auch noch nicht verändert. Für mich
war es nostalgisch-schön, so vieles unverändert wieder-

zufinden; vom Projekt her stimmte es nach zwei Jahren natürlich etwas skeptisch. Aber einiges war doch neu. Zunächst die vielen Wohnstätten. Damals stand im Garten Eden nur das eine Zelt, in dem wir wohnten, jetzt standen dort mindestens zwanzig Zelte oder Dome, weitere unten am Ziegenstall und über der Felsenbucht; und zusätzlich war gerade ein rechter Bauboom. Die meisten bauten für sich allein, seltener für zwei (Paare oder ein alleinstehender Elternteil mit Kind), noch seltener für eine Familie (und es hieß, die würden nicht mehr lange existieren), alle mit genügend Abstand zum „Nachbarn" und oft recht unwegsam zu erreichen. Nur der Lichtberg, so heißt die Küchengemeinschaft, in der Cornelius ist, hatte ein bauliches Gemeinschaftskonzept entwickelt, das jetzt angefangen werden soll: eine wabenförmige Konstruktion von untereinander verbundenen sechseckigen Zellen (Holzgerüste mit Zeltleinen oder evtl. Ziegenleder bespannt, Holzfußboden). Drei dienen als Eingang, Küche und gemeinsamer Wohnraum, fünf weitere sind Wohnzellen für Cornelius, Ulli, ihre achtjährige Tochter Paola, Ruth, die 65jährige Aussteigerin und der, leider nicht kennengelernte, Vorweisestar für die Integration der älteren Menschen in das Gruppenleben, und eine noch zu findenden fünfte Person. Cornelius träumt von einem ganzen „Dorf", das sich nach und nach anbaut. Später soll es auch noch eine Zelle für ein Biogasklo geben und eine für die Dusche. Versuche, das Wasser – kostbarstes und rares Gut in Sarakiniko – über die Zeltdächer für den privaten Gebrauch aufzufangen, werden schon gemacht. In Funktion haben wir dergleichen noch nicht gesehen.

Das Wasserproblem ist nach wie vor schlimm, für uns Besucher war es manchmal schon bissel unerträglich. Die Sarakiniker dagegen behaupten, man würde hier gar nicht dreckig. Aber es ist ja nicht nur das Waschen und Zähneputzen, sondern auch Kochen, Trinken für Mensch und Vieh und vor allem die neu gepflanzten Bäume und das Gemüse. Der vor zwei Jahren unten in der Bucht gebaute Brunnen hat so salziges Wasser, daß er zum „verschwenderischen" Waschen freigegeben ist, aber man muß erstmal vom Garten Eden den Ab- und Aufmarsch bewältigen. Dann gibt es dort unten noch die Quelle, die vor allem zum Gießen der Beete benutzt wird, aber auch sie wird bei zu starker Nutzung salzig. Oben sind einige Zisternen, die schon früher existierten und nur wieder ausgebaut werden mußten. Sie sind jetzt alle in Ordnung; wenn man davon absieht, daß in einer gerade eine tote Ratte gefunden worden war, auch benutzbar. Um die schweren Wasserkanister allerdings von dort zum Lichtberg zu bringen, braucht man schon die Esel. Und die wiederum stehen jeder Küchengemeinschaft nur einmal in der Woche zur Verfügung. Zwar gibt es davon mehrere, aber nur zwei scheinen zur Zeit der Allgemeinheit zum Transport zuzustehen. Der „Kinderesel" schafft es wohl nicht mehr, und zwei andere „gehören" Ernst, und weil die Gruppe mit Ernst im Knatsch liegt, werden sie von ihm auch nicht ausgeliehen (oder leiht er sie nicht aus?).

Was gibt es sonst noch für Tiere auf Sarakiniko? Die Katzen sind die größte Tiergruppe. Ersetzen sie wirklich für einige der Sarakinesen die fehlenden menschlichen Bezüge, wie es die einen Einheimischen von den anderen erzählten? Ansonsten gibt es an wirtschaftlich sinnvolleren Tieren noch zwei Pferde, mit denen aber offensichtlich nur die gerade abwesende Ruth umgehen kann, eine Ziege, deren Milch jeder Küchengemeinschaft einmal wöchentlich zur Verfügung steht, und ein paar Hühner. Übrigens muß ich nachtragen, daß die Katzen doch als sehr sinnvoll empfunden werden, nicht nur als Wärmespender, sondern vor allem als Rattenvertilger. Und damit wären wir bei den „wilden" Tieren. Die Ratten müssen eine echte Plage gewesen sein. Sicher waren sie froh, als die Deutschen ins verlassene Land kamen und Nahrung brachten. Was sie alles als Nahrung empfanden, hat Cornelius einmal schmerzlich erfahren, als eine Ratte nächtlich an seinem Finger nagte. Jetzt sind sie wohl vor allem unten an der Bausammelstelle, wo die Transporte aus Deutschland mit Baumaterialien und den Erinnerungsstücken aus deutschen Wohntagen abgeladen werden. Eine weitere Plage sind die Insekten, vor allem die Wespen, die einem die Mahlzeiten im Freien recht vergällen können. Aber es kam noch schlimmer! Am Tag vor unserer Abreise hatte ein „Krieg" der Wespen gegen die Honigbienen stattgefunden. Hatten die Wächter geschlafen? Jedenfalls haben die Wespen gemordet und den Honig geraubt. Das Ausmaß des Schadens konnte ich nicht erfahren, zumal die sachverständige Imkerin auch gerade in Deutschland war. Schlangen soll es auch geben, es kursierten viele Sichtgeschichten, und seltsamerweise sprachen hier mehr die Männer von ihrer Schlangenphobie.

Bei den Nutztieren hatte ich die Bienen vergessen, die sich eventuell zu den nützlichsten Tieren der Sarakiniker in wirtschaftlicher Hinsicht entwickeln könnten. Sie erscheinen mir auch als ein Faktor, der nicht nur traditions-, sondern auch zukunftsträchtig ist und einige Seifenblasen alternativer Ökonomie überleben könnte. Zu diesen Seifenblasen zähle ich den vorläufig sicher gewinnträchtigsten Vertrieb des monatlichen Informationsblattes an Mitglieder und Interessenten, das heißt an jene Menschen, die nicht „aussteigen" können und wollen, aber sich einen Hauch dieser Szene des einfachen und natürlichen Lebens damit erkaufen können. Ihnen wird es einmal langweilig werden, zumal wenn es nicht mehr „in" ist, oder es wird ihnen schlichtweg das Geld dafür ausgehen. Auch der Markt für handgestrickte und handgewebte Kleidung und Teppiche, die nicht gerade billig sind, wird sich durch die Konkurrenz der alternativen

Gruppen (und die meisten stricken und weben) und die touristischen Mitbring- und Kaufhausangebote eher verschlechtern als verbessern. Der Verkauf von Blumenkarten und ausgewähltem Johannisbrot in Dreierpackungen wird ökonomisches Hobby bleiben. Wäre noch die Landwirtschaft als die ureigenst gedachte Basis der wirtschaftlichen Versorgung von Landkommunen.

Das Land, das sich die Sarakiniker gekauft haben, war vor Zeiten landwirtschaftlich genutzt. Davon zeugen die ca. 800 alten, gewaltigen und noch immer fruchtbaren Olivenbäume, davon zeugen die Terrassen und die Zisternen, die in mühevoller Handarbeit wieder auf- und ausgebaut worden sind. Die Erde dort ist fruchtbar, aber sie bedarf nach der langen Brache einer intensiven Pflege. Und der größte Teil des Geländes ist steil und unwegsam, zum Meer abfallend, steinig und von dorniger Macchia überwuchert, notfalls Weidegelände für Ziegen. Ziegen gab es dort noch vor zwei Jahren, als die Pacht für den Ziegenhirten noch nicht ausgelaufen war. Aber vor ihnen war natürlich keine junge Pflanze sicher, und in ihrer Geschicklichkeit des Auf-den-Hinterbeinen-Stehens haben sie auch die Olivenbäume nicht verschont. Die Sarakiniker wollen keine Ziegen.

Die Steilhänge könnten urbar gemacht werden. In ihren Träumen sehen die Sarakiniker die Weinterrassen in der lastenden Sonne vor sich, schmecken den süßen Sarakiniko-Wein. Aber: woher kommt das Wasser? [...]

Viele, nicht alle (und auch das ist ein Problem), stehen morgens zeitig auf in Sarakiniko. Da wird in den Gärten gearbeitet, Wasser transportiert, Baumaterialien werden auf Eseln oder Menschenschultern den Berg hochgeschleppt, man baut allein oder mit Nachbarschaftshilfe am eigenen Dom, die Lehrer geben bereits den ersten Unterricht. Gegen 10 Uhr haben die einzelnen Küchengemeinschaften ihre Frühstückszeit. Da ist eine Person ganz schön mit der Vorbereitung beschäftigt. In der guten Jahreszeit findet alles im Freien statt. Dort stand auf dem Lichtberg auch der etwas kurios in die Landschaft eingefügte Herd mit seinen roten Klappen und dem immer etwas schmutzig rauchenden Schornstein. Um ihn zu feuern, brauchte man viel Holz, selbst gesammelt, gebrochen und gehackt. Darauf das Abwaschwasser (anschließend zum Pflanzengießen) für das schmutzige Geschirr von durchschnittlich 10 Personen, Teewasser für den mit Findigkeit morgendlich frisch gesammelten Kräutertee und den kostbaren schwarzen. Tischdecken mit dem selbstgebackenen Brot, einem Sesamaufstrich, Marmelade (und schon waren die Wespen da!), Tomaten und eventuellen Resten vom Abendessen. Mittags nahm sich jeder ein Müsli mit wasserverlängerter Dosenmilch. Abends war die große, noch arbeitsintensivere Mahlzeit, Riesenquantitäten von Nudeln, Reis, Kartoffeln, Gemüse; selten oder nie Fleisch, Fisch, Geflügel. Man ißt bescheiden in Sarakiniko. Die Mahlzeiten auf harten Bänken um den großen Tisch unter den schützenden Olivenbäumen waren die Zeiten der Gespräche, besonders abends, wenn die Dunkelheit schneller als bei uns hereinbrach.

Zu der täglichen Feld- und Hausarbeit kamen die Sonderaktionen. In diesem Sommer wurde vor allem gebaut. Da war jeder für sich selbst zuständig und auf freiwillige Nachbarschafts- oder Gästehilfe angewiesen. Ab Ende September stand die dritte Olivenernte ins Haus, auch sie arbeitsintensiv und bei den großen, überalterten Bäumen besonders schwierig. Hier ist die ganze Gemeinschaft gefordert, und die wäre wohl selbst bei höchster Arbeitsdisziplin zu klein, um alle Bäume abzuernten. Im vorigen Jahr hat man 200 der 800 Bäume geschafft, andere meinten ein Drittel. Zur Ernte kommt das Lesen, der Transport und die Eigenhilfe in der Ölmühle. Immerhin hatte man voriges Jahr den Eigenbedarf abdecken können und einen guten zusätzlichen Verdienst. Eine wöchentliche

Sonderaktion der einzelnen Küchengemeinschaften ist auch das Brotbacken. Auch das kostet viel Zeit: es beginnt mit dem Körnerauslesen, eine geruhsame und gesprächsfreundliche Beschäftigung. Das Mahlen der Körner auf einer kleinen, handbetriebenen Steinmühle war schon anstrengender, und das Backen, nachdem der Teig gut gegangen war, erforderte wieder ein dauerndes Holznachlegen. Zweimal wöchentlich hatten die Küchen ihren Einkaufstag in Vathi: Abstieg, Autofahrt, Einkaufen, Kaffeepause und der Aufstieg mit schwerem Gepäck auf dem Rücken und in den Händen, denn die Esel standen nur selten dafür zur Verfügung. Trotzdem, man ging gern nach Vathi, oft saß halb Sarakiniko beim gleichen Wirt und trank und unterhielt sich, getrennt allerdings von den einheimischen Griechen.

Bernd Leineweber

Verfall der Hippiekommune Morning Star East

Als ich vor einigen Jahren mit Freunden durch die USA reiste, kamen wir auch durch Taos/Neu Mexico, die berühmte Bohème-Kolonie der zwanziger und dreißiger Jahre, die inmitten einer wüstenähnlichen Gebirgslandschaft und in unmittelbarer Nachbarschaft zu verschiedenen, äußerlich noch intakten Siedlungen der Pueblo-Indianer liegt. Die Indianer führen ein schattenhaftes Dasein inmitten des prosperierenden Tourismus, von dem auch sonst die Gegend lebt. Außer für die Künstler war Taos längst zum Anziehungspunkt für Hippies geworden, die in der bizarren Landschaft vielleicht das überwältigende Naturerlebnis und in der Nähe der Indianer eine Befriedigung ihrer stadtflüchtigen Sehnsucht nach dem einfachen Leben suchten. Einige siedelten in der Gegend und viele andere unternahmen den Versuch dazu. Hier gab es berühmte Landkommunen wie New Buffalo, eine sehr farbige religiöse Hippie-Kommune, die unter anderem durch den Film Easy Rider bekannt geworden ist, dann Realty und Morning Star East, jenen Ableger der legendären Hippie-Kommune Morning Star West in Kalifornien, die den in Haight Ashbury Gestrandeten eine Zuflucht sein wollte und doch wieder nur ein crash-pad wurde und überdies der Feindseligkeit der Nachbarn ausgesetzt war, die sich gern mal nackte Hippies anschauten und gelegentlich auf sie schossen.

In Morning Star East, das auf einem schwer zugänglichen und noch schwerer zu bewirtschaftenden Hochplateau lag, wollte die ersehnte Ruhe ebenfalls nicht so recht Einzug halten. Uns bot sich ein klägliches Bild. Die etwa 50 Personen lebten unter den ärmlichsten Umständen in winzigen Lehmhütten, die nach Art der Indianer mit ihrem unteren Teil in die Erde hineingebaut waren. Auf der Hochebene wehte ein kalter Wind. Man sah einige Leute beim Hausbau beschäftigt, die meisten aber saßen in ihren Hütten, die nicht viel mehr Raum als für ein Bett und einen Ofen boten. Oder sie saßen in dem nach indianischer Art angelegten Gemeinschaftsraum, der auch in die Erde hineingegraben war und auf dem spärlich mit Decken und Teppichen bedeckten Lehmboden eine fremdartige Bequemlichkeit bot. Einige wildaussehende Kinder jagten auf sattellosen Pferden an uns vorbei, geradewegs auf die graubraunen Berge zu, die den Platz an drei Seiten umgaben. Wir verschenkten Zigaretten und Wein, und man bot uns einen Joint an. Beim Tee erfuhren wir einiges von der wechselvollen Geschichte von Morning Star East und über die gegenwärtige Situation, die von einer fast völligen Abwesenheit von organisiertem Gemeinschaftsleben, wirtschaftlichem Wohlergehen und tragfähigen Ansätzen für eine Zukunftsperspektive bestimmt war. Zum Trost hörten wir die Geschichte von dem bei Indianern und Landkommunen herumreisenden Hopi-Zauberer, der vor kurzem auch in Morning Star East gewesen war. Er leitet eine Peyote-session, bei der es um die Heilung eines Unterleibskrebses ging. Die Sitzung dauerte die ganze Nacht. Bei den wechselnden Zeremonien, Gesängen usw. sollte größtmögliche Konzentration aller Anwesenden auf den Unterleib der kranken Frau erreicht werden. Nachher, so erzählte man uns, wurde von einem Arzt bestätigt, daß die Geschwulst verschwunden war. Mit einigen Bewohnern dieses seltsamen Ortes kamen wir in ein längeres Gespräch, so mit Stokey, dem Vietnam-Veteranen, und mit John.

John war vor 12 Jahren aus Rom nach Los Angeles gekommen. Er war Atomphysiker und hatte in der nationalen Atomenergiebehörde gearbeitet, wo er am Schluß an die 5000 Dollar monatlich verdient hatte. Nun lebte er mit seiner Freundin in der auf etwa 8 qm gebauten doppelstöckigen Lehmhütte in Morning Star East. Zu zweit brauchten sie 35 Dollar monatlich, abgesehen von den food-stamps, die fast alle dort bezogen, um leben zu können. John redete zu viel und wir sahen zu wenig, um beurteilen zu können, ob er wirklich dieses Leben liebte. Er redete vor allem über geistige und innere Zustände, wobei er sich in erster Linie auf Hermann Hesse berief. Es war unter anderem die Lektüre seiner Bücher, die John zum Aussteigen aus seiner Karriere und zum Leben in der Wildnis bewogen hatte. Als wir Morning Star East verließen, bat uns David, in dessen Hütte wir übernachtet hatten, um fünf Dollar für die Wäsche.

Paul Hawken

Der Zauber von Findhorn

Als es offensichtlich war, daß sie dort bleiben sollten, konstruierten sie einen Anbau an ihren Wohnwagen für Dorothy Maclean. Der Wagen maß ursprünglich 2,8 × 9,7 m, Dorothys Raum brachte weitere 3 × 3 m hinzu. In das Ganze wurden zwei Schlafräume, eine Küche, ein Bad und Toilette, und ein Wohn-Schlaf-Eßraum gequetscht. In jenem Winter, als sie – drei Erwachsene und drei sehr lebhafte Knaben – auf so engem Raum zusammenleben mußten, erfuhren sie alle, was es bedeutet, in Harmonie miteinander zu leben – und welche Hölle es war, wenn keine Harmonie herrschte. Da wurden so manche Persönlichkeits-Kanten abgeschliffen, oftmals gab es Hochspannung, aber mit der Zeit lernten sie, sich aufeinander einzustimmen, ein größeres Ganzes zu sein und als Gruppe zusammen zu leben und zu arbeiten.

Weihnachten und Neujahr gingen vorüber, und sie blieben in ihrem kleinen Anhänger, gewiegt und geschüttelt vom Wind und Sturm, die über die Dünen bliesen. Die Mulde bot zwar einigen Schutz, doch nicht genug, um Sand und Dreck daran zu hindern, um den Platz zu wirbeln. Der Wind heulte und tobte um das kleine Heim, und jedesmal, wenn eines der Kinder die Wohnwagentür öffnete, kam wieder Sand in den Raum.

Den Winter verbrachte man mit Lesen und Kontemplation, da die Witterung jegliche Tätigkeit außerhalb des „Hauses" unmöglich machte. Trotz der Weisungen, die sie empfing, hoffte Eileen, daß sie ins Cluny-Hill-Hotel zurückkehren könnten, aber als sie schließlich von der Sozialhilfe leben mußten, schwanden ihre Hoffnungen. Sie fühlte sich beschämt und gedemütigt. Sie verließ den Platz überhaupt nicht mehr, nicht einmal, um zum wenige hundert Meter entfernten Laden einkaufen zu gehen.

Das sind die zwei verschiedenen Seiten von Eileen. Die eine Eileen, geboren und aufgewachsen in gutem Hause, ist an die Annehmlichkeiten des Lebens gewöhnt und hat einen Sinn für die Sitten und Maßstäbe ihrer Schicht. Diese Eileen litt sehr unter den neuen Verhältnissen und war am Rande eines Nervenzusammenbruchs. Den anderen Teil könnte man die phänomenale Eileen nennen; mit diesem Teil konnte sie sich nie ganz identifizieren, bis heute nicht. Das ist die Eileen, die sich still hinsetzt und sich in einen tiefen, erweiterten meditativen Zustand zurückziehen kann, in dem völliger Frieden und Entspannung herrschen. Diese Eileen kommt ihr wie eine andere Person vor, auf die sie ziemlich gelassen, aber voller Respekt schaut.

In der Stille vernahm sie eine Stimme, so klar und deutlich wie jede andere, eine Stimme, die ihr verschiedene Botschaften mitteilte, die Eileen niederschrieb, obwohl sie dieses Geschehen nie ganz akzeptieren konnte.

Es war vielmehr Peter, der darauf kam, was diese Stimme bedeutete – hier sprach kein Geringerer als Gott. Peter hatte absolutes Vertrauen in diese Botschaften und stellte ihren Ursprung nie in Frage. Er sah keine Notwendigkeit, das Warum und Wofür zu analysieren, sondern befolgte alles in unerschütterlichem Glauben und führte unverzüglich aus, was gesagt wurde. Peters Tun und Handeln wurde so immer stärker mit Eileens Führung verbunden; bekam sie Weisung, daß etwas zu tun wäre, so machte sich Peter jedesmal sofort ans Werk. [...]

Die Führung teilte ihnen mit, daß sie fast ausschließlich von den Erzeugnissen aus dem eigenen Garten leben würden; das wäre sehr wichtig, weil diese Nahrung Schwingungen enthielte, die mehr verfeinert seien als die Stadt-Nahrung. So nährten sie sich fast ganz von Gemüse, Salaten, Obst, Weizenkeimen, Brot und Honig. Eileen war durchgegeben worden, sie sollte rotes Fleisch von ihrem Speiseplan streichen, und bald darauf verschwand auch das übrige Fleisch. *Diese Verfeinerung eurer Körper ist ein langsamer Prozeß, und Ich verlange von euch nichts Einschneidendes. Gewöhnt euch Schritt für Schritt daran, mehr Gemüse und Früchte zu essen. Euer Organismus wird sich an sie gewöhnen und wird bald nichts anderes mehr verlangen. Wisset auch, daß alles was ihr tut – sei es die Nahrung, die ihr eßt, die Arbeit, die ihr vollbringt, das Licht der Sonne und die frische Luft, die ihr aufnehmt oder die Harmonie, in der ihr zusammen wirkt, alles euch voranträgt, hinein in das Neue. Das Alte ist vergangen. Sage Peter, daß alle Arbeit und Mühe, die er in diesen Platz steckt, Frucht tragen wird. Frucht in Überfülle. Er macht diesen Ort zu einem ganz besonderen Platz, der in den Tagen, die noch vor euch liegen, sehr bedeutsam wird.*

Peters Tätigkeit im Garten wuchs immer mehr, bis er von früh morgens bis spät in die Nacht hinein arbeitete. Alles, was er für den Kompost brauchte, hatten sie selbst gesammelt, außer dem Stroh zum Abdecken; dies wurde ihnen gebracht: An dem Tage, an dem die Haufen fertig geschichtet waren, brachte ein Nachbar ihnen einen Ballen, den er am Straßenrand gefunden hatte. – Was auch immer Peter für den Garten brauchte, wurde genau zur richtigen Zeit geliefert, so daß kein Tag mit Warten verlorenging. Als derselbe Nachbar merkte, daß sie Holz brauchten, bot er ihnen altes Bauholz an von Häusern, die er abriß, wenn Peter ihm beim Abtransport behilflich wäre. Mit den Brettern wurden Wege angelegt, Zäune gebaut und die Rahmen für verglaste Treib-Beete gefertigt. Peter nahm sich dann ein weiteres Stück vor, nördlich des Komposthaufens, wo er Lauch, Sellerie, rote Bete, weiße Rüben, Erbsen, Bohnen, noch einmal Rettiche und weiteren Salat anbaute. Das erste Beet trug schon Kopfsalat und Rettiche, und die Karotten konnten schon ausgedünnt werden. Jeder, sogar die Kinder, gab seine Energie in den Garten. [...]

Mindestens einmal am Tag nahm Dorothy den Kontakt auf und erhielt präzise Anweisungen. Auch Peter empfing sehr starke Eingebungen und bat Dorothy, danach zu fragen und die Richtigkeit dieser intensiven Gefühle zu prüfen, da vieles, was er auf diesem Wege „empfing", in direktem Widerspruch stand mit den herkömmlichen Gartenbau-Praktiken. Sie befolgten die Anweisungen, die durch Dorothy kamen, buchstabengetreu. *Ihr habt zuviel gegossen, schränkt das ein wenig ein. In diesem Klima braucht es nicht zur allabendlichen Routine zu werden, denn auch die Sonne ist hier nicht die Regel. – Es ist gut, die Pflanzen recht dicht zu setzen; in diesem Garten ist alles intensiviert. Wir haben unsere Freude daran, wie ihr die Arbeit anpackt. Wir wünschen, ihr könntet die Kräfte sehen, die jetzt im Garten wirken: Die von unten werden langsam nach oben gezogen, und unsere kommen in geschwinden Wellen hinzu. – Nein, es ist nicht nötig, den Torf in den Boden einzubringen... besser in den Kompost... Wir beschleunigen alles im Kompost-...gemisch.*

Dorothy nannte die Wesen, mit denen sie Kontakt hatte, Devas. Deva ist ein indischer Begriff und bedeutet „Wesen des Lichts".

Als der Sommer kam, hatten sie schon Hunderte von Botschaften von den Devas und anderen Engelwesen bekommen, unter anderem:

Buschbohnen-Deva: *Die erste Saat war zu tief gelegt, und zu einer Zeit, als die Kräfte des Gartens noch nicht stark genug waren. Sie werden nicht kräftig herauskommen.*

Tomaten-Deva: *Es ist noch zu kühl, aber wir werden versuchen, die Pflänzchen zu beschützen. Ihr könnt ihnen jetzt flüssigen Dünger geben. Laßt den Windschutz jetzt noch stehen, bis sich die Früchte einigermaßen gebildet haben.*

Spinat-Deva: *Wenn ihr ein natürliches, kräftiges*

Wachstum der Blätter erzielen wollt, müssen die Pflanzen weiter auseinander stehen als augenblicklich. Wenn ihr sie jetzt laßt, wie sie sind, geht genausoviel Masse in die Blätter. Sie sind vielleicht ein bißchen zarter, aber haben auch weniger Lebenskraft.

Landschafts-Engel: *Glaube nicht, ein verregneter Tag wie heute sei nicht gut. Wir können ihn nutzen, um bestimmte Kräfte in den Regentropfen hinabzuschicken. Jedes Wetter ist in der einen oder anderen Form unser Arbeitsfeld. Die Witterung, die wir gerade haben, nehmen wir an und nutzen davon, was möglich ist. Dies scheint das Nächstliegende zu sein, aber wir stellen fest, daß die Menschen selten so handeln.*

Je eher ihr den Kompost wendet, desto eher wird er fertig sein. Wir bräuchten etwas mehr Sonnenschein, aber die Pflanzen kommen ganz gut. Kommt nur alle und bewundert unser Werk, das tut uns gut.

Kürbis-Deva: *Wir sind glücklich über diesen direkten Kontakt! Wir fühlen und sehen die Kräfte im Garten, aber der unmittelbare Kontakt ist ebenso ein Vergnügen – das ist etwas Neues. Wir brauchen momentan nicht viel zusätzliches Wasser. Die Pflanzen machen sich gut; sie sind glücklich und rundum zufrieden. [...]*

Ende Juni kamen dann Leute, um den Garten zu sehen, und sie erzählten ihren Freunden davon. Bald floß der Besucherstrom ununterbrochen; alle wollten das erstaunliche Wachstum, diese Leuchtkraft von Farben und die Fülle, die hier am Strand erzeugt wird, mit eigenen Augen sehen. Der Garten wurde zur örtlichen Sehenswürdigkeit. Die Besucher konnten kaum glauben, daß dies die erste Saat war, noch dazu erst wenige Monate zuvor gelegt. Die Schotten, berühmt für ihre guten Gärtner, kamen, sahen sich um, und schüttelten den Kopf: Das überstieg ihr Begriffsvermögen. Obwohl die Pflanzen zuerst anfällig gegen Schädlinge waren und leicht welkten, wuchs mit der Zeit doch ihre Widerstandskraft, wie auch der Boden immer lebenskräftiger wurde. Ein paar Meter weiter wurde auf dem Gelände des Caravan-Parks zur gleichen Zeit ein anderer Garten angelegt. Dort wuchs der Rosenkohl 5–8 cm und hörte dann auf, während Peters Pflanzen schon bei der stattlichen Höhe von 60 cm angelangt waren.

IV. Schlichtes Gemüt und karges Leben:
Die kollektiv verordnete Einfachheit

Platon

Vorschriften über Behausung und Lebensweise der Wächter

SOKRATES: ... Sind sie zur Stelle, so sollen sie Umschau halten, an welchem Punkte der Stadt sie am besten ihr Lager aufschlagen, von wo aus sie am sichersten nicht nur die Einheimischen in ihrer Gewalt haben im Falle etwaigen Ungehorsams gegen die Satzungen, sondern auch von außen kommende Angriffe abwehren, wenn ein Feind wie ein Wolf die Herde anfällt; nach Herstellung ihres Lagers aber und Darbringung der gebührenden Opfer sollen sie sich ihre Schlafstätten bereiten. Oder wie?

GLAUKON. Eben so.

SOKRATES. Nicht wahr, Schlafstätten, die im Winter Schutz bieten und auch für den Sommer passend sind?

GLAUKON. Zweifellos. Denn du meinst doch wohl Behausungen.

SOKRATES. Ja, wie sie Kriegern ziemen, nicht Erwerbsleuten.

GLAUKON. Wie soll sich dieses wieder voneinander unterscheiden?

SOKRATES. Ich werde versuchen es dir klar zu machen. Das Allerärgste nämlich und der größte Schimpf für Hirten ist es doch, solche Hunde und in solcher Weise zu Gehilfen bei den Herden aufzuziehen, daß aus Unbändigkeit oder Hunger oder sonst einer üblen Gewohnheit die Hunde selbst so dreist sind der Herde Schaden zuzufügen und nicht Hunden, sondern Wölfen zu gleichen?

GLAUKON. Ja, arg ist das, ohne Zweifel.

SOKRATES. Muß man also nicht auf alle Art verhüten, daß die Gehilfen, als die Stärkeren, es mit den Bürgern ebenso machen, und nicht wohlwollenden Bundesgenossen, sondern wilden Tyrannen gleichen?

GLAUKON. Das muß man.

SOKRATES. Und dem vorzubeugen sind sie doch mit dem wirksamsten Mittel ausgerüstet, wenn sie in Wahrheit gut erzogen sind?

GLAUKON. Das aber sind sie doch.

SOKRATES. So sicher darf man das nicht behaupten, mein lieber Glaukon, wohl aber hat Anspruch auf Sicherheit unsere eben aufgestellte Behauptung, daß sie der richtigen Erziehung teilhaftig werden müssen, mag diese auch sein welche sie wolle, wenn sie die wesentlichste Bedingung erfüllt haben wollen, um die rechte Milde zu bewähren unter sich und gegen die ihrer Obhut Unterstellten.

GLAUKON. Und das mit Recht.

SOKRATES. Außer dieser Erziehung müssen nun auch, wie jeder Vernünftige einräumen wird, ihre Wohnungen und ihre sonstige Lebensausstattung so beschaffen sein, daß sie den Wächtern weder ein Hemmnis sind, so trefflich wie möglich zu sein, noch sie verleiten, sich gegen die übrigen Bürger zu vergehen.

GLAUKON. Mit vollem Recht.

SOKRATES. Sieh also zu, ob sie etwa auf folgende Weise leben und wohnen müssen, wenn sie Wächter so bewährter Art werden sollen. Erstens darf keiner irgendwie eigenes Vermögen besitzen, außer dem allernotwendigsten, sodann darf keiner eine Wohnung oder Vorratskammer von der Art haben, daß nicht jeder, der will, Zutritt dazu hätte. Ihren Unterhalt aber, soviel dessen besonnene und tapfere Krieger nötig haben, müssen sie nach billiger Schätzung von den übrigen Bürgern erhalten als Lohn für ihr Hüteramt in einer Abmessung, die für den jährlichen Bedarf gerade ausreicht, weder zu viel noch zu wenig; zu gemeinsamen Mahlzeiten sich zusammenfindend müssen sie wie auf Feldzügen gemeinsam leben; was aber Gold und Silber anlangt, so muß man ihnen sagen, daß sie es von den Göttern als göttliches Gold immer in ihrer Seele haben und keines menschlichen außerdem bedürfen; auch sei es sündhaft, den Besitz von jenem durch Vermischung mit dem Besitz des sterblichen Goldes zu beflecken, weil mit der gemeinen Münze viel Unheiliges verübt worden sei, ihr Gold aber frei von jedem Flecken bleibe; vielmehr soll ihnen allein in der Stadt nicht erlaubt sein Gold und Silber bei sich zu führen oder es zu berühren oder unter einem Dache, mit ihm zu weilen oder sich damit zu schmücken oder daraus zu trinken. Und damit dürfte ihre dauernde Erhaltung ebenso wie die der Stadt durch sie gesichert sein. Wenn sie aber selbst eigenes Land und Häuser und Geld besitzen, so werden sie Hauswirte und Ackerbauer sein statt Wächter, werden den anderen Bürgern gegenüber als feindselige Herren statt als Bundesgenossen auftreten und werden so, hassend und gehaßt, hinterhältig und selbst dem Hinterhalt von seiten anderer preisgegeben ihr ganzes Leben hinbringen, weit mehr in Angst vor den inneren als vor den äußeren Feinden, dicht am Rande des Verderbens hinlaufend, sie selbst wie die anderen Bürger. Wollen wir nun aus allen diesen Gründen sagen, so müsse es um die Wächter bestellt sein hinsichtlich ihrer Wohnung und des Übrigen, und wollen wir das zum Gesetz machen oder nicht?

GLAUKON. Zweifellos.

Thomas Babington Macaulay

Friedrich der Große

Seine Gesandten an fremden Höfen gingen entweder zu Fuß oder fuhren schäbige alte Kutschen so lange, bis die Achsen brachen. Selbst seinen höchsten diplomatischen Vertretern, die in London und Paris residierten, gestand er nicht mehr als tausend Pfund Sterling im Jahr zu. Der königliche Haushalt wurde mit einer Knauserigkeit geführt, wie sie für vermögende Staatsbürger ungewöhnlich und im Vergleich zu anderen Fürstenhöfen beispiellos war. Der König liebte gutes Essen und Trinken und fand oft während langer Zeiten seines Lebens Vergnügen daran, seine Tafel von Gästen umgeben zu sehen; und doch wurde der ganze Aufwand seiner Küche mit einer Summe von zweitausend Pfund Sterling im Jahre bestritten. Er prüfte jede Extraausgabe mit einer Sorgfalt, von der man die Meinung haben konnte, daß sie einer Pensionsinhaberin besser anstehen müsse, als einem großen Fürsten. Wenn für hundert Austern mehr als vier Reichstaler von ihm verlangt wurden, tobte er, als habe er gerade vernommen, daß einer seiner Generäle der Kaiserin eine Festung verkauft hätte. Nicht eine Flasche Champagner wurde entkorkt, ohne seine ausdrückliche Genehmigung hierzu. Das Wild in den königlichen Parkanlagen und Forsten, sonst ein ernster Kostenpunkt in den meisten Königreichen, war für ihn eine Einnahmequelle. Das Ganze war verpachtet, und obwohl die Pächter fast von ihren Verträgen ruiniert wurden, wollte ihnen der König keinen Nachlaß gewähren. Seine Garderobe bestand aus einer Galauniform, die ihm das ganze Leben lang diente, aus zwei oder drei alten Röcken, die in die *Monmouthstraße* * gepaßt hätten, aus gelben Westen, die mit Schnupftabak beschmutzt waren, und aus riesigen Stiefeln, die mit der Zeit eine gewisse Bräune angesetzt hatten. Eine Neigung allein zog ihn manchmal über die Grenzen der Sparsamkeit, ja sogar über die der Klugheit hinaus, seine Neigung zum Bauen. In allen anderen Dingen waren seine Sparmaßnahmen solcherart, daß ich sie lieber mit einem här-

---

* Monmouth Street (heute: Teil der Shaftesbury Avenue) in London. Ein Verkehrsweg der britischen Hauptstadt, auf dem einstmals abgetragene Kleidungsstücke verhandelt wurden.

teren Ausdruck belegen würde, wenn ich nicht der Tatsache eingedenk wäre, daß seine Mittel von einem schwerbesteuerten Volk erhoben wurden, und daß es für ihn unmöglich war, ohne maßlose Tyrannei gleichzeitig glänzend Hof und ein starkes Heer zu halten.

Lord Baden Powell
Abhärtung der Pfadfinder

Ausdauer: Um allen Pflichten und Arbeiten eines Pfadfinders gewachsen zu sein, muß ein Junge stark, gesund und rührig sein. Diese Fähigkeiten kann jeder erwerben, der sich ernstlich darum bemüht. Laufen, Gehen, Radfahren und Übungen im Freien sind vor allem zu empfehlen.

Ein Pfadfinder muß sehr viel im Freien schlafen. Ein Knabe aber, der die Gewohnheit hat, bei geschlossenem Fenster zu schlafen, wird voraussichtlich, wie es manchem Neuling begegnet ist, an Erkältung und Rheumatismus leiden, wenn er das erstemal versucht, draußen zu schlafen. Ihr müßt immer bei offenem Fester schlafen, Sommer und Winter, und ihr werdet euch nie erkälten. Ich persönlich kann nie bei geschlossenem Fenster oder geschlossenen Fensterläden schlafen, und wenn ich auf dem Lande bin, schlafe ich immer außerhalb des Hauses, Sommer und Winter. Ein weiches Bett und zu viel Wolldecken verursachen einem Knaben böse Träume, die ihn schwächen.

Eine kurze Reihe schwedischer oder Jiu-Jitsu-Übungen jeden Morgen und Abend sind ein großartiges Mittel, um sich rüstig zu erhalten, nicht um ein Muskelprotz zu werden, sondern zur Betätigung der innern Organe (erkläre das) und zur Förderung des Blutkreislaufes in allen Körperteilen.

Jeder wirkliche Pfadfinder reibt sich täglich gehörig mit einem nassen rauhen Tuche ab, wenn er kein Bad nehmen kann; das ist von großer Wichtigkeit.

Der Pfadfinder atmet durch die Nase und nicht durch den Mund. So wird er nicht durstig, kommt nicht so rasch außer Atem, und schluckt die Mikroben und Krankheitskeime nicht, die zu Tausenden in der Luft umherschwirren. Dann zieht er nicht bei Nacht durch Schnarchen die Aufmerksamkeit der Feinde auf sich.

Übungen mit Tiefatmen entwickeln die Lunge, indem man viel frische Luft einatmet, führt man dem Blut neuen Sauerstoff zu. Die Übungen müssen im Freien ausgeführt werden und ohne Übertreibung, damit das Herz nicht Schaden leide. Beim Tiefatmen muß die Luft durch die Nase und nicht durch den Mund eingeatmet werden. Nach einiger Zeit langsam, aber wiederum ohne Anstrengung ausatmen. Das beste Tiefatmen ist aber dasjenige, das man sich durch viele Laufübungen aneignet.

Heute weiß man, daß der Alkohol kein gesundheitsförderndes Getränk ist, sondern das reinste Gift, wenn man viel davon zu sich nimmt. Ein Mann, der die Gewohnheit hat, täglich viel Bier, Wein und Branntwein zu trinken, taugt nicht im geringsten zur Pfadfinderei und auch wenig zu etwas anderem.

Das gleiche gilt vom Rauchen! Die besten Kriegspfadfinder rauchen nicht, weil der Rauch ihre Sehschärfe beeinträchtigt. Das zu viele Rauchen macht sie zitterig und nervös, es schwächt ihren Geruchssinn (der bei Nacht von großer Bedeutung ist) und das Glimmen ihrer Pfeife, ja selbst der Geruch des Tabaks verrät sie zur Nachtzeit ihren wachsamen Feinden. Knaben fangen gewöhnlich zu rauchen an, nicht weil sie es gern haben, sondern weil sie glauben, es gebe ihnen das Aussehen eines Erwachsenen. In Wirklichkeit gibt es ihnen das Aussehen eines Narren.

Horst Überhorst

Elite-Erziehung in den Nationalpolitischen Lehranstalten des Dritten Reichs

9. Juli bis 30. August 1936
In diesem Jahr berief die deutsche Studentenschaft zum erstenmal Jungmannen der Nationalpolitischen Erziehungsanstalten in den Landdienst.

Der Zweck dieses Landdienstes war:
1. Den bedrängten Bauern an der Grenze bei ihrer Arbeit zu helfen,
2. sie mit den Gedanken des neuen Deutschland vertraut zu machen,
3. sie im Volkstumskampf zu unterstützen.

Die Haupteinsatzgebiete waren Schlesien, Danzig und Ostpreußen. Für die Anstalt Oranienstein kam Danzig in Frage. Am 7. Juli machten sich neun Jungmannen von O. auf die lange Reise nach Danzig. In Swinemünde trafen wir vier Kameraden aus P., die dasselbe Ziel hatten. Auf dem Dampfer „Tannenberg" hatten wir das Glück, Reichsleiter Alfred Rosenberg zu treffen. Leider reichte die Zeit nur zu einem kurzen Gespräch.

Müde trafen wir in Danzig ein. In Zoppot bekamen wir Frühstück bei der Gaufrauenschaftsleiterin. Sie ist die Mutter eines unserer Kameraden. Man brachte uns in einem Lastwagen nach Gr. Bölkau, Kr. Danziger Höhe, in unser Einführungslager. Hier gab man uns den nötigen Stoff für wirtschaftliche und innenpolitische Fragen über das Gebiet der Freien Stadt Danzig. Wir hörten ungefähr drei bis sechs Vorträge am Tag...

Meine erste Arbeit und der nächste Tag!

Kaum habe ich mein Mittagessen herunter, so beginnt das Tagewerk. Draußen wartet der Knecht, der mich mit in die Kiesgrube nehmen soll. Wir müssen Sand fahren; die ganzen Wege sind durch die langen Regengüsse aufgerissen. Mit einem kleinen, zweispännigen Wagen verrichten wir die mühevolle Arbeit. Es dauert den ganzen Nachmittag, und abends falle ich müde ins Bett. Ich habe ein Zimmer für mich allein. Bald bin ich eingeschlafen, denn nun beginnt das Frühaufstehen für mich je nach der Tagesarbeit. Zwischen 4 und 6 Uhr. Während meines Landdienstaufenthaltes habe ich gelernt, mit wenig Schlaf auszukommen. Manchmal sind es nur 4 Stunden gewesen.

„Morgen werden Sie unseren Betrieb ja richtig kennenlernen!" hatte mir der Bauer noch am Abend gesagt. „Ich werde Sie um 1/2 5 Uhr wecken." So kam es. Müde torkelte ich am anderen Morgen in den Stall, um dem Bauern zu helfen. Noch war er beim Melken, doch dann mußte ich den Stall ausmisten. Um 7 Uhr war Kaffeetrinken; ich habe, glaube ich, einen Rekord im Brotessen aufgestellt. Nach dem Essen wurde die Tagesarbeit verteilt, ich mußte dem Bauern helfen, um einen Einblick in dessen Arbeit zu bekommen. Von 8–12 Uhr schafften wir auf dem Feld. Die Wrucken mußten gehackt werden.

Bei der Arbeit mußte ich ihm etwas von Deutschland und unserer Anstalt erzählen. In der Unterhaltung kam heraus, daß er L. in den Kriegsjahren kennengelernt hatte. Der Krieg war überhaupt sein Lieblingsthema. Bei jeder Gelegenheit fing er wieder davon an.

Nachmittags ging die Arbeit weiter bis 7 Uhr. Sie wurde nur durch das Kaffeetrinken unterbrochen. Durch das lange Bücken war mein Buckel ganz krumm geworden, und ich war froh, als ich im Bett lag.

Am zweiten Sonntag nach unserer Ankunft war das Treffen der Danziger Parteigenossen auf dem Kreisparteitag in Sobbowitz. Auch wir fuhren dahin, um die Rede des Gauleiters Forster zu hören. Der Frauenarbeitsdienst von Prangenau nahm uns in seinem Lastwagen mit. Der Gauleiter führte unter anderem aus, daß der Tag der Abrechnung herannahe und daß jeder, der noch kein Parteigenosse sei, sich beeilen müsse, denn bald sei es zu spät. Der hohe Kommissar vom Völkerbund, Lester, müsse auch bald verschwinden, denn es ginge nicht an, daß man für nichts und wieder nichts 200000 Gulden jährlich für dieses „Lästermaul" hinauswerfe. Dann kam der große Vorbeimarsch; ich war froh, unter Danzigs Fahnen mitmarschieren zu dürfen. Auf der Rückfahrt kamen wir durch Danzigs rote Viertel, und wir riefen vom Lastwagen herunter: „Danzig bleibt deutsch! Es lebe unser Führer Adolf Hitler!" Dieser Tag wird mir unvergeßlich bleiben.

> „Die Glocken rufen; sie halten in Kampf und
> Schlacht
> In dem steinernen Turm von Sankt Marien
> ewige Wacht.
> Sie warten auf die Stunde, zu der Gott selber
> sie läuten wird,
> Und den Tag der Erlösung verkündet mit
> ehernem Mund."

Am letzten Tage besichtigten wir die Marienburg, den Sitz der deutschen Ordensritter.

Auf der in der Marienburg stattfindenden Abschlußtagung trafen wir den Anstaltsleiter der NPEA (= Nationalpolitische Erziehungsanstalt) St. Wir baten ihn, uns doch einmal mit in seine Anstalt zu nehmen. Wir hatten Glück! Am Abend wurden wir in einem Lastwagen abgeholt, und durch das nächtliche Ostpreußen ging es in voller Fahrt.

Wir haben einen schönen Vormittag in St. erlebt. Ein Zugführer zeigte uns das Anstaltsgebäude. Dabei sahen wir, daß mächtige Häuserblocks im Bau begriffen waren. Gegenwärtig besteht die Anstalt zur Hauptsache aus einem großen Gebäude, aus dem Lazarett und einer überdachten Reitbahn. Wir waren erstaunt, als man uns in den Tagesraum führte und als wir sahen, daß das Klassenzimmer nur durch Spinde von dem Raum getrennt war. Der Schlafsaal war auf demselben Gang. Dagegen befanden sich Duschraum und Schuhputzraum im Keller. – Vor dem Mittagessen wurden wir noch schnell zu der Dreiländerecke an der Weichsel gefahren. Hier sahen wir mit eigenen Augen die verrückte Grenzziehung. Man konnte nicht einmal an die Weichsel herantreten.

Mit den besten Grüßen an die Oraniensteiner schieden wir von St.

Ich habe ein eindringliches Bild von dem Schaffen und dem Kampf des deutschen Bauern im Osten mit nach Hause genommen. Es war mir eine Ehre, ihn im schweren Kampf um sein Dasein zu unterstützen.

George Orwell

Köperertüchtigung unter Aufsicht des Großen Bruders

Der Televisor ließ einen ohrenbetäubenden Pfeifton hören, der in gleicher Höhe dreißig Sekunden lang anhielt. Es war Punkt sieben Uhr fünfzehn, Zeit zum Aufstehen für alle Behördenangestellten. Winston wälzte seinen Körper aus dem Bett – er schlief nackt, denn ein Mitglied der Äußeren Partei erhielt nur dreitausend Kleiderpunkte im Jahr – und ergriff ein über dem Stuhl liegendes graufarbenes Unterhemd und eine kurze Sporthose. In drei Minuten begann die Morgengymnastik. Doch im nächsten Augenblick krümmte er sich unter einem heftigen Hustenanfall, der ihn fast immer kurz nach dem Erwachen überfiel. Seine Lungen wurden dadurch so vollständig leergepumpt, daß er erst wieder Atem schöpfen konnte, indem er sich der Länge nach auf den Rücken streckte und ein paar tiefe Atemzüge machte. Seine Adern waren unter der Anstrengung des Hustens geschwollen, und die Krampfaderknoten hatten angefangen zu schmerzen.

„Gruppe der Dreißig- bis Vierzigjährigen!" kläffte eine schrille Frauenstimme. „Gruppe der Dreißig- bis Vierzigjährigen. Bitte auf die Plätze! Dreißig- bis Vierzigjährige."

Winston nahm stramme Haltung vor dem Televisor an, auf dessen Schirm bereits das Bild einer ziemlich jungen, mageren, aber muskulösen Frau in einem Kittel und Turnschuhen erschienen war.

„Arme beu-gt und streckt!" legte sie los. „Im Takt, bitte! *Eins*, zwei, drei vier! *Eins*, zwei, drei vier! Los, Genossen, ein bißchen lebhafter! *Eins*, zwei, drei, vier! *Eins*, zwei, drei vier!..."

Der von dem Hustenanfall verursachte Schmerz hatte in Winstons Gehirn noch nicht ganz den Eindruck verwischt, den sein Traum auf ihn gemacht hatte, und unter den rhythmischen Bewegungen der Gymnastik wurde dieser wieder lebhafter. Während er mechanisch seine Arme beugte und streckte, wobei sein Gesicht den beflissen begeisterten Ausdruck zur Schau trug, der für die Morgengymnastik Vorschrift war, versuchte er sich in Gedanken zurück in die unklare Zeit seiner frühen Kindheit zu versetzen. Das war äußerst schwierig. Schon bei den fünfziger Jahren trübte sich jede Erinnerung. Wenn es keine äußerlichen Anhaltspunkte gab, an die man sich halten konnte, verlor sogar der Verlauf des eigenen Lebens seine deutlich umreißbare Kontur. [...]

Die Vorturnerin hatte sie wieder zum Stillstehen aufgerufen. „Und jetzt wollen wir mal sehen, wer von uns seine Zehen berühren kann!" sagte sie betont munter. „Aus den Hüften heraus beu-gt, Genossen. *Eins* – zwei! *Eins* – zwei!..."

Winston war diese Übung schrecklich, da sie ihm von den Fersen bis ins Gesäß einen stechenden Schmerz ver-

ursachte und oft mit einem erneuten Hustenanfall ende-
te. [...]

„Smith!" schrie die giftige Stimme aus dem Televisor.
„6079 Smith W.! Ja, *Sie* meine ich! Tiefer bücken, wenn
ich bitten darf! Sie bringen mehr fertig, als was Sie da zeigen. Sie geben sich keine Mühe. Tie-fer, bitte! *So* ist es
schon besser, Genosse. Rühren, der ganze Verein, und
alle mal herschauen!"

Heißer Schweiß war Winston plötzlich am ganzen
Körper ausgebrochen. Sein Gesicht blieb vollkommen
undurchdringlich. Nur keine Unlust verraten! Niemals
entrüstet sein! Ein einziges Zucken in den Augen konnte
einen verraten. Er stand da und sah aufmerksam zu,
während die Vorturnerin ihre Arme über den Kopf gehoben hatte und dann – man konnte nicht gerade sagen
anmutig, aber mit erstaunlicher Exaktheit und Tüchtig-
keit – eine tiefe Rumpfbeuge machte, wobei sie ihre vor-
dersten Fingerglieder unter ihre Zehen schob.

„Bitte, Genossen. So möchte ich das bei Ihnen sehen.
Schauen Sie mir noch einmal genau zu. Ich bin neunund-
dreißig und habe vier Kinder. Obacht jetzt!" Sie beugte
sich wieder. „Sie sehen, die Knie sind bei mir durchge-
drückt. Sie alle können das, wenn Sie wollen", fügte sie
hinzu, während sie sich aufrichtete. „Jeder Mensch unter
fünfundvierzig Jahren ist durchaus imstande, seine
Zehenspitzen zu berühren. Wir haben nicht alle den Vor-
zug, an der Front kämpfen zu dürfen, aber wenigstens
können wir uns alle in bester Form halten. Denkt an
unsere Jungens an der Malabar-Front! Und an die Matro-
sen auf den schwimmenden Festungen! Denkt nur mal
daran, was die auszuhalten haben. Jetzt versuchen Sie es
noch einmal. So ist's besser, Genosse, so ist's schon viel
besser", fügte sie ermutigend hinzu, als es Winston in
einer heftigen Tauchbewegung zum erstenmal in mehreren Jahren gelang, mit durchgedrückten Knien seine
Zehen zu berühren. [...]

Plötzlich schwebte ihm, fix und fertig, die Phantasiegestalt eines gewissen Genossen Ogilvy vor, der vor kurzem unter heldenhaften Umständen im Kampf gefallen war. Manchmal kam es vor, daß der Große Bruder seinen Tagesbefehl dem Gedächtnis eines einfachen, dem Mannschaftsstand angehörenden Parteimitglieds widmete, dessen Leben und Sterben er als ein der Nachahmung würdiges Beispiel hinstellte. An diesem 3. Dezember also sollte er des Genossen Ogilvy gedenken. Zwar gab es keinen Menschen dieses Namens auf der Welt, aber ein paar gedruckte Zeilen und zwei gefälschte Photographien würden ihn schnell und ohne große Mühe zu bereiten ins Leben rufen.

Winston überlegte einen Augenblick, zog dann den Sprechschreiber zu sich heran und begann in dem vertrauten Stil des Großen Bruders zu diktieren. Dieser Stil, zugleich militärisch und pedantisch, war infolge eines Kniffes, Fragen zu stellen und sie sofort zu beantworten (*„Welche Lehre lernen wir daraus, Genossen? Die Lehre, die auch eines der Grundprinzipien von Engsoz ist, nämlich daß –"*), sehr leicht nachzuahmen.

Im Alter von drei Jahren hatte Genosse Ogilvy kein anderes Spielzeug als eine Trommel, eine Maschinenpistole und ein Flugzeugmodell in die Hand nehmen wollen. Sechsjährig war er – infolge einer besonderen Genehmigung ein Jahr früher als nach den Statuten zulässig – den *Spähern* beigetreten; mit neun Jahren war er Truppführer geworden. Mit elf hatte er seinen Onkel bei der Gedankenpolizei angezeigt, nachdem er eine Unterhaltung belauscht hatte, die ihm verbrecherische Tendenzen zu haben schien. Mit siebzehn war er Bezirksleiter der *Jugendliga gegen Sexualität* geworden. Mit neunzehn hatte er eine Handgranate erfunden, die vom Friedensministerium übernommen und bei ihrer ersten versuchsweisen Anwendung mit einem Schlag einunddreißig eurasische Gefangene getötet hatte. Mit dreiundzwanzig war er im Kampf gefallen. Von feindlichen Düsenjägern auf einem Flug mit wichtigen Depeschen über dem Indischen Ozean verfolgt, hatte er den eigenen Leib mit dem Bord-MG beschwert und war samt den Depeschen aus dem Flugzeug ins Meer gesprungen – ein Tod, sagte der Große Bruder, den man unmöglich ohne Neidgefühle betrachten konnte. Der Große Bruder fügte ein paar Worte über die Lauterkeit und Untadeligkeit von Genosse Ogilvys Leben hinzu. Er war ein vollständiger Abstinenzler und Nichtraucher gewesen, hatte keine andere Erholung als eine tägliche Stunde auf dem Turnplatz gekannt und das Gelübde abgelegt, unverheiratet zu bleiben, da er Ehe- und Familiensorgen für unvereinbar mit der täglich vierundzwanzigstündigen Pflichterfüllung hielt. Er kannte keinen anderen Gesprächsstoff als die Grundlehren des *Engsoz* und kein anderes Lebensziel als die Vernichtung des eurasischen Feindes und die Unschädlichmachung von Spionen, Saboteuren, Gedankenverbrechern und aller Arten von Verrätern und anderen unsauberen Elementen. [...]

„Der Nächste, bitte" rief der weißbeschürzte Proles mit der Schöpfkelle.

Winston und Syme schoben ihre Tabletts über den Ausgabetisch. Jedem wurde mit einem raschen Schwung seine Einheitsmahlzeit zugeteilt: ein Eßgeschirr voll eines rosa-grauen Eintopfes, ein Stück Brot, ein Würfel Käse, ein Becher Victory-Kaffee ohne Milch und eine Sacharintablette.

„Dort unter dem Televisor ist ein Tisch frei", sagte Syme. „Nehmen wir uns im Vorbeigehen einen Gin mit."

Der Gin wurde in henkellosen Porzellanbechern ausgegeben. Sie zwängten sich durch den gedrängt vollen Raum und stellten ihre Schüsseln auf die Metallplatte des Tisches, auf dessen einer Ecke jemand eine Pfütze von Eintopf hinterlassen hatte, einen schmutzig-nassen Brei, der wie Erbrochenes aussah. Winston hob seinen Ginbecher in die Höhe, hielt einen Augenblick inne, um Mut zu sammeln, und stürzte das ölig schmeckende Zeug hinunter. Nachdem er die Tränen niedergekämpft hatte, die ihm in die Augen gestiegen waren, merkte er plötzlich, daß er hungrig war. Er begann gehäufte Löffel des Eintopfgerichtes herunterzuschlingen, in dessen schlüpfriger Masse auch Würfel eines schwammigen, rosafarbenen Zeugs auftauchten, das vermutlich ein Kunstfleischprodukt war. Keiner der beiden sprach ein Wort, bis sie ihr Eßgeschirr geleert hatten. An dem Tisch links von Winston, ein wenig hinter ihm, sprach jemand rasch und pausenlos – ein unangenehmes Geplapper, das wie das Quaken einer Ente durch das allgemeine Getöse des Raumes drang.

„Wie geht's mit dem Wörterbuch vorwärts?" sagte Winston mit erhobener Stimme, um den Lärm zu übertönen.

„Nur langsam", sagte Syme. „Ich bin jetzt bei den Adjektiven. Es ist sehr interessant."

Bei der Erwähnung der Neusprache war er sofort lebhaft geworden. Er schob seine Schüssel beiseite, ergriff mit der einen seiner zarten Hände sein Stück Brot und mit der andern den Käse; dabei beugte er sich über den Tisch, um nicht schreien zu müssen.

„Die Elfte Ausgabe ist die endgültige Fassung", erklärte er. „Wir geben der Neusprache ihren letzten Schliff – wir geben ihr die Form, die sie haben wird, wenn niemand mehr anders spricht. Wenn wir damit fertig sind, werden Leute wie du die Sprache ganz von neuem erlernen müssen. Du nimmst wahrscheinlich an, neue Worte zu erfinden. Ganz im Gegenteil! Wir merzen jeden Tag Worte aus – massenhaft, zu Hunderten. Wir vereinfachen die Sprache auf ihr nacktes Gerüst. Die Elfte Ausgabe wird kein einziges Wort mehr enthalten, das vor dem Jahr 2050 entbehrlich wird."

Burrhus F. Skinner

Arbeitsteilung in Futurum Zwei

Wir gingen in einen kleinen Aufenthaltsraum und holten uns Stühle in die Nähe eines Fensters, so daß wir in die allmählich dunkel werdende Landschaft blicken konnten. Frazier schien keinen Wert mehr auf eine Diskussion zu legen und sah etwas müde aus. Castle hatte offenbar Verschiedenes in petto, schien aber zu erwarten, daß ich das Gespräch eröffnete.

„Wir sind Ihnen für Ihre Liebenswürdigkeit dankbar", sagte ich daher zu Frazier. „Nicht nur für Ihre Einladung, sondern vor allem dafür, daß Sie uns so viel Zeit opfern. Ich fürchte nur, wir fallen Ihnen doch etwas zur Last."

„Im Gegenteil", erwiderte er. „Unser Gespräch ist für mich lohnend. Bei uns sind zwei Werk-Guthaben pro Tag gestattet, um sich Gästen zu widmen. Ich selber kann nur eins davon in Anspruch nehmen, aber auch das ist schon nützlich. Ich bin durch Ihre Gesellschaft vollauf entschädigt."

„Werk-Guthaben?" fragte ich. „Was ist das?"

„Verzeihung, ich vergaß. Werk-Guthaben sind eine Art Geld. Keine Scheine oder Geldstücke, sondern Eintragungen in einem Hauptbuch. Alle Waren und Dienstleistungen sind bei uns frei, wie Sie beim Abendessen bemerkt haben. Jeder zahlt für seinen Verbrauch mit zwölfhundert Werk-Guthaben im Jahr, das sind vier pro Arbeitstag. Den Wert der Guthaben ändern wir manchmal je nach dem Bedarf des Gemeinwesens. Bei zwei Arbeitsstunden pro Guthaben – also einem Achtstundentag – machen wir einen netten Profit. Wir sind zufrieden, wenn wir nur eine Spur überm Gleichstand bleiben. Das Profitsystem ist immer schlecht, selbst wenn der Arbeiter den Profit bekommt; auch hoher Lohn entschädigt nicht für die Strapaze von Überstunden. Wir wollen nicht mehr, als unsere Ausgaben einigermaßen risikofrei einrichten. Den Wert eines Werk-Guthabens setzen wir entsprechend fest; augenblicklich gilt ein Guthaben etwa soviel wie eine Arbeitsstunde."

„Ihre Mitglieder arbeiten also nur vier Stunden am Tag?" fragte ich, wobei ein moralischer Unterton in meiner Stimme gelegen haben mag, als hätte ich mich erkundigt, ob es auch alles Erwachsene seien.

„Durchschnittlich ja", erwiderte Frazier beiläufig und ging trotz unseres offenkundigen Interesses gleich zu etwas anderem über: „Ein solches System ermöglicht es uns, eine Arbeit danach einzuschätzen, inwieweit sie gern verrichtet wird. Man leistet ja ein Mehr oder Weniger seiner Arbeit nicht aufgrund der Zeit, die man darauf verwendet, sondern was zählt, ist, *was* man tut. Daher teilen wir verschiedene Kreditwerte verschiedenen Jobs zu und setzen sie von Zeit zu Zeit auf der Basis der Nachfrage fest. Schon Bellamy hat dieses Prinzip in ‚Looking Backward' vorgeschlagen."

„Demnach hat ein unangenehmer Job wie etwa Sielreinigen einen hohen Wert?" sagte ich.

„Genau. Etwa anderthalb Einheiten pro Stunde. Der Sielmann arbeitet etwas mehr als zwei Stunden am Tag. Angenehmere Arbeiten haben geringere Einheiten, etwa sieben oder acht Punkte, was fünf Stunden am Tag oder mehr bedeutet. Im Blumengarten zu arbeiten, hat einen ziemlich geringen Wert, nämlich einen Punkt. Davon kann keiner leben, aber viele wenden gern etwas Zeit darauf, und wir räumen ihnen die Einheiten ein. Letzten Endes sind alle Arbeiten gleichermaßen begehrt, sobald die Werte festgesetzt sind. Wenn nicht, wäre Nachfrage für die begehrteren vorhanden, und der Wert würde geändert. Ab und zu manipulieren wir Begünstigungen, sobald ein Job ohne Ursache gemieden wird."

„Ich nehme an, Sie stellen in den Schlafzimmern Bandgeräte auf, die ständig wiederholen: ‚Ich möchte bei der Sielreinigung arbeiten, das macht Spaß.‘"

„Nein, diese Art ‚Schöne Neue Welt‘ macht Futurum Zwei nicht mit", erwiderte Frazier. „Propaganda betreiben wir nicht, das ist ein Grundprinzip. Ich leugne nicht, daß es möglich wäre. Wir könnten die schwerste Arbeit als die ehrenhafteste und erwünschteste hinstellen. Dergleichen ist immer von scharf organisierten Regierungen gemacht worden, zum Beispiel, um Armeen zu rekrutieren. Aber nicht hier. Sie mögen einwenden, daß wir sozusagen jegliche Arbeit propagieren, aber dagegen sehe ich keine Bedenken. Wenn wir Arbeiten durch richtiges Zureden angenehmer machen können, warum nicht? Aber ich schweife ab." [...]

„Warum soll sich jeder auf niedrige Arbeit verlegen?" fragte ich.

„Ist das nicht ein Mißbrauch der Arbeitskraft, wenn jemand besondere Begabungen und Fähigkeiten hat?"

„Von Mißbrauch kann keine Rede sein. Manche von uns wären gerissen genug, ohne physische Arbeit davonzukommen, aber auch wir sind gerissen genug, um zu wissen, daß das letzten Endes Ärger bedeuten würde. Eine Kopfarbeiterklasse würde wie ein Krebsgeschwür anschwellen, bis die Belastung für das übrige Gemeinwesen unerträglich wäre. Wir könnten uns zu unseren Lebzeiten noch um die Konsequenzen drücken, aber ein dauerhaftes Gemeinwesen ließe sich bei solchem Zustand nicht aufbauen. Der wirklich intelligente Mensch möchte nicht die Empfindung haben, daß seine Arbeit von jedem anderen verrichtet wird. Er ist feinfühlig genug, von Ressentiments belastet zu werden, die, sobald sie gehäuft auftreten, seinen Untergang bedeuten würden. Vielleicht entsinnt er sich seiner eigenen Reaktionen, wenn andere ihn unterdrückten; vielleicht hat er eine gediegenere ethische Erziehung gehabt. Nennen Sie es ‚Gewissen‘, wenn Sie wollen."

Er warf den Kopf zurück und betrachtete den Himmel. Als er weitersprach, war sein Tonfall dramatisch und wie von weither: „Das ist das Schöne an Futurum Zwei und das, was mir am meisten gefällt. Ich bin nie glücklich gewesen, wenn ich bedient wurde. Nie konnte ich die Fleischtöpfe genießen, wenn ich an die unten im Keller denken mußte." Das war offenbar ein entliehener Ausdruck; Fraziers Leben war nicht in Wohlstand verlaufen. Aber plötzlich fuhr er mit lauter und klarer Stimme fort, die keinen Zweifel an seiner Aufrichtigkeit zuließ: „Hier kann jeder Mensch seinen Kopf hochtragen und sagen: ‚Ich hab mein Teil geleistet‘."

Dann schien er sich der sentimentalen Anwandlung zu schämen, so daß ich eine seltsame Zuneigung zu ihm faßte. Castle aber verstand diese Untertöne nicht und platzte heraus: „Aber kann eine überlegene Befähigung so in Zucht gehalten werden, daß es nicht zur Tyrannei führt? Und wäre es nicht möglich, den Mann der niedrigen Arbeit zu überzeugen, daß er nur das tut, wozu er sich am besten eignet, und daß der gescheitere Mitmensch auch Arbeit verrichtet?"

„Vorausgesetzt, der gescheitere Mitmensch arbeitet auch wirklich", entgegnete Frazier, der sich mit Mühe zusammennahm. „Kein Mensch hätte etwas dagegen, daß unsere Planer und Manager weiße Kragen und Schlipse trügen, wenn sie wollten. Aber Sie haben ganz recht: mit richtiger kultureller Anlage könnte eine Gesellschaft reibungslos funktionieren, selbst wenn die körperliche Arbeit nicht gleichmäßig verteilt wäre. Es wäre sogar denkbar, sich bei solcher Lenkung ohne Gefahr eine kleine Müßiggängerschicht zu leisten. Eine gut organisierte Gemeinschaft ist so leistungsfähig, daß ein geringes Maß an Verschwendung nicht sehr ins Gewicht fällt. Ein Kastensystem von Kopf und Faust könnte lebensfähig sein, weil es im Interesse der Köpfe liegt, den Fäusten Entgegenkommen zu erweisen."

Castle hielt dem ungeduldig entgegen: „Warum dann aber auf allgemeiner körperlicher Arbeit bestehen?"

„Einfach weil Köpfe und Fäuste nie ausschließlich Köpfe und Fäuste sind. Keiner von uns besteht nur aus Gehirn oder Muskeln, und dem muß unser Leben angepaßt werden. Es ist fatal, das Element zu vergessen, das in der Minderheit ist. Fatal, die Fäuste so zu behandeln, als gäbe es keine Köpfe, und wohl noch fataler, die Köpfe so zu behandeln, als gäbe es keine Fäuste. Eine oder zwei Stunden körperlicher Arbeit täglich ist eine Maßnahme der Gesundheit. Die Menschen haben immer durch ihre Muskeln gelebt, das wird an ihrer Physis deutlich. Wir dürfen unsere dicken Muskeln nicht überhandnehmen lassen, nur weil wir Mittel und Wege gefunden haben, die dünnen zu gebrauchen. Man befrage jeden beliebigen Arzt nach den Krankheiten der Unbeschäftigten. Gewisser kultureller Vorurteile zuliebe kann der Arzt nicht viel anderes als Golfspielen oder Reiten oder Holzhacken verordnen, vorausgesetzt, daß der Patient kein Brennholz braucht. Was der Arzt aber eigentlich lieber sagen würde, wäre: ‚Tun Sie körperliche Arbeit!'"

„Es gibt aber", fuhr Frazier fort, „noch einen stichhaltigeren Grund, weshalb die Gehirne die Muskeln nicht vernachlässigen dürfen. Heutzutage ist es der gescheite Mensch mit den kleinen Muskeln, der sich in den Positionen der Regierenden findet. In Futurum Zwei entwirft er die Pläne, beschafft Materialien, stellt Regeln auf, bewertet Tendenzen, leitet Experimente. Bei Arbeiten dieser Art muß der Leiter ein Auge auf die Geleiteten haben, muß deren Bedürfnisse kennen, ihr Los teilen. Darum müssen unsere Planer und Manager und Wissenschaftler einige ihrer Arbeitswerte in niederer Arbeit ableisten. Darin liegt unsere verfassungsmäßige Garantie dafür, daß die Probleme derer mit den dicken Muskeln nicht vergessen werden." [...]

„Es stimmt, wir genießen einen hohen Lebensstandard", sagte Frazier. „Aber unser persönlicher Wohlstand ist eigentlich sehr gering. In Geld ausgedrückt sind die Güter, die wir konsumieren, nicht von Belang. Wir befolgen den Thoreauschen Grundsatz, unnötigen Besitz zu vermeiden. Thoreau hat dargelegt, daß der durchschnittliche Akkordarbeiter zehn bis fünfzehn Jahre seines Lebens schuftet, um ein Dach überm Kopf zu haben. Wir hingegen können von zehn Wochen sprechen und sagen nicht zuwenig. Unsere Nahrung ist reichlich und gesund, aber nicht kostspielig. Bei Verteilung und Lagerung gibt es wenig oder keinen Verderb, keine Verschwendung, schon gar nicht wegen falsch berechnetem Bedarf. Wir kennen nicht den Preßdruck von Beförderungssystemen, die immer nur den Verbrauch überreizen. Wir haben ein paar Autos und Lastwagen, aber weitaus weniger als die hundert Privat- und Geschäftswagen, die wir fahren würden, wenn wir nicht in einem Gemeinwesen lebten. Unsere Rundfunkanlage ist viel billiger als die drei- bis vierhundert Geräte, die wir sonst in Betrieb hätten, selbst wenn einige von uns Aktieninhaber wären. Nein, Mr. Castle, wir trachten gerade in diesem Punkt nach ökonomischer Freiheit – durch Herbeiführung eines sehr hohen Lebensstandards bei geringem Warenverbrauch. Wir konsumieren viel weniger als der durchschnittliche Amerikaner."

V. Ursprüngliche Paradiese:
Die Idealisierung des Landlebens

Vergil

Lob des bäuerlichen Lebens

Überglücklich die Bauern, wenn sie ihrer
    eigensten Güter
Inne würden. Denn ihnen läßt fern vom
    Lärme der Waffen
Leben in Fülle gedeihn die allgerechte,
    die Erde.
Wenn auch kein Prachtbau, stolzen Portals,
    aus allen Gemächern
Morgens die Grußbeflissnen entläßt in
    wogendem Strome,
Wenn kein staunender Blick an schildpatt-
    schimmernden Pfosten
Hängt noch an golddurchwirktem Gewand
    und an kostbaren Vasen.

Wenn man auch weiße Wolle nicht färbt mit
    phönizischem Purpur,
Nicht durch Narde verdirbt die Kraft des
    lauteren Öles:
Aber sorglose Ruhe und Leben in redlicher
    Einfalt,
Reich an mancherlei Gut, aber Muße in
    weiten Gefilden.
Grotten und quellfrische Seen und kühle,
    waldige Täler,
Kuhgemuhe und Schlummers Genuß im
    Schatten der Bäume,
Das fehlt nicht. Da gibt es Schluchten und
    Lager des Wildes
Und eine anspruchslose, mit Ausdauer
    schaffende Jugend,

Opfer den Göttern und Ehrfurcht dem Alter! Hier in den Bauern
  Ließ noch Gerechtigkeit, eh' sie entschwand, die äußersten Spuren.
  [...]

Wenn mir aber das Blut zu kalt und träge durchs Herz rinnt,
  Daß mir's an Kräften gebricht, so tief die Natur zu ergründen,
  Ländlichkeit wünscht' ich mir dann, in Tälern belebend Gewässer,
  Flüsse und Wälder, nicht Namen und Ruhm. Wo seid ihr, Gefilde
  Griechenlands? Wo du, von bakchantischen Mädchen durchschwärmtes
  Waldgebirge? O wer mich in kühle Täler des Haemus
  Brächte und tief mich bärge im schattigen Dunkel der Zweige!
  Selig, wer es vermochte, das Wesen der Welt zu ergründen.
  Wer so all die Angst und das unerbittliche Schicksal
  Unter die Füße sich zwang und des gierigen Acheron Tosen!
  Selig auch jener, dem die ländlichen Götter vertraut sind,
  Pan und der alte Silvanus, der Schwestern-reigen der Nymphen!
  Ihn beugt nicht des Volkes Gewalt, nicht schreckt ihn des Herrschers
  Purpurmantel, nicht Zwist, selbst Brüder in Heimtücke hetzend,
  Oder der Daker, der naht vom Herd der Verschwörung am Ister,

Nicht Roms innerer Krieg noch sinkende
  Staaten. Auch schmerzt ihn
Weder das Mitleid mit Armen, noch plagt ihn
  der Neid auf dem Reichen.
Eigenes Obst und eigenes Korn auf frucht-
  barer Scholle
Reift ihm zur Ernte entgegen. Nichts weiß er
  vom grausamen Rechtsstreit,
Nichts vom Lärm des Marktes, von Pacht-
  und Steuerbehörden.
Andere schlagen mit Rudern die dräuenden
  Fluten und stürzen
Kämpfend ins Schwert und stürmen in Burgen
  und Königspaläste;
Dieser bedrängt mit Verderben die Stadt und
  die Götter des Hauses,
Um aus Pokalen zu schlürfen, zu ruhn auf
  schwellendem Purpur;
Jener vergräbt seine Schätze und hockt auf
  verborgenem Golde.
Dieser bestaunt überwältigt die Redner,
  trunken hört jener
Tosenden Beifall, umjubelt zum Gruß doch
  Volk ihn und Adel.
Andere waten mit grausamer Lust im Blute
  der Brüder,
Werden verbannt und müssen die traute
  Heimat verlassen
Und unter fremder Sonne ein neues Vaterland
  suchen.
Aber der Bauer durchfurcht mit gekrümmter
  Pflugschar die Erde:
Hier beginnt im Jahre sein Werk, so erhält er
  die Heimat,
So sein bescheidenes Gut, Kuhherden und
  tüchtige Stiere

Unablässig gewährt das Jahr ihm Früchte in
    Fülle,
Läßt das Vieh sich vermehren und reift ihm
    Korn auf dem Halme.
Schwer wog draußen die Ernte, die Speicher
    brechen vor Fülle.
Neigt sich das Jahr, dann preßt man Öl aus
    den besten Oliven,
Eichelgenährt kommt wieder das Schwein,
    im Walde gibt's Beeren,
Mancherlei Früchte spendet der Herbst. An
    felsigen Hängen
Hoch in der Sonne glühn zu süßer Reife die
    Trauben.
Nach der Arbeit umdrängen die Kinder mit
    Küssen den Vater,
Reinheit durchstrahlt das behütete Haus.
    Milch gibt es in Fülle.
Satt von der Weide bekämpfen auf grünem,
    schwellendem Rasen
Horn an Horn mit Stoßen und Ziehn sich
    munter die Böcklein.
Festtage ordnet der Bauer selbst. Er lagert im
    Grünen,
Mitten im Rund flammt Feuer, und Freunde
    bekränzen den Weinkrug.
Opfernd ruft er, Bakchus, dich an, in
    schwingendem Speerwurf
Setzt er am Ulmbaum Kampfspiele an für die
    Hüter der Herden,
Und zum ländlichen Ringen entblößt man
    stählerne Glieder.
Solch ein Leben führten dereinst die alten
    Sabiner,
So wuchsen Remus und Romulus auf und die
    starken Etrusker.

So wuchs auf voll Macht in der Welt die
    strahlende Roma,
Sieben Burgen umfaßte geeint der Ring ihrer
    Mauer.
Ehe die eiserne Weltzeit geherrscht und ehe
    ein rohes,
Fühllos Geschlecht sich Stiere erschlug zu
    üppigem Schmause,
Lebte so Saturnus auf Erden in goldener
    Weltzeit.
Damals hörte man nicht die Kriegstrompete
    erschallen,
Nirgends klirrt der Hämmer Geläut
    schwertschmiedend am Amboß.

Johan Huizinga

Hirtenleben

Sicherheit, Ruhe und Unabhängigkeit sind die guten Dinge, um derentwillen man dem Hof entfliehen will, um
dafür inmitten der Natur ein einfaches Leben in Arbeit
und Mäßigkeit einzutauschen. Das ist die negative Seite
des Ideals. Die positive Seite ist weniger die Freude an
Arbeit und Einfachheit selbst als vielmehr das Wohlge-
fallen an der natürlichen Liebe. [...]
    Es herrscht die Vorstellung, im Hirtenleben sei die
unbekümmerte Natürlichkeit der Liebe verkörpert. Dorthin wollte man fliehen, wenn nicht in Wirklichkeit, so
doch im Traum. Immer wieder mußte das Schäferideal
als Heilmittel dienen, um die Geister aus dem Krampf
übersteigerter Dogmatisierung und Formalisierung der
Liebe zu befreien. Man lechzte nach Erlösung aus den
drückenden Begriffen der ritterlichen Treue und des

Frauendienstes, aus dem bunten Apparat der Allegorie. Aber auch aus der Roheit, der Gewinnsucht und den gesellschaftlichen Sünden des wirklichen Liebeslebens. Eine leicht befriedigte, einfältig-heitere Liebe inmitten unschuldigen Naturgenusses: das schien das Los von Robin und Marion, von Gontier und Helayne. Sie waren die Glücklichen, die Beneidenswerten; der vielgeschmähte Bauer wurde nun das Ideal.

Das späte Mittelalter jedoch ist noch so durch und durch aristokratisch und so wehrlos einer schönen Illusion gegenüber, daß die Leidenschaft für das Naturleben noch nicht zu einem kräftigen Realismus zu führen vermag, sondern in ihrer Auswirkung beschränkt bleibt auf eine gekünstelte Verzierung der höfischen Sitten. Wenn der Adel des fünfzehnten Jahrhunderts Schäfer und Schäferin spielt, dann ist der Gehalt an echter Naturverehrung und Bewunderung von Einfachheit und Arbeit noch sehr gering. Wenn Marie Antoinette drei Jahrhunderte später in Trianon melkt und buttert, dann ist das Ideal bereits von dem Ernst der Physiokraten erfüllt: Natur und Arbeit sind schon die großen, schlafenden Gottheiten der Zeit geworden, dennoch macht die aristokratische Kultur noch ein Spiel daraus. Wenn um 1870 die russische intellektuelle Jugend sich unter das Volk begibt, um selbst wie Bauern für die Bauern zu leben, dann ist das Ideal bitterer Ernst geworden. Und auch dann noch erwies sich die Verwirklichung als ein Wahn.

Philipp de Vitry

Herr Günter und Frau Helene

Unter grünem Blattwerk, auf köstlichem Gras,
Neben rauschendem Bach und bei klarer Quelle
Fand ich eine tragbare Hütte befestigt;
Dort aß Günter mit Frau Helene
Frischen Käse, Milch, käsige Butter,
Sahne, Rahmkäse, Apfel, Nuß, Pflaume und Birne,
Knoblauch und Zwiebeln, Schalotte,
Auf brauner Kruste gestrichen, mit grobem Salz,
zu besserem Durst.
[...]
Ich hörte Günter beim Baumfällen
Gott danken für sein sicheres Leben;
‚Ich weiß nicht‘, sprach er, ‚was Marmorpfeiler sind,
Glänzende Knöpfe, mit Malerei bekleidete Mauern;
Ich fürchte nicht den Verrat, der gesponnen wird
Unter freundlicher Miene, noch daß ich vergiftet werde
In goldener Schüssel. Mein Haupt entblößt sich nicht
Vor einem Tyrannen, noch beugt sich mein Knie vor
ihm.
Keines Pförtners Gerte treibt mich je hinweg,
Denn bis dahin treibt mich nicht
Raffsucht, Ehrgeiz, noch gierige Gefräßigkeit.
Die Arbeit ernährt mich in froher Freiheit;
Gar sehr liebe ich Helenen, und sie mich ohne Falsch,
Und das ist genug. Um das Grab sorgen wir uns nicht.‘
Da sprach ich: ‚Ach! Ein Knecht des Hofes ist keinen
Heller wert,
Doch der freie Günter so viel wie ein Edelstein in Gold.‘

Eustace Deschamps

Die Idylle von Robin und Marion

Heimkehrend von einem der höchsten Höfe,
Wo ich lange geweilt hatte,
Fand ich in einem Gebüsch bei einer Quelle,
Robin, den freien, mit einem Hute geschmückt;
Hüte aus Blumen hatten aufgesetzt,
Er und Marion, seine Liebste.

Ich will von nun an mich bewegen
Im mittleren Stand, das ist mein Sinn,
Den Krieg lassen und als Landmann leben:
Denn Kriegführen ist nur Verdammnis.

Ich begehre nichts von Gott, als daß er mir gebe
In dieser Welt ihm dienen und ihn loben zu können,
Für mich zu leben, ein ganzes Gewand oder Wams,
Ein Pferd, um meine Arbeit zu tragen,
Und daß ich meinen Stand führen kann
Im Mittleren, in Gunst, ohne Neid,
Ohne zuviel zu haben oder um Brot zu betteln,
Denn das ist heute das sicherste Leben.

Friedrich Schiller

Über die Idylle

Die poetische Darstellung unschuldiger und glücklicher
Menschheit ist der allgemeine Begriff dieser Dichtungs-
art. Weil diese Unschuld und dieses Glück mit den künstlichen Verhältnissen der größeren Sozietät und mit einem
gewissen Grad von Ausbildung und Verfeinerung unver-

träglich schienen, so haben die Dichter den Schauplatz der Idylle aus dem Gedränge des bürgerlichen Lebens heraus in den einfachen Hirtenstand verlegt und derselben ihre Stelle *vor dem Anfange der Kultur* in dem kindlichen Alter der Menschheit angewiesen. Man begreift aber wohl, daß diese Bestimmungen bloß zufällig sind, daß sie nicht als der Zweck der Idylle, bloß als das natürlichste Mittel zu demselben in Betrachtung kommen. Der Zweck selbst ist überall nur der, den Menschen im Stand der Unschuld, das heißt in einem Zustand der Harmonie und des Friedens mit sich selbst und von außen darzustellen.

Aber ein solcher Zustand findet nicht bloß vor dem Anfange der Kultur statt, sondern er ist es auch, den die Kultur, wenn sie überall nur eine bestimmte Tendenz haben soll, als ihr letztes Ziel beabsichtigt. Die Idee dieses Zustandes allein und der Glaube an die mögliche Realität derselben kann den Menschen mit allen den Übeln versöhnen, denen er auf dem Wege der Kultur unterworfen ist, und wäre sie bloß Schimäre, so würden die Klagen derer, welche die größere Sozietät und die Anbauung des Verstandes bloß als ein Übel verschreien und jenen verlassenen Stand der Natur für den wahren Zweck des Menschen ausgeben, vollkommen gegründet sein. Dem Menschen, der in der Kultur begriffen ist, liegt also unendlich viel daran, von der Ausführbarkeit jener Idee in der Sinnenwelt, von der möglichen Realität jenes Zustandes eine sinnliche Bekräftigung zu erhalten, und da die wirkliche Erfahrung, weit entfernt, diesen Glauben zu nähren, ihn vielmehr beständig widerlegt, so kömmt auch hier, wie in so vielen andern Fällen, das Dichtungsvermögen der Vernunft zu Hilfe, um jene Idee zur Anschauung zu bringen und in einem einzelnen Fall zu verwirklichen.

Zwar ist auch jene Unschuld des Hirtenstandes eine poetische Vorstellung, und die Einbildungskraft mußte sich mithin auch dort schon schöpferisch beweisen; aber außerdem daß die Aufgabe dort ungleich einfacher und leichter zu lösen war, so fanden sich in der Erfahrung selbst schon die einzelnen Züge vor, die sie nur auszuwählen und in ein Ganzes zu verbinden brauchte. Unter einem glücklichen Himmel, in den einfachen Verhältnissen des ersten Standes, bei einem beschränkten Wissen wird die Natur leicht befriedigt, und der Mensch verwildert nicht eher, als bis das Bedürfnis ängstiget. Alle Völker, die eine Geschichte haben, haben ein Paradies, einen Stand der Unschuld, ein goldnes Alter; ja jeder einzelne Mensch hat sein Paradies, sein goldnes Alter, dessen er sich, je nachdem er mehr oder weniger Poetisches in seiner Natur hat, mit mehr oder weniger Begeisterung erinnert. Die Erfahrung selbst bietet also Züge genug zu dem Gemälde dar, welches die Hirtenidylle behandelt. Deswegen bleibt aber diese immer eine schöne, eine erhebende Fiktion, und die Dichtungskraft hat in Darstellung derselben wirklich für das Ideal gearbeitet. Denn für den Menschen, der von der Einfalt der Natur einmal abgewichen und der gefährlichen Führung seiner Vernunft überliefert worden ist, ist es von unendlicher Wichtigkeit, die Gesetzgebung der Natur in einem reinen Exemplar wieder anzuschauen und sich von den Verderbnissen der Kunst in diesem treuen Spiegel wieder reinigen zu können. Aber ein Umstand findet sich dabei, der den ästhetischen Wert solcher Dichtungen um sehr viel vermindert. *Vor dem Anfang der Kultur* gepflanzt, schließen sie mit den Nachteilen zugleich alle Vorteile derselben aus und befinden sich ihrem Wesen nach in einem notwendigen Streit mit derselben. Sie führen uns also *theoretisch* rückwärts, indem sie uns *praktisch* vorwärts führen und veredeln. Sie stellen unglücklicherweise das Ziel *hinter* uns, dem sie uns doch *entgegenführen* sollten, und können uns daher bloß das traurige Gefühl eines Verlustes, nicht das fröhliche der Hoffnung einflößen. Weil sie nur durch

Aufhebung aller Kunst und nur durch Vereinfachung der menschlichen Natur ihren Zweck ausführen, so haben sie, bei dem höchsten Gehalt für das *Herz,* allzuwenig für den *Geist,* und ihr einförmiger Kreis ist zu schnell geendigt. Wir können sie daher nur lieben und aufsuchen, wenn wir der Ruhe bedürftig sind, nicht wenn unsre Kräfte nach Bewegung und Tätigkeit streben. Sie können nur dem kranken Gemüte *Heilung,* dem gesunden keine *Nahrung* geben; sie können nicht beleben, nur besänftigen. Diesen in dem Wesen der Hirtenidylle gegründeten Mangel hat alle Kunst der Poeten nicht gutmachen können. Zwar fehlt es auch dieser Dichtart nicht an enthusiastischen Liebhabern, und es gibt Leser genug, die einen „Amyntas" und einen „Daphnis" den größten Meisterstücken der epischen und dramatischen Muse vorziehen können; aber bei solchen Lesern ist es nicht sowohl der Geschmack als das individuelle Bedürfnis, was über Kunstwerke richtet, und ihr Urteil kann folglich hier in keine Betrachtung kommen. Der Leser von Geist und Empfindung verkennt zwar den Wert solcher Dichtungen nicht, aber er fühlt sich seltner zu denselben gezogen und früher davon gesättigt. In dem rechten Moment des Bedürfnisses wirken sie dafür desto mächtiger; aber auf einen solchen Moment soll das wahre Schöne niemals zu warten brauchen, sondern ihn vielmehr erzeugen.

Salomon Geßner

Der Jäger und der Hirte

Äschines, der Jäger, sprach izt: du schöner Hirt, du hast mein Leben gerettet, wie soll ich dich belohnen, komm mit mir in die Stadt, dort wohnt man nicht in ströhernen Hütten; Paläste von Marmor steigen dort hoch an die

Wolken, und hohe Säulen stehen um sie her, du solt bey mir wohnen, und aus Gold trinken, und die köstlichen Speisen aus silbernen Platten essen.

Menalkas sprach: Was soll ich in der Stadt? Ich wohne sicher in meiner niedern Hütte, sie schützt mich vor Regen und rauhen Winden, und stehn nicht Säulen umher, so stehn doch fruchtbare Bäume und Reben umher, dann hol ich aus der nahen Quelle klares Wasser im irdenen Krug, auch hab ich süssen Most, und dann eß ich was mir die Bäume und meine Herde geben, und hab ich nicht Silber und Gold, so streu ich wolriechende Blumen auf den Tisch.

Äschines. Komm mit mir Hirt, dort hat man auch Bäume und Blumen, dort hat sie die Kunst in gerade Gänge gepflanzet, und in schön geordnete Beete gesammelt; dort hat man auch Quellen, Männer und Nymphen von Marmor giessen sie in grosse marmorne Beken.

Menalkas. Schöner ist der ungekünstelte schattichte Hain mit seinen gekrümmten Gängen, schöner sind die Wiesen mit tausendfältigen Blumen geschmükt; ich hab auch Blumen um die Hütte gepflanzt, Majoran und Lilien und Rosen; und o wie schön sind die Quellen wenn sie aus Klippen sprudeln, oder aus dem Gebüsch von Hügeln fallen, und dann durch blumichte Wiesen sich schlängeln! Nein, ich geh nicht in die Stadt.

Äschines. Dort wirst du Mädchens sehen im seidenen Gewand, von der Sonne unbeschädigt, weiß wie Milch, mit Gold und köstlichen Perlen geschmükt, und die schönen Gesänge künstlicher Saitenspieler entzüken dein Ohr.

Menalkas. Mein braunes Mädchen ist schön, du solltest sie sehen, wenn sie mit frischen Rosen und einem bunten Kranz sich schmükt; und o wie froh sind wir, wenn wir bey einer rauschenden Quelle im schattichten Busch sizen! sie singt dann, o wie schön singt sie! und ich begleite ihren Gesang mit der Flöte; unser Gesang tönt dann weit umher, und die Echo singet uns nach; oder wir behorchen den schönen Gesang der Vögel, die von den Wipfeln der Bäume und aus den Gebüschen singen. Oder singen eure Saitenspieler besser als die Nachtigal oder die liebliche Grasmüke? Nein, nein ich geh nicht mit dir in die Stadt.

ÄSCHINES. Was soll ich dir denn geben, Hirt? Hier nimm die Hand voll Gold, und diß goldne Hüfthorn.

MENALKAS. Was soll mir das Gold? ich habe Überfluß; soll ich mit dem Golde die Früchte von den Bäumen erkaufen, oder die Blumen von den Wiesen, oder soll ich von meiner Herde die Milch erkaufen?

ÄSCHINES. Was soll ich dir denn geben, glücklicher Hirt, womit soll ich deine Gutthat belohnen?

MENALKAS. Gieb mir die Kürbis-Flasche, die an deiner Seite hängt, mir deucht, der junge Bacchus ist darauf gegraben, und die Liebes-Götter, wie sie Trauben in Körben sammeln.

Und der Jäger gab ihm freundlich lächelnd die Flasche, und der junge Hirt hüpfte vor Freuden, wie ein junges Lamm hüpft.

André Castelot

Marie Antoinettes Schäferspiele in Trianon

Zu dieser Zeit trug Marie Antoinette keine Federn mehr, sondern setzte strohgeflochtene „Hirtenhüte" auf. Sie bestellte in diesem Jahr noch 93 Roben, 41 Staatskleider und 56 „Polonaises" (kurze Damenkleider), aber alles „à la simplicité", und Trianon bildete für diese „Einfachheit" den erträumten Rahmen.

Das Jahr 1780 „ist die interessanteste Epoche in der Geschichte Trianons", schreibt Pierre de Nolhac. Das Leben verlief dort so „einfach" wie nur möglich. Wenn die Königin den Salon betrat, wurde das Klavierspiel nicht unterbrochen, die Damen stickten weiter, die Herren setzten ihre Billard- oder Kartenpartie unbeirrt fort. Die Damen trugen weiße Perkalkleider, leichte Schultertücher und Strohhüte, die Herren schlichte Frack- oder Gehröcke „von der Farbe des Londoner Rußes", die bloß durch scharlachrote Samtkrägen ein wenig aufgeputzt waren.

Diese Art aber, die Schloßfrau zu spielen, wurde Marie Antoinette deshalb verübelt, weil zu viele Leute davon ausgeschlossen waren. [...]

Wenn der König gelegentlich zu Tisch kam, wurden dem Menü zwei Vorspeisen und zwei Braten hinzugefügt. Denn Ludwig XVI. wäre vielleicht nicht satt geworden, hätte er sich mit der gewöhnlichen Speisenfolge der Königin und ihrer Gäste begnügen müssen, die nur aus drei Suppen, drei großen Fleischgerichten, zwölf Vorspeisen, vier Braten, zwei mittleren und vierzehn kleinen Zwischengerichten und zwei Gängen Backwerk bestand [...]

Zu Beginn des Juni befand sich Marie Antoinette im achten Monat ihrer Schwangerschaft, so daß sie sich im Wagen zu ihrem endlich fertiggestellten Hameau bringen ließ. Die Mauerrisse an den kleinen Häusern und die verwitterten Ziegel waren zwar nicht echt, trotzdem war es aber ein richtiges Dorf, wo die Schafe geschoren, die Kühe gemolken, die Hühnereier sorgfältig eingesammelt wurden. In Butterfässern aus Porzellan und Näpfen mit Marie Antoinettes Monogramm wurden Butter und Käse erzeugt, die besten Milchprodukte der Ile-de-France, wie man versicherte, besonders wenn sich die Königin und ihre Freundinnen selbst mit deren Herstellung unterhalten hatten. Auch gab es dort einen Meier und eine Meierin, das Ehepaar Valy-Bussard, das aus der Touraine gekommen war und dem noch einige Leute als Personal unterstanden.

Die Königin hatte sich persönlich ein Häuschen errichten lassen, dessen Mauern auch heute noch stehen. Der

Fußboden bestand aus gefärbtem Stroh und ahmte ein Mosaikmuster nach. Ermüdet von ihrer Schwangerschaft, konnte Marie Antoinette aus den Fenstern des „Hauses der Königin" zusehen, wie die Meierin und ihre Magd am Ufer des Teiches Wäsche wuschen, oder die Gartengehilfen bei ihrer Arbeit in den kleinen Gemüsegärten beobachten, welche die Häuschen umgaben. Dabei konnte sie Milch aus den bekannten brustförmigen Schalen, den bols-seins, trinken – falls diese in Trianon tatsächlich verwendet worden sind. Auf dem Rasenplatz tummelten sich die Hühner unter einem Netz, der Kuhhirt weidete seine Herde, der Meier fischte in dem kleinen See, in welchem man siebenundzwanzig Hechte und zweitausend Karpfen eingesetzt hatte. In diesem „glücklichen Dorf" im Sinne Bernhardin de Saint-Pierres vergaß Marie Antoinette im Verlauf des Juni den Schimpf, den die „robins" ihr angetan hatten.

Ulrich Bräker

Vergnügen im Hirtenstand

Welche Lust, bey angenehmen Sommertagen über die Hügel fahren – durch Schattenwälder streichen – durchs Gebüsch Einhörnchen jagen, und Vogelnester ausnehmen! Alle Mittag lagerten wir uns am Bach; da ruhten meine Geissen zwey bis drey Stunden aus, wann es heiß war noch mehr. Ich aß mein Mittagbrodt, sog mein Geißchen, badete im spiegelhellen Wasser, und spielte mit den jungen Gitzen. Immer hatt' ich einen Gertel oder eine kleine Axte bey mir, und fällte junge Tännchen, Weiden oder Ilmen. Dann kamen meine Geissen haufenweis und kafelten das Laub ab. Wenn ich ihnen Leck, Leck! rufte, dann gieng's gar im Galopp, und wurd' ich von ihnen wie eingemauert. Alles Laub und Kräuter, die sie frassen, kostete auch ich; und einige schmeckten mir sehr gut. So lang der Sommer währte, florirten die Erd-Im-Heidel- und Brombeeren; deren hatt' ich immer vollauf, und konnte noch der Mutter am Abend mehr als genug nach Haus bringen. Das war ein herrliches Labsal, bis ich mich einst daran bis zum Eckel überfraß. – Und welch Ver- gnügen machte mir nicht jeder Tag, jeder neue Morgen; wenn jetzt die Sonne die Hügel vergoldete, denen ich mit meiner Heerde entgegenstieg; dann jenen haldigen Buchenwald, und endlich die Wiesen und Waldplätze beschien. Tausendmal denk' ich dran; und oft dünkt's mich, die Sonne scheine jetzt nicht mehr so schön. Wann dann alle anliegenden Gebüsche von jubilirenden Vögeln ertönten, und dieselben um mich her hüpften – O! Was fühlt' ich da! – Ha, ich weiß es nicht! – Halt süsse, süsse Lust! Da sang' und trillerte ich dann mit, bis ich heiser ward. Ein andermal spürte ich diesen muntern Waldbür- gern durch alle Stauden nach, ergötzte mich an ihrem hübschen Gefieder, und wünschte, daß sie nur halb so zahm wären wie meine Geissen; beguckte ihre Jungen und ihre Eyer, und erstaunte über den wundervollen Bau ihrer Nester. Oft fand ich deren in der Erde, im Mooß, im Farrn, unter alten Stöcken, in den dicksten Dörnen, in Felsritzen, in hohlen Tannen oder Buchen; oft hoch im Gipfel – in der Mitte – zu äusserst auf einem Ast. Meist wußt' ich ihrer etliche. Das war mir eine Wonne, und fast mein einziges Sinn und Denken, alle Tage gewiß einmal nach allen zu sehn; wie die Jungen wuchsen, wie das Gefieder zunahm, wie die Alten sie fütterten, u.d.g. Anfangs trug ich einige mit mir nach Haus, oder brachte sie sonst an ein bequemeres Ort. Aber dann waren sie dahin. Nun ließ ich's bleiben, und sie lieber groß werden – Da flogen sie mir aus. – Eben so viel Freuden brachten mir meist auch meine Geissen. Ich hatte von allen Farben, grosse und kleine, kurz- und langhaarige, bös- und gutgeartete. Alle Tage ruft' ich sie zwey bis dreymal zusammen, und überzählte sie, ob ich's voll habe? Ich hatte sie gewöhnt, daß sie auf mein Zub, Zub! Leck, Leck! aus allen Büschen hergesprungen kamen. Einige liebten mich sonderbar, und giengen den ganzen Tag nie einen Büchsenschuß weit von mir; und wenn ich mich verbarg, fiengen sie alle ein Zettergeschrey an. Von meinem Duglöörle (so hieß ich meine Mittagsgeiß) konnt' ich mich nur mit List entfernen. Das war ganz mein Eigen. Wo ich mich setzte oder legte, stellte es sich über mich hin, und war gleich parat zum Saugen oder Melken; und doch mußt' ich's in der beßten Sommerszeit oft noch ganz voll heimführen. Andremal melkt' ich es einem Köhler, bey dem ich manche liebe Stund zubrachte, wenn er Holz schrotete, oder Kohlhaufen brannte.

Welch Vergnügen, dann am Abend, meiner Heerde auf meinem Horn zur Heimreise zu blasen! zuzuschauen, wie sie alle mit runden Bäuchen und vollen Eutern dastuhnden, und zu hören wie munter sie sich heimblöckten. Wie stolz war ich dann, wann mich der Vater lobte, daß ich so gut gehütet habe! Nun gieng's an ein Melken; bey gutem Wetter unter freyem Himmel. Da wollte jede zuerst über dem Eimer von der drückenden Last ihrer Milch los seyn, und beleckte dankbar ihren Befreyer.

Jean-Jacques Rousseau

Die neue Heloise

„Übrigens", fuhr Herr von Wolmar fort, „leugne ich nicht, daß ich meine Felder mit größeren Kosten bebaue, als es ein Pächter tun würde; allein, der Gewinn des Pächters ist auch mein; und da dieser Feldbau weit besser ist, ist auch der Ertrag viel größer; so daß ich, indem ich

mehr aufwende, noch gewinne. Außerdem ist dieser
übermäßige Aufwand nur scheinbar und führt in Wirklichkeit zu einer sehr großen Ersparnis. Denn wenn andere unsere Felder bebauten, so wären wir untätig; wir
müßten in der Stadt wohnen; das Leben wäre dort teurer;
wir brauchten Vergnügungen, die uns viel mehr kosten
würden als diejenigen, die wir hier finden und die uns
nicht so angenehm wären. Die Arbeiten, welche Sie lästig
nennen, machen zugleich unsere Pflichten und unsere
Vergnügungen aus. Dank der Umsicht, mit der man sie
regelt, sind sie niemals beschwerlich; sie dienen uns statt
einer Menge verderblicher Grillen, denen das Landleben
vorbeugt oder wozu es die Lust verdirbt; und alles, was
zu unserm Wohl beiträgt, wird ein Vergnügen für uns.

Schauen Sie um sich", setzte dieser verständige Famili-
envater hinzu, „Sie werden hier nur nützliche Dinge
sehen, die uns fast nichts kosten und uns tausend unnütze
Ausgaben ersparen. Bloß die Lebensmittel, die bei uns
wachsen und erzeugt werden, kommen auf unsern Tisch;
aus einheimischen Erzeugnissen nur besteht fast unser
gesamter Hausrat und unsre Kleidung; nichts wird verachtet, weil es gewöhnlich ist; nichts wird hochgeschätzt,
weil es selten ist. Weil alles, was aus der Ferne kommt,
nachgekünstelt oder verfälscht sein kann, so beschränken
wir uns sowohl aus Geschmacksgründen als aus Sparsamkeit auf die Wahl desjenigen, was bei uns das Beste
und dessen Beschaffenheit nicht verdächtig ist. Unsere
Gerichte sind einfach, aber ausgewählt. Es fehlt unserer
Tafel, um prächtig zu sein, weiter nichts, als daß sie weit
von hier angerichtet werde; denn alles ist daran gut, alles
wäre daran selten; und mancher Feinschmecker fände die
Forellen aus dem See weit besser, wenn er sie in Paris verzehrte. [...]

Bedenken Sie endlich noch, daß der Überfluß an bloß
Notwendigem nicht in Mißbrauch ausarten kann, weil
das Notwendige sein natürliches Maß hat und die wah-

ren Bedürfnisse niemals übertrieben sind. Man kann die Kosten von zwanzig Kleidern für ein einziges aufwenden und bei einer Mahlzeit die Einkünfte eines Jahres verzehren; man kann aber nicht zwei Kleider zu gleicher Zeit tragen, noch zweimal an einem Tage zu Mittag essen. Die Meinung ist also unbeschränkt, während uns die Natur auf allen Seiten Schranken auferlegt; und derjenige, welcher in mittleren Verhältnissen sich auf das Wohlbefinden beschränkt, läuft nicht Gefahr, sich zugrunde zu richten. [...]

Weit mehr noch: die Entbehrungen, welche sie (Julie) sich durch jene sich mäßigende Wollust auferlegt, die ich erwähnt habe, sind zugleich neue Quellen des Vergnügens und neue Hilfsmittel zur Sparsamkeit. Zum Beispiel trinkt sie sehr gern Kaffee; bei ihrer Mutter trank sie ihn täglich. Sie hat diese Gewohnheit abgelegt, um den Geschmack daran zu vermehren, und trinkt ihn nur, wenn sie Gäste hat und im Apollosaal, um diesen festlichen Anstrich allem andern noch hinzuzufügen. Diese gewisse Lust am Genießen steigert das Vergnügen, kostet sie weniger und ermöglicht es ihr, ihre Naschhaftigkeit zu gleicher Zeit zu reizen und zu zügeln. Dagegen ist sie unablässig bemüht, den Geschmack ihres Vaters und ihres Mannes zu erraten und zu befriedigen, und dabei ist sie auf eine so natürliche und anmutige Art verschwenderisch, daß sie das, was sie ihnen anbietet, durch das Vergnügen, das sie dabei findet, es ihnen anzubieten, noch mehr genießen. Sie bleiben alle beide gern am Ende der Mahlzeit nach Art der Schweizer noch ein wenig bei Tisch sitzen. Julie versäumt dann nie, nach dem Abendessen eine Flasche bessern und ältern Wein auftragen zu lassen als den, welchen man gewöhnlich trinkt. Anfangs ließ ich mich durch die prächtigen Namen täuschen, die man diesen Weinen gab, welche ich in der Tat vortrefflich finde; und da ich sie für Weine trank, die wirklich aus den Gegenden stammten, deren Namen sie führten, stritt ich mit Julien wegen dieser so offenbaren Verletzung ihrer Grundsätze. Sie erinnerte mich jedoch lachend an eine Stelle im Plutarch, wo Flaminius die asiatischen Truppen des Antiochus unter tausenderlei barbarischen Namen mit den verschiedenen Gerichten vergleicht, unter welchen ein Freund ihm dasselbe Fleisch hatte zubereiten lassen. „Ebenso verhält es sich auch mit diesen ausländischen Weinen, deretwegen Sie mir Vorwürfe machen", sagte sie. „Der Rancio, der Xerez, der Malaga, der Chassaigne, der Syrakuser, die Sie mit so großem Vergnügen trinken, sind in Wirklichkeit nur Waadter Weine, die auf verschiedene Art zubereitet wurden; und Sie können von hier aus den Weinberg sehen, der alle diese fremdländischen Getränke hervorbringt. Wenn sie auch nicht dieselbe Güte haben wie die berühmten Weine, deren Namen sie führen, so haben sie doch auch deren Nachteile nicht; und weil man weiß, woraus sie bestehen, kann man sie wenigstens ohne Gefahr trinken. Ich habe Ursache zu glauben", fuhr sie fort, „daß mein Vater und mein Mann sie ebenso gern trinken wie die seltensten Weine." „Juliens Weine", sagte Herr von Wolmar darauf zu mir, „haben für uns einen Geschmack, der allen andern fehlt: das Vergnügen, das es ihr gemacht hat, sie zu bereiten." „Oh", erwiderte sie, „sie werden stets auserlesen sein!"

Sie können sich wohl vorstellen, daß inmitten so vieler verschiedener Beschäftigungen das Nichtstun und der Müßiggang, welche Gesellschaften, Besuche und Zusammenkünfte außerhalb des Hauses notwendig machen, hier selten stattfinden. Man besucht die Nachbarn oft genug, um einen angenehmen Umgang zu unterhalten, und zu wenig, um sich dadurch einem Zwang zu unterwerfen. Gäste sind allezeit willkommen und nie ersehnt. Man sieht gerade nur soviel Menschen, als es nötig ist, um sich den Geschmack am zurückgezogenen Leben zu erhalten. Die ländlichen Beschäftigungen dienen als Zeitvertreib; und für den, der im Schoße seiner Familie eine angenehme Gesellschaft findet, für den ist jede andere reichlich fade.

Leo N. Tolstoi
Lewin mäht eine Wiese

Die persönliche Angelegenheit, die Lewin während der Unterredung mit seinem Bruder im Sinn gehabt hatte, war folgende: Als Lewin im vorigen Jahr einmal zur Heumahd gekommen war und sich über den Inspektor geärgert hatte, wandte er sein bewährtes Beruhigungsmittel an: er nahm einem Bauern die Sense aus der Hand und fing selbst an zu mähen.

Diese Arbeit hatte ihm so gefallen, daß er die ganze Wiese vor dem Hause abmähte; und jetzt hatte er sich schon im Frühjahr vorgenommen, gemeinsam mit den Bauern mehrere Tage zu mähen. Seit der Ankunft seines Bruders war er im Zweifel, ob er es wirklich tun sollte, oder nicht. Bei dem Gedanken, den Bruder tagelang allein zu lassen, spürte er Gewissensbisse; er fürchtete, Sergej Iwanowitsch könnte ihn auslachen. Aber als er jetzt über die Wiese gegangen war und sich dabei erinnert hatte, wieviel Vergnügen ihm damals das Mähen gemacht hatte, war er schon fast entschlossen, seinen Plan dennoch auszuführen. Jetzt, nach dem aufreizenden Zwiegespräch mit dem Bruder, dachte er wieder an seine Absicht.

Ich brauche körperliche Bewegung, sonst nimmt mein Charakter ganz gewiß Schaden, überlegte er und beschloß zu mähen, sosehr er sich auch vor seinem Bruder und den Leuten schämte.

Gegen Abend begab er sich ins Kontor, traf Anordnungen für die Arbeit und ließ in den benachbarten Dörfern Leute bestellen, die die Kalinow-Wiese, die größte und ertragreichste von allen, abmähen sollten.

„Ja, und dann schicken Sie bitte meine Sense zu Tit; er soll sie dengeln und morgen früh mit hinausnehmen. Vielleicht mache ich selbst mit", sagte er, wobei er sich bemühte, seine Verwirrung nicht merken zu lassen.

Der Inspektor lächelte und erwiderte: „Wie Sie befehlen."

Abends am Teetisch meinte Lewin zu seinem Bruder. „Es scheint, das Wetter hält sich. Morgen fange ich an zu mähen."

„Ich mag diese Arbeit sehr", bemerkte Sergej Iwanowitsch.

„Ich liebe sie ebenfalls über alles; ich habe selbst schon manchmal zusammen mit den Bauern gemäht und will es auch morgen den ganzen Tag tun."

Sergej Iwanowitsch hob den Kopf und blickte den Bruder gespannt an.

„Wie? Gemeinsam mit den Bauern den ganzen Tag?"

„Ja, das ist herrlich", entgegnete Lewin.

„Das ist sicherlich sehr schön als Körperübung, aber wirst du es wirklich aushalten?" fragte Sergej Iwanowitsch ganz ernsthaft ohne den geringsten Spott.

„Ich habe es schon versucht. Zuerst ist es anstrengend, aber dann gewöhnt man sich daran. Ich glaube, ich schaffe es…"

„Sieh einer an! Aber sag mal, wie denken die Bauern darüber? Wahrscheinlich finden sie den Herrn komisch und machen sich über ihn lustig."

„Nein, ich glaube kaum; die Arbeit ist so unterhaltend und zugleich auch anstrengend, daß man gar keine Zeit hat, sich Gedanken zu machen."

„Aber wie willst du denn mit ihnen zu Mittag essen? Es wäre doch peinlich, dir Rotwein und gebratene Pute hinauszuschicken."

„Ich fahre nach Hause, wenn die Leute ihre Ruhepause haben."

Am andern Morgen stand Konstantin Lewin früher als sonst auf; er verspätete sich aber durch mancherlei Abhaltungen, so daß die Leute schon an der zweiten Reihe waren, als er hinkam.

Von der Anhöhe aus überblickte er am Fuß des beschatteten Abhangs den bereits abgemähten Teil der Wiese mit dem langen schnurgeraden Streifen der graugrünen Heuhaufen. Die Männer hatten ihre schwarzen Röcke ausgezogen und dort hingeworfen, wo sie ihre Arbeit angefangen hatten.

Je näher Lewin kam, um so besser konnte er die langgezogene Kette der Bauern übersehen, die zum Teil noch in ihrem Kaftan und teils im Hemd mähten und ihre Sensen jeder nach seiner Art schwangen. Er zählte zweiundvierzig Mann.

Sie bewegten sich auf der unebenen Niederung, wo früher ein Damm gewesen war, langsam vorwärts. Lewin erkannte einige von seinen eigenen Leuten. Da war der alte Jermil in einem sehr langen weißen Hemd, der sich beim Mähen stark vorbeugte; da war Lewins ehemaliger Kutscher, der junge Waska, der jedesmal weit ausholte, und da war schließlich Tit, der Lewin das Mähen beigebracht hatte, ein altes, hageres Männchen. Er ging, kerzengerade aufgerichtet, an der Spitze, und wenn er das Gras in breiten Garben niederlegte, so sah es aus, als spielte er nur mit seiner Sense.

Lewin stieg vom Pferd, band es am Straßenrande an und ging zu Tit, der aus einem Gebüsch eine zweite Sense holte und sie ihm übergab.

„Alles bereit, gnädiger Herr, sie schneidet wie ein Rasiermesser", sagte Tit und nahm lächelnd die Mütze ab, als er ihm die Sense reichte.

Lewin nahm sie und holte probeweise ein paarmal aus. Die Mäher, die mit ihrer Reihe fertig waren, traten schweißgebadet einer nach dem andern auf die Straße und begrüßten fröhlich den Gutsherrn. Sie blickten ihn an, sagten aber kein Wort, bis sich ein bartloser alter Mann mit runzligem Gesicht an ihn wandte: „Sieh zu, gnädiger Herr, daß du es auch schaffst, wenn du einmal damit angefangen hast!" Lewin bemerkte, daß die übrigen Mäher diese Worte mit einem verhaltenen Lachen begleiteten.

„Ich werde mir Mühe geben, euch nicht nachzustehen", erwiderte er. Er stellte sich hinter Tit auf und wartete auf den Wiederbeginn der Arbeit.

„Ja, paß nur auf!" wiederholte der Alte.

Tit räumte Lewin einen Platz ein, und er folgte ihm. Das Gras am Straßenrand war niedrig, und da Lewin lange keine Sense in der Hand gehabt hatte, mähte er in den ersten Augenblicken ungeschickt, obgleich er weit ausholte. Er hörte hinter sich Stimmen: „Er setzt nicht richtig an, der Griff sitzt ihm zu hoch, schau mal her, wie er sich bücken muß", sagte einer.

„Halt die Klinge flacher", riet ein anderer.

„Macht nichts, er wird's schon herausbringen", begütigte der Alte. „Schau mal, wie er ins Zeug geht... Du nimmst die Reihe zu breit, so wirst du bald müde werden... So geht das nicht, aber er ist ja der Herr, der machen kann, was er will. Schau mal, wie hoch die Stengel sind, die er übrigläßt. Unsereiner würde dafür den Buckel voll kriegen!"

Jetzt wurde das Gras viel weicher. Lewin, der hörte, was die Leute sagten, aber nicht darauf antwortete, ging hinter Tit her und bemühte sich, so gut wie möglich zu mähen. So waren sie etwa hundert Schritt vorangekommen. Tit setzte seinen Weg fort, ohne die geringste Ermüdung zu zeigen, aber Lewin wurde es immer saurer; er war so ermattet, daß er fürchtete, nicht durchhalten zu können.

Er fühlte, daß er seine letzten Kräfte aufbieten mußte, und beschloß, Tit zu bitten, eine Pause zu machen. Doch

dieser tat es schon von selbst, bückte sich, hob ein Grasbüschel auf, rieb damit seine Sense ab und wetzte sie.
Lewin straffte seine Glieder, atmete tief und blickte sich
um. Hinter ihm ging ein Bauer, der wohl ebenso müde
war wie er selbst; er war gleich stehengeblieben und fing
ebenfalls zu wetzen an. Tit schärfte seine und Lewins Sense, und dann gingen sie weiter.

Bei der zweiten Reihe war es nicht anders. Tit blieb
nicht stehen und wurde nicht müde. Lewin ging hinter
ihm her und gab sich Mühe, nicht zurückzubleiben, aber
es fiel ihm immer schwerer und schwerer. Schließlich kam
der Augenblick, wo er seine letzten Kräfte schwinden
fühlte, jedoch machte Tit gerade wieder eine Pause, um
die Sensen zu wetzen.

Diese lange Reihe kam Lewin besonders anstrengend
vor. Aber auch sie nahm ein Ende. Und als Tit mit
geschulterter Sense langsam in den Spuren, die seine
Absätze in dem abgemähten Streifen hinterlassen hatten,
zurückschritt und Lewin das gleiche tat, da war ihm sehr
wohl, obgleich der Schweiß in Strömen über sein Gesicht
rann und von der Nase tropfte und obgleich sein Rücken
so naß war, als hätte er ein Bad genommen. Besonders
glücklich machte ihn das Wissen, er würde jetzt durchhalten. [...]

Hinter Lewin stand der junge Mischka. Die Muskeln
seines freundlichen jungen Gesichts – er hatte das Haar
mit einem aus frischem Gras geflochtenen Band umwun-
den – arbeiteten angespannt mit. Wenn man ihn ansah,
lächelte er. Er war sichtlich bereit, eher zu sterben, als
zuzugeben, wie sehr er sich anstrengen mußte.

Lewin ging zwischen den beiden. Sogar in der äußersten Mittagshitze kam ihm das Mähen gar nicht mehr so
schwer vor. Der triefende Schweiß kühlte ihn ab, und die
Sonne, die auf seinen Rücken, seinen Kopf und seine bis
über die Ellbogen entblößten Arme herunterbrannte,
schien seine Kraft und seine Zähigkeit bei der Arbeit

noch zu verstärken. Immer häufiger wiederholten sich jene selbstvergessenen Minuten, wo man überhaupt nicht an das denkt, was man tut. Die Sense arbeitete wie von selbst – es waren herrliche Augenblicke. Aber noch beglückender waren sie, wenn man sich dem Flußufer näherte, auf welches die Reihen hinausliefen, wenn der Alte die Sense mit einem dichten, feuchten Grasbüschel abwischte, die stählerne Klinge mit frischem Wasser abspülte, mit dem Wetzsteinbehälter Wasser schöpfte und Lewin zu trinken gab.

„Probier mal von meinem Kwas! Schmeckt er nicht gut?" sagte er und zwinkerte verschmitzt mit den Augen.

Und wirklich – Lewin hatte noch nie etwas so Wunderbares getrunken wie dieses lauwarme Wasser, in dem Grünzeug herumschwamm und das nach dem verrosteten Blech des Wetzsteinbechers schmeckte. Und gleich darauf folgte das glückselige, langsame Schlendern, die Hand auf dem Stiel der geschulterten Sense, wobei man sich den Schweiß abwischen, tief Atem holen und die lange Kette der Mäher und alles, was ringsherum im Walde und auf der Flur vor sich ging, übersehen konnte.

Je länger Lewin mähte, um so häufiger wurden die Momente der Selbstvergessenheit, wo nicht die Arme die Sense führen, sondern umgekehrt die Sense den Körper zu regieren schien; den Körper, der voller Kraft und Leben war und seine Aufgabe wie durch Zauberei, und ohne sich dessen bewußt zu sein, erfüllte. Das waren die schönsten Augenblicke.

Beschwerlich wurde es erst, wenn man diese unbewußte Bewegung einstellen und nachdenken mußte, wenn es galt, einen kleinen Erdhügel abzumähen oder eine beim Jäten übersehene Sauerampferpflanze. Dem Alten machte auch das keine Schwierigkeiten. Geriet er an einen Erdhügel, dann änderte er seine Bewegung, nahm bald das spitze, bald das stumpfe Ende des Sensenhalters zu Hilfe und schnitt das Gras mit kurzen

Schlägen ringsherum weg. Und währenddessen bemerkte und beobachtete er alles um sich her, riß irgendeine eßbare Wurzel aus, die er selber verzehrte oder Lewin gab, schob mit der Sensenspitze einen Zweig beiseite, betrachtete ein Wachtelnest, von dem das Weibchen unmittelbar vor der Sense aufflog, fing eine kleine Schlange, die ihm über den Weg kroch, spießte sie mit der Sense wie mit einer Gabel auf, zeigte sie Lewin und schleuderte sie weg.

Lewin und dem jungen Bauernburschen hinter ihm machte dieser Bewegungswechsel Schwierigkeiten. Sie waren beide auf einen ganz bestimmten angespannten Rhythmus eingestellt und im Feuereifer ihrer Tätigkeit gar nicht imstande, ihre Bewegung zu ändern und dabei noch ihre Umgebung zu beobachten.

Lewin bemerkte nicht einmal, wie die Zeit verging. Hätte man ihn gefragt, wie lange er schon mähte, er hätte geantwortet: eine halbe Stunde; dabei war es schon Mittagszeit. Als sie die Reihe abschritten, machte der Alte Lewin auf die Mädchen und Jungen aufmerksam, die von verschiedenen Seiten auf der Straße, fast verdeckt vom hohen Gras, auf die Mäher zukamen und schwere Bündel mit Brot und mit Lappen zugedeckte Kwaskrüge trugen, die ihre Ärmchen tief herunterzogen.

„Schau mal, da kommen sie angekrabbelt wie kleine Käfer!" sagte er, indem er die Augen mit der Hand gegen die Sonne abschirmte und auf die Kinder zeigte.

Sie mähten noch zwei Reihen, dann blieb der Alte stehen.

„Jetzt, Herr, ist es Zeit, zu Mittag zu essen!" sagte er entschieden, als sie den Fluß erreicht hatten. Sie gingen durch die Reihen zu ihren Röcken, wo die Kinder, die das Mittagessen gebracht hatten, sie erwarteten. Hier versammelten sich sämtliche Bauern. Wer einen weiten Weg nach Hause hatte, lagerte sich im Schatten seines Wagens, während die aus der nahen Nachbarschaft sich unter Weidenbüsche setzten, auf die sie Gras geworfen hatten.

Lewin setzte sich zu ihnen, er wollte nicht nach Hause.

Jede Befangenheit dem Herrn gegenüber war längst von den Leuten gewichen. Die Bauern bereiteten sich zum Mittagessen vor. Einige wuschen sich, die jungen Burschen badeten im Fluß, andere richteten sich bequeme Lagerstellen her und öffneten die Brotbeutel und die Kwaskrüge. Der Alte brockte Brot in eine Schale, zerdrückte es mit einem Löffelstiel, goß Wasser aus dem Wetzsteinbecher darüber, schnitt noch mehr Brot hinein, bestreute das Ganze mit Salz und begann dann, nach Osten gewandt, zu beten.

„Nun, gnädiger Herr, schmeck mal meine Brotsuppe", sagte er, während er vor seiner Schüssel kniete.

Die Brotsuppe schmeckte so ausgezeichnet, daß Lewin es endgültig aufgab, zu Mittag heimzureiten. Er aß mit dem Alten, plauderte mit ihm über seine häuslichen Angelegenheiten, an denen er regen Anteil nahm, und teilte ihm manches über seine eigenen Sorgen mit, soweit sie ihn interessieren konnten. Er fühlte sich dem Alten näher verbunden als seinem Bruder und lächelte unwillkürlich über die warmen, freundschaftlichen Gefühle, die er ihm gegenüber empfand. Als der Alte wieder aufstand, um abermals zu beten, sich dann Gras unter den Kopf legte und unter dem Weidengebüsch zum Schlafen ausstreckte, folgte Lewin seinem Beispiel; und trotz der vielen klebrigen und in der Hitze besonders lästigen Fliegen und Käfer, die über seinen Körper und sein schweißtriefendes Gesicht krabbelten, war er sofort eingeschlafen. Er erwachte erst wieder, als die Sonne auf ihrer Wanderung über den Himmel an der anderen Seite des Gebüsches hervorgekommen war und ihre Strahlen ihn erreichten. Der Alte schlief schon lange nicht mehr, sondern saß da und dengelte die Sensen der jungen Bauernburschen.

Rainer Maria Rilke

Aus dem Stundenbuch

Alles wird wieder groß sein und gewaltig.
Die Lande einfach und die Wasser faltig,
die Bäume riesig und sehr klein die Mauern;
und in den Tälern, stark und vielgestaltig,
ein Volk von Hirten und von Ackerbauern.

* * *

Die Städte aber wollen nur das Ihre
und reißen alles mit in ihren Lauf.
Wie hohles Holz zerbrechen sie die Tiere
und brauchen viele Völker brennend auf.

Und ihre Menschen dienen in Kulturen
und fallen tief aus Gleichgewicht und Maß,
und nennen Fortschritt ihre Schneckenspuren
und fahren rascher, wo sie langsam fuhren,
und fühlen sich und funkeln wie die Huren
und lärmen lauter mit Metall und Glas.

Es ist, als ob ein Trug sie täglich äffte,
sie können gar nicht mehr sie selber sein;
das Geld wächst an, hat alle ihre Kräfte
und ist wie Ostwind groß, und sie sind klein
und ausgeholt und warten, daß der Wein
und alles Gift der Tier- und Menschensäfte
sie reize zu vergänglichem Geschäfte.

Peter Rosegger

Vom Pflaster zurück auf die Scholle

Auf plattgetretenen Straßen ist nichts Frisches mehr zu finden. Was der Mensch mühelos findet, das weiß er nicht zu schätzen, oft nicht einmal zu nützen. Darum schlägt unser junges Geschlecht neue Richtungen ein, sucht sich seine eignen Pfade. Wohl ihm, wenn es Pfade in der Natur sind, aus Städten und Schulstuben hinaus ins freie ländliche Leben. Was es auf diesen Pfaden findet, das wird zu seinem Gedeihen. Unsere jungen Pfadfinder, die mit Rucksack, Werkzeug und Kochschale des Morgens hinausziehen, leicht und unmerklich von erfahrenen Personen geleitet, an sich frei, nach eigener Absicht ins Unbekannte hinein – sie sind Pioniere der Wiedergeburt. Daß man den Menschen nicht mit Unterricht und Büchern allein bilden kann, das hat sich gezeigt. Nur die Erfahrung, das persönliche Anpacken mit dem Leben baut Männer und Charaktere. Einst, als man sich von der Natur noch nicht so weit entfernt hatte, genügte zur Auffrischung noch Vater Jahns Körperübung. Wer heute dem Verfall entfliehen will, der muß sich mit allen Vieren in die Wildnis stürzen. Die verhängnisvolle Landflucht hätte uns in kürzester Zeit den Rest gegeben, nun beginnt die Stadtflucht? Aber die jungen Pfadfinder kehren abends wieder zurück aufs Stadtpflaster. Die kleinen Mühen, das Versuchen und Sich-zu-helfen-wissen, die Abenteuerchen der Pfadfinder auf ihren Märschen machen schon frischer, findiger, klüger und mutiger; das wahre Pfadfinden ist es freilich noch nicht. Der rechte, menschheitrettende Pfad ist der von der Stadt aufs Land, vom Pflaster auf die Scholle. Vielleicht kommt unsere Jugend darauf, daß die mit Hausverstand geleitete, körperliche Tätigkeit eine gediegenere Bildung verschafft als manche akademische Scholastik, an der man sich welk und dumm studiert.

Vielleicht sehen es auch die nationalen Pfadfinder endlich ein, was dem Deutschen das Heimatland noch retten kann: die Scholle. Wer die Scholle hat, der hat das Land.

* * *

In Wien lebte ein Arzt, viel gesucht und viel beschäftigt, ruhelos, friedlos. Als er fünfzig Jahre alt war, nahm er sich auf vier Wochen Urlaub und ging nach Tirol ins Hochgebirge. Er kam nicht mehr zurück.

In Tirol fand er ein gesundes Bauernmädel, er kaufte sich eine Landwirtschaft, heiratete und lebt seither als Bauer, arbeitet als Bauer, erkennt die Natur als Gelehrter und ist glücklich als ein ganzer Mensch.

„Ich habe noch nie einen glücklicheren Menschen gesehen!" versicherte mir ein Freund, der diesen Mann kennt.

Karl Heinrich Waggerl

Mein Lehen

Dergleichen Gedanken gehen mir durch den Kopf, während ich im tobenden Wetter am Fenster lehne. Es mögen einfältige Gedanken sein, aber müßig sind sie nicht. Denn ich muß mir Rechenschaft ablegen, es ist etwas geschehen, was mein ganzes Leben von Grund auf ändern kann.

Ich habe mir ein Lehen gekauft.

Ein Lehen, das ist Ackerboden, Wiesenland, eine Hütte darauf. Von Haus und Hof kann man nicht reden, das wäre übertrieben, es sind wenig mehr als zwei Joch Grund, die Halde eingerechnet. Aber eine Kuh läßt sich immerhin darauf ernähren, und das ist doch wieder viel, wenn man es überlegt, so ein großes Tier. Nicht, daß ich etwa daran denke, mich für den Rest meiner Lebtage auf die Viehzucht zu werfen, nein, es soll nur ein Maßstab sein, ein heimlicher Rückhalt. Die Kuh ist mein bester Trumpf, den ich immer ausspiele, sooft die Hausgenossen kleingläubig werden und an meinem Ratschluß zweifeln. Es könnte ja sein, daß die wilden Türken wiederkommen, Krieg und Pestilenz. Dann werde ich die Meinen zusammenrufen, werde das Gatter im Zaun zunageln und die Kuh grasen lassen, seht, und Milch und Honig fließt uns sieben magere Jahre lang.

Vorläufig hat mein Lehen allerdings wenig Ähnlichkeit mit dem Gelobten Land, das muß ich zugeben. [....]

Nächstens würde ich mich hinsetzen und einen Brief schreiben. Meine liebe Mutter, würde ich schreiben, ich habe eine Freude für dich auf deine alten Tage, ich habe ein Lehen gekauft. Es ist gute zwei Joch groß, und Holzrecht ist auch dabei, für den Fall, daß man zubauen will. Du kannst jeden Tag kommen und es ansehen. Und wenn es dir recht ist, so halte ich dir die obere Stube frei, du bekommst auch den Hausgang für die Blumen dazu, wie du es immer haben wolltest. Und ich schicke dir ein paar Ähren von meinem Grund, die sollst du für unseren Vater auf das Kreuz stecken.

So würde ich schreiben. Und eines Tages käme die alte Mutter auch wirklich gelaufen, sie trüge ihr weißes Kopftuch und den Strohhut darauf und Essen für drei Tage im Korb. Ich nähme sie bei der Hand und zeigte ihr alles; manches würde sie loben, und manches mißfiele ihr auch, zum Beispiel, daß ich keine Hühner haben wollte, weil Hühner dumm sind. Das wäre wieder bloß eine von meinen Marotten, sie hätte weiß Gott keine Schuld, daß ich noch immer daran litte, ich sei eben von jeher ein eigenwilliges Kind gewesen. Aber im ganzen wäre die Mutter zufrieden mit meinem Kauf, und am Abend ginge sie wieder. Sie griffe an den Türpfosten, wo der Weihbrunnkessel hängen sollte, und gäbe mir wortlos ihren Segen, wenn auch nur einen trockenen. Gott schütze euch alle, bleiben könne sie nicht, aber sie wolle gern wieder einmal nach dem Rechten sehen. Mit keinem Wort verriete sie ihren Stolz. Nur zu den nächsten Ostern schriebe sie vielleicht eine Karte herüber, an ihren Herrn Sohn Grundbesitzer, Heuwurflehen.

Das alles dachte ich mir so aus an diesem Samstag-Feierabend, und dann ging ich hinüber zum Nachbar Michael und besprach den Handel mit ihm.

VI. Auf den Spuren des „edlen Wilden": Aussteigen und Abhauen in exotische Welten

Paul Gauguin

Noa Noa

Stille! Ich lernte die Stille einer tahitischen Nacht kennen.

Ich vernahm nichts, als das Schlagen meines Herzens in der Stille.

Aber die Mondstrahlen fielen durch das in gleicher Entfernung von einander stehende Bambusrohr vor meiner Hütte bis auf mein Bett. Und dieser gleichmäßige Schein erweckte in mir die Vorstellung eines Musikinstrumentes, der Rohrpfeife der Alten, die den Maories bekannt ist und von ihnen Vivo genannt wird. Mond und Bambusrohr zeichneten es übertrieben: als ein Instrument, das tagsüber schweigt, aber nachts, dank dem Monde, dem Träumer liebe Melodien ins Gedächtnis zurückruft. Ich schlief bei dieser Musik ein.

Zwischen dem Himmel und mir nichts als das hohe, leichte Dach von Pandanusblättern, in denen die Eidechsen nisten.

Ich bin weit fort von jenen Gefängnissen, den europäischen Häusern!

Eine maorische Hütte trennt den Menschen nicht vom Leben, von Raum und Unendlichkeit...

Indessen fühlte ich mich dort sehr einsam.

Die Bewohner der Gegend und ich beobachteten einander gegenseitig, und der Abstand zwischen uns blieb der gleiche.

Seit dem zweiten Tage waren meine Vorräte erschöpft. Was tun? Ich hatte geglaubt für Geld alles Notwendige zu finden. Ich hatte mich jedoch getäuscht. Sobald man die Stadt verlassen hat, muß man sich an die Natur halten um zu leben, und sie ist reich, sie ist freigebig und verweigert keinem einen Anteil an ihren Schätzen, die unerschöpflich an Bäumen, in den Bergen und im Meere aufgespeichert sind. Aber man muß verstehen auf die hohen

Bäume zu klettern, die Berge zu besteigen und mit schwerer Beute beladen zurückzukehren, man muß Fische fangen, tauchen, auf dem Meeresgrund die fest an den Steinen haftenden Muscheln losreißen können, – man muß wissen, muß können.

Ich, der Kulturmensch, stand in dieser Hinsicht weit hinter den Wilden zurück. Ich beneidete sie. Ich sah ihr glückliches, friedliches Leben um mich her, ohne größere Anstrengung als die täglichen Bedürfnisse es erforderten – ohne die geringste Sorge um Geld. Wem sollte man etwas verkaufen, wo die Erzeugnisse der Natur jedem zu Gebote stehen?

Da, als ich mit leerem Magen auf der Schwelle meiner Hütte saß und betrübt an meine Lage und die unvorhergesehenen, vielleicht unüberwindlichen Hindernisse dachte, die die Natur zwischen sich und den Kulturmenschen stellt – bemerkte ich einen Eingeborenen, der mir gestikulierend etwas zurief. Die sehr ausdrucksvollen Gebärden ersetzten die Worte und ich verstand, daß mein Nachbar mich zum Essen einlud. Mit einem Kopfschütteln lehnte ich ab. Dann ging ich beschämt, ich glaube ebenso sehr weil ich das Anerbieten zurückgewiesen, wie wenn ich es angenommen hätte, in meine Hütte zurück.

Nach einigen Minuten stellte ein kleines Mädchen, ohne etwas zu sagen, gekochtes Gemüse und sauber von frisch gepflückten grünen Blättern umhüllte Früchte vor meine Tür. Ich war hungrig. Und ebenfalls ohne ein Wort zu sagen, nahm ich es an.

Kurz darauf ging der Mann an meiner Hütte vorüber und fragte lächelnd, ohne stehen zu bleiben:

– Païa?

Ich erriet: Bist zu zufrieden?

Das war der Beginn gegenseitiger Vertraulichkeit zwischen mir und den Wilden. [...]

Das Leben gestaltete sich täglich besser. Ich verstehe

die Sprache der Maories jetzt ziemlich gut und werde sie bald ohne Mühe sprechen können.

Meine Nachbarn – drei ganz in der Nähe und andere zahlreiche in einiger Entfernung voneinander – betrachten mich als einen der Ihren.

In der fortwährenden Berührung mit den Kieselsteinen sind meine Füße abgehärtet und an den Boden gewöhnt. Mein fast beständig nackter Körper leidet nicht mehr unter der Sonne.

Die Zivilisation verläßt mich allmählich.

Ich fange an einfach zu denken, nur wenig Haß gegen meinen Nächsten zu empfinden – eher ihn zu lieben.

Ich genieße alle Freuden des Lebens – animalische wie menschliche. Bin alles Erkünstelten, aller Konvention, aller Gewohnheiten ledig. Ich komme der Wahrheit nahe, der Natur. Mit der Gewißheit eine Reihe freier, schöner Tage, wie der heutige vor mir zu haben, senkt sich Friede auf mich herab, ich entwickle mich normal und beschäftige mich nicht mit unnützen Dingen.

Urs Bitterli

Die ‚Wilden‘ und die ‚Zivilisierten‘

„In felicitate paradisi" lebte der Mensch noch nahe bei Gott und unterhielt sich mit diesem; Erde und Himmel standen in Verbindung. Jene glücklicheren Ahnen waren unsterblich, sie existierten, darin den Tieren ähnlich, außerhalb der Geschichte und in selbstverständlichem Einklang mit der Natur; sie kannten weder körperliche Leiden noch die ständige Sorge um die Fristung des Lebensunterhalts, verharrten im Stande der Unschuld, jenseits von Gut und Böse, und waren frei von jenen verzehrenden Leidenschaften wie Neid, Habgier, Ehrgeiz und Geltungssucht, die das Dasein des zivilisierten Menschen zum gefährlichen und aufreibenden Abenteuer werden ließen.

Was nun die Darstellung des „Wilden" in den europäischen Quellentexten betrifft, so findet sich diese Gleichsetzung der Existenz des Überseebewohners mit dem gemutmaßten Urzustand der Menschheit andeutungsweise oder gar als bestimmende Basis des Eingeborenenbildes wohl seit Menschen von verschiedener Kulturentwicklung sich gegenübertraten. [...]

Diese Einschätzung formulierte niemand besser und wirkungsvoller als der Missionar *Jean-Baptiste Du Tertre*, dessen „Histoire générale des Isles" ein volles Jahrhundert vor Rousseaus „Discours", um 1650 erschien. Wir geben hier die entsprechenden Passagen dieses Buches, die vielen Intellektuellen des achtzehnten Jahrhunderts geläufig waren, im Wortlaut wieder. Nachdem Du Tertre die westindischen Indianer gegen den Vorwurf des Barbarentums in Schutz genommen hat, fährt er fort:

„Ich benutze hier die Gelegenheit ... zu zeigen, daß die Wilden, welche diese Inseln bewohnen, zu Völkern gehören, welche die zufriedensten, glücklichsten, tugendhaftesten, geselligsten, wohlgestaltetsten, von Krankheiten am wenigsten heimgesuchten der ganzen Erde sind. Denn diese Indianer leben, wie die Natur sie geschaffen hat, das heißt in großer Einfachheit und natürlicher Naivität; alle sind sich gleich, Eltern und Kinder begegnen sich ohne Unterwürfigkeit. Niemand ist reicher oder ärmer als sein Gefährte, und alle beschränken ihre Wünsche auf das, was ihnen wirklich nützlich ist, und verachten alles Überflüssige als etwas, das zu besitzen sich nicht verlohnt ... Sie kennen keinerlei autoritäre Ordnung (police), sondern leben alle in völliger Freiheit, trinken und essen, wenn sie Durst oder Hunger haben, arbeiten und ruhen sich aus, wenn sie wollen, und haben keinerlei Sorgen, wenigstens, was den gegenwärtigen Tag betrifft.

Sie fischen und jagen nur soviel, als sie für ihre Mahlzeit brauchen, ohne sich wegen der Zukunft zu beunruhigen, und ziehen es vor, sich mit wenigem zufrieden zu geben, statt sich mit einer Menge Arbeit das Vergnügen eines wohlgedeckten Tisches zu erkaufen."

In diesem Porträt des Indianers sind die meisten Bestandteile versammelt, welche die Vorstellung des Überseebewohners als des Repräsentanten eines verloren gegangenen Naturzustandes besonders für das achtzehnte Jahrhundert so verlockend machen sollten. [...]

Es gibt keinen frühen Tahiti-Reisenden, der sich in seinem Bericht nicht mehrmals mit den landschaftlichen Reizen der Insel befaßt hätte. Wie verschieden gefärbt die Schilderungen auch sein mögen – leise antikisierend im Falle Bougainvilles, voll jugendlichen Überschwanges wie bei Georg Forster, sachlich registrierend wie bei Cook – immer schwingt zumindest als Andeutung der Gedanke vom wiederaufgefundenen Paradies, vom „locus amoenus" der antiken Sage, mit.

Aber erst dank der Tatsache, daß in diesem idealen Milieu Menschen lebten, erfüllte sich die Vollkommenheit der Natur ganz. Es war die sorgsam gepflegte Kulturlandschaft, das allen Bedürfnissen seiner Bevölkerung genügende Land, das die Reisenden am meisten beeindruckte. Hier fanden sich Erdenbewohner, die, zwar bereits gesellig lebend und die natürlichen Reichtümer der Erde nutzend, noch nicht zu Opfern des Besitzstrebens, der Geltungssucht und eines anbrechenden technisierten Zeitalters geworden waren. Diese Inselbevölkerung stand, mit Rousseau zu reden, in der „rechten Mitte zwischen der trägen Gleichgültigkeit des ursprünglichen Zustandes und der unbändigen Aktivität unserer Eigenliebe"; sie schien jene glückliche Vorphase zu repräsentieren, die dem auf Privatbesitz basierenden Ackerbau und der Einführung der Metallurgie vorausging. Der Südseeinsulaner besaß alles, wonach er verlangte, in

reichlichem Maß, und er hütete sich in weiser Selbstbescheidung, mehr zu wollen: die Früchte des Brotbaumes,
Kokosnüsse, Bananen und einige wenige Haustiere
genügten ihm vollauf. „Alle diese Produkte", schreibt
Cook, „welche die Natur ganz selbstverständlich hervorbringt, werden hier mit sehr geringem Arbeitsaufwand
gezogen; in dieser Hinsicht mag es fast scheinen, als sei
dieses Volk vom Fluche unserer Vorväter befreit. Denn
kaum ließe sich sagen, daß es das Brot im Schweiße seines Angesichtes esse, hat es doch die Natur nicht nur mit
dem Nötigen, sondern mit der Überfülle versorgt." [...]
Was die europäischen Reisenden, zumindest die gebil-
deten Berichterstatter unter ihnen, am Südseeinsulaner
vor allem faszinierte, waren die selbstverständliche
Daseinsfreude und der zwanglose Lebensrhythmus, die
sich von der natürlichen Umgebung auf die Bewohner
übertrugen.

„Eine glückliche Gleichförmigkeit", schreibt Georg
Forster, „prägt das ganze Leben der Tahitianer. Sie erheben sich mit der Sonne, eilen zu den Bächen und Brunnen, um ihre ebenso erquickenden wie gründlichen
Waschungen vorzunehmen. Sie verbringen den Vormittag, bis die Hitze des Tages spürbar wird, bei der Arbeit
oder auf Spaziergängen; dann ziehen sie sich in ihre Wohnungen zurück oder ruhen sich unter buschigen Bäumen
aus. Sie vergnügen sich damit, ihre Haare geschmeidig zu
machen, indem sie es mit wohlriechenden Ölen salben,
oder sie blasen auf ihren Flöten, singen dazu oder lauschen dem Gesang der Vögel. Um neun Uhr oder etwas
später begeben sie sich zum Essen. Nach ihren Mahlzeiten nehmen sie die friedliche Unterhaltung wieder auf,
und in ihren Herzen verbreitet sich jenes Gefühl gegenseitiger Zuneigung, welches imstande ist, die heranwach-
sende Generation mit zarten Banden zu vereinen. Der
lebhafte, aber gutartige Spott, die ungekünstelt vorgetra-
gene Erzählung und ein schlichtes Abendessen vertreiben

die Zeit bis zum Niedergang der Sonne, und ein weiterer Gang zum Fluß beschließt die Tätigkeit des Tages. Derart zufrieden mit ihrer einfachen Lebensform und umgeben von einer herrlichen Landschaft leben sie frei von Sorgen und sind glücklich in ihrer Unwissenheit.«

Erich Scheurmann

Der Papalagi

Es ist eine große Armut, wenn der Mensch viele Dinge braucht; denn er beweist damit, daß er arm ist an Dingen des großen Geistes. Der Papalagi ist arm, denn er ist besessen auf das Ding. Er kann ohne das Ding nicht mehr leben. Wenn er sich aus dem Rücken der Schildkröte ein Werkzeug macht, seine Haare zu glätten, wenn er Öl aufgetragen hat, macht er noch eine Haut für das Werkzeug, für die Haut eine kleine Truhe, für die kleine Truhe noch eine große Truhe. Er tut alles in Häute und Truhen. Es gibt Truhen für Lendentücher, für Obertücher und Untertücher, für Waschtücher, Mundtücher und andere Tücher, Truhen für die Handhäute und Fußhäute, für das runde Metall und schwere Papier, für die Essensvorräte und für das heilige Buch, für alles und alles. Er macht aus allen Dingen, wo eines genügt, viele Dinge. Gehst du in ein europäisches Kochhaus, so siehst du so viele Essenssschalen und Kochwerkzeuge, wie nie gebraucht werden. Und für jedes Essen gibt es eine andere *Tanoa*, für das Wasser eine andere als für die europäische *Kava*, für die Kokosnuß eine andere als für die Taube.

Eine europäische Hütte hat so viele Dinge, daß, wenn auch jeder Mann eines Samoadorfes seine Hände und Arme beladen würde, doch nicht das ganze Dorf genügte, sie alle davonzutragen. In einer einzigen Hütte sind so viele Dinge, daß viele weiße Häuptlinge viele Männer und Frauen brauchen, die nichts tun, als diese Dinge dahin zu stellen, wohin sie gehören, und sie vom Sande zu reinigen. Und selbst die höchste *Taopou* gibt viele Zeit daran, alle ihre vielen Dinge zu zählen, zu rücken und zu reinigen.

Brüder, ihr wißt, ich lüge nicht und sage euch alles, wie ich es in Wahrheit erschaut, ohne daß ich hinzutue oder abnehme. So glaubt mir, daß es in Europa Menschen gibt, die sich das Feuerrohr an die eigene Stirn halten und sich töten, weil sie lieber nicht leben wollen als ohne Dinge. Denn der Papalagi berauscht auf vielfache Weise seinen Geist, und so redet er sich auch ein, er könne nicht ohne die Dinge sein, wie kein Mensch sein kann ohne ein Essen.

Ich habe darum auch nie in Europa eine Hütte gefunden, wo ich gut auf der Matte lagern konnte, wo nichts meine Glieder beim Ausstrecken störte. Alle Dinge sandten Blitze oder schrien laut mit dem Mund ihrer Farbe, so daß ich meine Augen nicht schließen konnte. Nie konnte ich rechte Ruhe finden, und nie sehnte ich mich mehr nach meiner Hütte in Samoa, worin keine Dinge sind als meine Matten und die Schlafrolle, wo nichts zu mir kommt als der milde Passat des Meeres.

Wer wenig Dinge hat, nennt sich arm und trauert. Es gibt keinen Papalagi, der singt und frohe Augen macht, wenn er auch nichts als seine Matte und Essensschüssel hat wie jeder von uns. Die Männer und Frauen der weißen Welt würden in unseren Hütten wehklagen, sie würden eilen, Holz aus dem Wald zu holen und das Gehäuse der Schildkröte, Glas, Draht und bunte Steine und noch viel mehr, und würden vom Morgen bis zur Nacht ihre Hände bewegen, so lange, bis ihr Samoahaus sich gefüllt hätte mit kleinen und großen Dingen. Dinge, die alle leicht zerfallen, die jedes Feuer und jeder große Tropenregen zerstören kann, daß immer neue gemacht werden müssen.

Je mehr einer ein rechter Europäer ist, desto mehr Dinge gebraucht er. Darum ruhen die Hände des Papalagi nie im Machen von Dingen. Deshalb sind die Gesichter der Weißen oft so müde und traurig, und darum kommen auch nur die wenigsten unter ihnen dazu, die Dinge des großen Geistes zu sehen, auf dem Dorfplatz zu spielen, frohe Lieder zu dichten und zu singen oder an den Sonntagen im Lichte zu tanzen und sich vielfach ihrer Glieder zu freuen, wie uns allen bestimmt ist. Sie müssen Dinge machen. Sie müssen ihre Dinge behüten. Die Dinge hängen sich an sie und bekriechen sie wie die kleine Sandameise. Sie begehen kalten Herzens alle Verbrechen, um zu den Dingen zu kommen. Sie bekriegen einander, nicht um der Mannesehre halber oder um ihre wirkliche Kraft zu messen, allein um der Dinge willen.

Jörg Andrees Elten

Der nackte Mann auf Paros

Die Begegnung mit dem nackten Mann auf Paros liegt drei Jahre zurück. Ich traf ihn im Herbst 1976 auf einem Morgenspaziergang. Die meisten Touristen hatten die griechische Kykladeninsel schon verlassen. Er saß in einer einsamen Bucht am Wasser und schnitzte an einem Kloben Olivenholz. Sein strähniges, von der Sonne gebleichtes Haar fiel lang über die Schultern herab. Er war mittelgroß, sehnig, braungebrannt. Als ich langsam näherkam, schaute er von seiner Arbeit auf und sagte auf englisch: „Hey, willst du dich setzen?" Es war, als hätte er auf mich gewartet. Ich setzte mich neben ihn, und er arbeitete weiter. Er hatte ein feines, zartgeschwungenes Profil. Von vorne wirkte sein Gesicht wie von Breughel gemalt – breiter, aufgeworfener Mund, kräftiges Gebiß, gewölbte Nasenflügel. Vierzig Jahre Leben in New York City hatten ihre Spuren hinterlassen. Sein Gesicht war zerfurcht, drückte nervöse Sensibilität und Verletzbarkeit aus.

Unter einem Olivenbaum hatte er sich einen Verschlag aus Feldsteinen gebaut – ohne Dach. Seine Habe bestand aus einem Schlafsack, ein bißchen Kleidung, Schnitzmessern, einem Tagebuch. Das beste Stück war eine Querflöte. In Flaschen zog er Sprossen, die er zum Salat aß. Er gehe nur einmal in der Woche ins Dorf, um Einkäufe zu machen, sagte er. Vom nächsten Bauern holte er Brot, Obst, Gemüse. Er aß vegetarisch.

Ich blieb den ganzen Tag bei ihm.

Er heißt Janni, war Lehrer, hat vor sechs Jahren den Job aufgegeben, die Frau verlassen, Amerika den Rücken gekehrt. Lange Reisen durch Indien, den Fernen und den Nahen Osten. „Ich bin auf der Suche", sagte er. Auf Paros lebte er seit dem Frühling. Der Zufall hatte ihn dorthin verschlagen. Er sagte: „Ich lasse mich treiben, mache keine Pläne, tue das, was der Augenblick nahelegt."

Nach Sonnenuntergang stand er auf, holte die Flöte, stellte sich ans Ufer, das Gesicht dem Meer zugewandt, und begann zu spielen. Sein Körper bewegte sich langsam im Takt. Ich lag nackt im noch warmen Sand. Windstille. Das Wasser war spiegelglatt, mauvefarben. In der Ferne die eng zusammengedrängten Häuser des Fischerdorfes Naoussa. Sie leuchteten, wie von unsichtbaren Scheinwerfern angestrahlt, und warfen lange, goldene Spiegelungen aufs Meer. Kaum hörbar tönten Stimmen über die Bucht. Dann wurde es ganz still. Nur ein Hund bellte.

Eine Weile lang hatte ich die Fantasie, daß wir die einzigen Menschen auf der Welt sind, und es war merkwürdigerweise eine angenehme Vorstellung. Ich spürte, wie eine warme freundliche Energie von den Füßen her meinen Körper durchströmte und die Gedanken verdrängte.

Seine Stimme brachte mich ins Bewußtsein zurück. „Du machst mich nervös", sagte er, „ich habe noch nie jemandem vorgespielt". Ich öffnete die Augen. Er stand über mir und lachte, aber die langen Wimpern ließen den Blick seiner hellen, blauen Augen melancholisch erscheinen. „Es ist schön", sagte ich. Er setzte sich im Schneidersitz vor mich hin, schloß die Augen und spielte weiter. Mir fiel auf, daß seine Fingerspitzen mit Heftpflaster umwickelt waren – Schutz gegen das rauhe, unbearbeitete Holz.

Kurz vor Einbruch der Nacht machte ich mich auf den Weg zurück ins Dorf. Anderthalb Stunden, immer am Wasser entlang. Ich hatte in Naoussa ein Zimmer gemietet, duschte mir das Salz des Meerwassers vom Leib, und als ich vor dem Spiegel stand und mir die Haare kämmte, dachte ich an den Mann auf der anderen Seite der Bucht. Merkwürdig – da war nichts, was uns verband, wir lebten in verschiedenen Welten und waren uns doch vom ersten Augenblick unserer Begegnung an vertraut gewesen.

Ich ging auf den Balkon und sah jenseits der Bucht ein kleines Feuer – Jannis Lagerplatz. Ich versuchte, mir vorzustellen, wie er dort ganz allein seine Abende verbringt. Ich kam mir komisch vor mit meinen gekämmten Haaren, mit meinem „Samsonite" auf dem Schrank, der Flugkarte erster Klasse im Diplomatenköfferchen und meinem Programm im Kopf: noch eine Woche Inselurlaub auf Paros, dann weiter über Athen nach Kairo zur Vorbereitung einer Reportage über den Nil, den ich drei Wochen lang mit einer Motorjacht befahren wollte.

Ich war 49 Jahre alt. Zwei Drittel meines Lebens lagen hinter mir, und ich hatte angefangen, über den Tod nachzudenken. Seit 25 Jahren reiste ich als politischer Reporter in der Welt herum. Fünf Jahre Nahostkorrespondent mit Sitz in Kairo. Ehe mit der schönen Koptin Isis. Erfolgszeit. Feudalepoche. Jeden Abend Gäste in dem

Duplex-Appartement am Nil, Diener in golddurchwirkter Gallabiah und mit weißen Handschuhen. Tennis im Gezirah-Sporting-Club, Diplomatengeschwätz auf Cocktail-Parties. Maßanzüge von Signor Lucci aus Rom, Hemden von „Medison" an der Piazza di Spagna, 150-Mark-Krawatten von Dior.

Ein Leben wie im Zeitraffer: Bürgerkriege, Revolten, Meutereien, Aufstände, Straßenschlachten, Regierungsstürze, Naturkatastrophen, drei arabisch-israelische Kriege. Dazwischen Umzug von Kairo nach Rom, von Rom nach Hamburg. Theaterpremieren, Vernissagen, Parties, Ferien in Kenia und Kalifornien. Trennung von Isis und den Töchtern. Junggesellenwohnung unterm Dach. Frauen. Verzweiflung. Immer häufiger das „déjà-vu-Gefühl" – alles wiederholt sich, ich drehe mich im Kreis. Immer bohrender die Frage nach dem Sinn dieses Lebens, um das mich viele beneideten. „Sie haben ja einen fabelhaft interessanten Beruf!" – ich konnte diese Party-Platitüde nicht mehr hören. [....]

Schon seit längerer Zeit hatte ich mit dem Gedanken gespielt, meinen Reporter-Job aufzugeben und in die freie Schriftstellerei zu gehen. Ich träumte von einem Haus auf dem Land, regelmäßiger Arbeit, vielen Büchern, langen Waldspaziergängen, Gartenarbeit und von einer Frau, die ich liebe.

Der Absprung war viel schwerer, als ich mir vorgestellt hatte. Da waren die vielen Privilegien, die ein Unternehmen des aufgeklärten Kapitalismus jenen bietet, die den Umsatz fördern: 10000 Mark Monatsgehalt, Dienstwagen, betriebliche Altersversorgung, Gewinnbeteiligung... Der Abschied davon kommt einem Sprung ins Nichts gleich – jedenfalls schien mir das so.

Arthur Rodriguez

Riobamba

Riobamba, Januar 1980

Draußen stürmten Jugendliche mit Steinen gegen das
Büro der Busgesellschaft, brennende Autoreifen liegen
auf den Straßen, an den Wänden steht die Parole: „Aba-
jo los precios" („Runter mit den Preisen"). Die Busfahrer
und Angestellten der Gesellschaft weichen zurück, die
Polizei kommt mit einem Kleinbus angefahren, und die
Jugendlichen verschwinden sofort in einer der Seiten-
straßen.

Es ist Frühlingswetter mit dicken weißen Wolken am
Himmel. Die Sonne brennt auf dieser Höhe – 2600 m
über dem Meer – gewaltig. Am Nachmittag wird sich der
Himmel zuziehen und es wird eine Stunde regnen. Regenzeit. Die Preise für Gasolin, Milch und andere Grundnahrungsmittel sind gestiegen. „Enteignet die ausländischen Ölgesellschaften – ohne Entschädigung" fordert
ein Flugblatt. Stumm stehen die Indianer, hier in der süd-
lichen Provinzregion von Ecuador rund 70 % der Bevölkerung, an den Häuserwänden.

Hinter mir liegen sechs Wochen New York, vier Wochen Philadelphia, vier Wochen Florida, sechs Wochen
San Francisco, fünf Monate Mexiko und Guatemala,
fünf Wochen Peru und nun Ecuador. In über hundert
Hotelzimmern habe ich gewohnt.

Riobamba – ein Markt mit Ponchos etc., steht im Rei-
seführer. Ich habe ein sehr schönes Zimmer, für das ich
einen Tisch organisiert habe, auf welchen ich den Blumenstrauß gestellt habe, den ich vom Markt mitbrachte.
Obst habe ich in den Korb gefüllt, einen Tauchsieder
angeschlossen. Kaffee mit viel Zucker oder Tee mit einem
Schuß Zuckerrohrschnaps, Zigaretten. Mit dem Wörter-

buch übersetze ich das Flugblatt. Morgens zwischen halb acht und neun stehe ich auf, kaufe Brötchen gegenüber, Butter, Bananen und Käse – mein Frühstück.

Seit über einem Jahr bin ich unterwegs, allein. Ein paar graue Haare, ein bißchen zerknittert, dünner, eine Spur härter, anspruchsloser, so denke ich, schaue ich aus der ganzen Geschichte heraus.

Dem Schweizer Koch, den ich hier kennengelernt habe, gefällt die Bedienung in einem Restaurant. Jetzt geht er täglich zweimal dorthin essen. Sie sei unverheiratet, sagte er mir und im Grunde genommen sei das doch das Ziel einer Reise: die Liebe einer südamerikanischen Frau.

Man stellt sich das sehr idyllisch vor und schicksalhaft. „Komm, ich liebe dich, bleibe. Laß dich bei mir nieder. Vergiß, was hinter dir liegt, beginnen wir ein neues Leben." Vielleicht hätte ich das Land erreicht, nach dem ich suche, vielleicht ist meine Einsamkeit immer wieder der Grund zum Aufbruch, zum Nicht-zurückkehren-Wollen.

Was wartet in Deutschland außer meiner Vergangenheit auf mich? Nicht ein Brief, der mich von dort erreicht, fragt, ob ich zurückkomme, sagt, daß man mich vermisse. Ich könnte barfuß irgendwo im Urwald verschwinden und man würde das zu Hause als exotischen Tod eines gescheiterten Revolutionärs einordnen, der langsam alt geworden ist und mit sich selbst nicht mehr auskam, der eigentlich schon immer ein Eigenbrötler war und der jetzt so verrückt ist, daß er seitenlange Briefe an alte Sozialdemokraten schreibt, um ihnen aus einem Dorf am Rande des Dschungels zu widerlegen, daß eine Stimmabgabe für die Grünen bei der Bundestagswahl Strauß an die Macht bringen würde.

Abends liege ich manchmal stundenlang auf dem Bett, starre auf die Glühbirne an der Decke, führe meinen inneren Monolog. Ich könnte zum Beispiel Relax-Masseur werden und mir vom Arbeitsamt eine Spezialisierung und Zusatzausbildung in Asien verschreiben lassen. Im Istituto italiano de bellezza in Lima habe ich gesehen, wie man auf einfache Weise Geld macht. Die Sekretärinnen mit Gewichtsproblemen springen im Gymnastiksaal herum, was sie auch zu Hause könnten, aber im Istituto dürfen sie dafür bezahlen. Die Saunakundschaft mit Massageabonnement (was teuer ist) wird von den fortgeschrittenen Lehrlingen massiert, die für ihre „Ausbildung" bezahlen, dazwischen die Chefmasseuse, sie gibt nur hier und da ein paar Anweisungen und kassiert ab.

Damit könnte man sich vielleicht über Wasser halten. Mit 500,– DM kommt man, wenn man sparsam ist, einen Monat lang rum, je ärmer ein Land, um so leichter. Und ich gewönne Zeit. Zu Hause könnte ich mich sowieso nicht einrichten. Ein Tisch, ein Bett, einen Stuhl, keine Plakate, am besten weiße Wände. Auf der Reise sein, suchen und abwarten.

Solveig Ockenfuß

Um die Welt fast ohne Geld

„Über was haben wir uns am Nachmittag unterhalten? – Über Geld."

„Was waren die Themen der letzten Wochen? – Das Geld."

Tatsache ist, daß sich die meisten Gespräche um Geld drehen. Die Frage, wie kann man mehr sparen, die Einheimischen besser austricksen, wird zur fixen Idee. Ich spreche mit Nordamerikanern, die Mexiko lediglich als Durchgangsland für Guatemala betrachten. Dort ist das Leben billiger, und die Umrechnung von Dollar in die Landeswährung ist einfach: Ein Dollar gleich ein Quetzal.

Da weiß man, was man hat für sein Geld. Mexiko ist es insofern gar nicht wert, hier seine Zeit und vor allen Dingen seine kostbaren Dollars zu verschwenden. Aus diesem Grund sei in Guatemala alles besser, obwohl es ein besonders heruntergekommenes Land sei. Äußeres Zeichen der Demoralisierung sind die vor Schmutz starrenden Kinder der Indianer. Das Training rücksichtslosen Überlebens ist so unerbittlich, daß Bücher mit Titeln wie „Mexico and Guatemala for 10–15 Dollars a Day" zur unentbehrlichen Reiselektüre werden und reißenden Absatz finden.

„Du machst die Preise kaputt", sagte ein Nordamerikaner zu mir, als er beobachtete, daß ich ausnahmsweise einmal nicht um den Preis von ein paar Mangos feilschte. „Ich tue es immer, denn falls du es nicht machst, halten dich die Einheimischen für unhöflich oder blöd."

Diese Sparsamkeit hat etwas Aggressives: Im Jahr zuvor wohnte ich eine Zeitlang in einem indianischen Dorf an einem See in Guatemala. Übernachtungs- und Lebensmittelkosten belaufen sich dort auf ein Minimum, etwa einen Dollar pro Tag. Ich hatte die Angewohnheit, der Familie das Geld täglich zu geben, was mehr oder weniger mit Gleichgültigkeit begrüßt wurde, bis mich die lokalen Freaks darauf aufmerksam machten, daß mein Verhalten schädliche Folgen für nachkommende Generationen haben könnte. Der Trick sei nämlich, erst am Schluß abzurechnen, da die Indianer über einen Zeitraum von zum Beispiel einem Monat unmöglich den Überblick behalten könnten und man sie auf diese Weise leicht übers Ohr hauen könnte. Die Preise seien ohnehin seit dem letzten Jahr erheblich gestiegen, einen halben Dollar pro Nacht!

Ein deutsches Lehrerehepaar kommt erholungsuchend nach Oatenejo. Es sticht schon von weitem durch seine farbenprächtige, auffällige Kleidung hervor. Sie berichten von ihren Kauforgien in Guatemala, wo alles so außerordentlich *billig, billig* sei, daß sie vorsorglich schon drei Pakete in die Bundesrepublik geschickt hätten. Jetzt seien sie auf der Suche nach Pullovern – obwohl man in ganz Mexiko kaum Pullover kaufen kann –, denn zu Hause seien sie unerschwinglich. Auf meine ungläubige Frage, ob sie die Klamotten, deren Farben hier ja hübsch seien, zu Hause aber erfahrungsgemäß in einem anderen Licht erschienen, dort anzögen, antworten sie hochmütig, was ich denn glaube. Für sie hat das Kaufen, der unentwegte Preis-, weniger Qualitätsvergleich, ganz offensichtlich die Funktion, der Reise einen Sinn zu geben, „bereichert" nach Hause zurückzukehren, fast eine Anstößigkeit in einem Land, wo die Leute nur das besitzen, was sie auf dem Leib tragen.

Knut Hamsun

Pan

In dieser Zeit litt ich keine Not an Wild, ich schoß, was ich wollte, einen Hasen, einen Spielhahn, ein Schneehuhn, und wenn es sich traf, daß ich unten an der Küste war und dem einen oder dem anderen Seevogel nahe kam, schoß ich auch den. Das waren gute Zeiten, die Tage wurden länger und die Luft reiner, ich rüstete mich für zwei Tage aus und trieb in die Berge hinein, zu den Gipfeln. Ich traf Renlappen und bekam Käse von ihnen, kleine fette Käse mit einem kräuterartigen Geschmack. Ich war dort mehr als einmal. Wenn ich wieder heimging, schoß ich immer irgendeinen Vogel und steckte ihn in die Jagdtasche. Ich setzte mich und koppelte Äsop an. Eine Meile unter mir sah ich das Meer; die Bergseiten waren naß und schwarz vom Wasser, das an ihnen herunterrieselte, tropfte und rieselte mit der gleichen winzigen Melodie. Diese kleinen Melodien weit drinnen in den Bergen verkürzten mir manche Stunde, wenn ich dasaß und um mich blickte. Nun rieselt dieser kleine endlose Ton hier in seiner Einsamkeit, dachte ich, und niemand hört ihn und niemand denkt an ihn, aber trotzdem rieselt er hier für sich die ganze Zeit, die ganze Zeit! Und es schien mir nicht mehr, daß das Gebirge so vollkommen öde war, wenn ich dieses Rieseln hörte. Ab und zu geschah etwas: ein Donner erschütterte die Erde, ein Felsblock löste sich und stürzte hinunter zum Meer, einen Weg von Steinrauch hinterlassend; im selben Augenblick hob Äsop die Schnauze gegen den Wind und schnupperte verwundert den versengten Geruch ein, den er nicht verstand. Wo das Schneewasser Sprünge in die Felsen gebrochen hatte, war ein Schuß oder sogar nur ein scharfer Ruf genug, um einen großen Block loszureißen und ihn zum Stürzen zu bringen...

Eine Stunde konnte vergehen, vielleicht mehr, die Zeit ging so schnell. Ich band Äsop los, warf die Tasche über meine andere Schulter und begab mich nach Hause. Der Tag neigte sich. Unten im Wald stieß ich unausweichbar auf meinen alten bekannten Steig, ein schmales Band von einem Steig, mit den sonderbarsten Windungen. Ich folgte jeder Windung und ließ mir gute Weile, es eilte nicht, es gab niemand, der daheim auf mich wartete; frei wie ein Herrscher ging ich da und trieb durch einen friedlichen Wald, genauso langsam, wie ich wollte. Alle Vögel schwiegen, nur der Spielhahn spielte weit weg, der spielte immer.

Ich kam aus dem Wald heraus und sah zwei Menschen vor mir, zwei wandernde Menschen, ich holte sie ein, der eine war Jungfer Edvarda, ich erkannte sie und grüßte; der Doktor begleitete sie. Ich mußte ihnen meine Büchse zeigen, sie besahen meinen Kompaß, meine Tasche; ich lud sie auf meine Hütte ein, und sie versprachen, einmal zu kommen.

Nun war der Abend da. Ich ging heim und machte Feuer, briet einen Vogel und hielt Mahlzeit. Morgen kommt wieder ein Tag...

Stille und Schweigen überall. Ich liege in den Abend hinein und sehe zum Fenster hinaus. Ein Feenglanz weilte um diese Zeit über Land und Wald, die Sonne war untergegangen und färbte den Horizont mit einem fetten, roten Licht, das still stand wie Öl. Der Himmel war überall offen und rein, ich starrte in dieses klare Meer, und es war, als läge ich von Angesicht zu Angesicht dem Grund der Welt gegenüber und als schlüge mein Herz innig diesem nackten Grund entgegen und wäre dort daheim. Gott weiß, dachte ich bei mir selbst, warum sich der Horizont heute abend in Lila und Gold kleidet, ob das nicht ein Fest ist, droben in der Welt, ein Fest im großen Stil, mit Musik von den Sternen und mit Bootfahrten über die Ströme herab. Es sieht so aus! Und ich schloß die Augen und war mit dabei auf dieser Bootfahrt, und Gedanken auf Gedanken segelten durch mein Gehirn... [...]

Wohl, ich schösse, nicht um zu morden, ich schösse, um zu leben. Ich brauche heute ein Birkhuhn, deshalb schieße ich nicht zwei, sondern schieße das andere morgen. Weshalb sollte ich mehrere schießen? Ich lebe im Wald, ich sei des Waldes Sohn. Ab ersten Juni sei auch für Schneehühner und Hasen Schonzeit, ich hätte fast nichts mehr zu schießen, gut, dann fischte ich und lebte von Fischen. Ich wolle ein Boot von ihrem Vater nehmen und damit hinausrudern. Nein gewiß, ich sei nicht Jäger, nur um zu schießen, sondern um im Walde zu leben. Es sei gut für mich dort, ich läge auf der Erde zu Tisch, wenn ich esse, und säße nicht aufrecht auf einem Stuhl; ich würfe nicht mein Glas um. Im Wald verböte ich mir nichts, ich könne mich auf den Rücken legen und die Augen schließen, wenn ich wolle, ich könne dort auch sagen, was ich wolle. Oft könne man etwas sagen wollen, laut sprechen, und es klänge wie eine Rede aus dem eigensten Herzen des Waldes...

Als ich sie fragte, ob sie dies verstehe, antwortete sie: Ja.

VII. Robinson Crusoes Insel:
Das einfache Leben als Autarkiephantasie

Daniel Defoe

Robinson richtet sich ein

So machte ich mich also an die Arbeit, und hier muß ich
sagen, daß – ebenso wie der Verstand das Wesen und der
Ursprung der Mathematik ist – jeder Mensch mit Hilfe
seines Verstandes im Laufe der Zeit sämtliche mechani-
schen Künste meistern kann, indem er die Dinge fest-
stellt, sie miteinander in Einklang bringt und alles ver-
nunftgemäß beurteilt. Ich hatte noch nie in meinem
Leben ein Werkzeug in der Hand gehabt, und trotzdem
merkte ich, daß ich allmählich durch Arbeit, Fleiß und
Findigkeit alles hätte herstellen können, was ich brauchte, besonders, wenn ich das richtige Gerät dazu gehabt
hätte. Ich fertigte aber auch ohne Werkzeug vielerlei
Dinge an und manche, die vielleicht noch nie auf diese
Weise hergestellt worden waren, mit keinem anderen
Werkzeug als nur einem Beil und einer Axt, und das mit
unendlich viel Mühe. Wenn ich zum Beispiel ein Brett
benötigte, blieb mir nichts übrig, als einen Baum zu fällen, ihn hochkantig vor mir aufzustellen und ihn an beiden Seiten mit der Axt zu behauen, bis er so dünn geworden war wie ein Brett, und ihn dann mit dem Beil zu
glätten. Freilich konnte ich mit dieser Methode aus einem
ganzen Baum nur ein Brett fertigen, dabei half mir nur
das Mittel der Geduld: ebensowenig ließ sich der riesige
Aufwand an Zeit und Arbeitskraft umgehen, den es mich
kostete, eine Bohle oder ein Brett herzustellen, aber meine Zeit und meine Arbeitskraft hatten nicht viel Wert,
und so mochte ich sie ebensogut auf die eine wie auf die
andere Art anwenden.

Zuallererst jedoch baute ich mir einen Tisch und einen
Stuhl, wie ich bereits bemerkte, und das aus den kurzen
Brettern, die ich mit meinem Floß vom Schiff geholt hat-
te; als dann aber nach der eben beschriebenen Weise eini-

ge Bretter fertig geworden waren, errichtete ich mir entlang einer ganzen Seitenwand meiner Höhle ein großes
Regal mit anderthalb Fuß tiefen, übereinanderliegenden
Fächern, um mein gesamtes Werkzeug, meine Nägel und
mein Eisenzeug dort unterzubringen und um, mit einem
Wort, sämtliche Dinge schön voneinander zu trennen, so
daß alles leicht erreichbar wäre; in die Felswand schlug
ich Stifte ein, an denen ich meine Flinten und was sich nur
immer aufhängen ließ, aufhängen konnte.

Hätte jetzt jemand meine Höhle gesehen, dann wäre
sie ihm wie ein allgemeines Warenlager sämtlicher
lebensnotwendiger Dinge vorgekommen, ich aber hatte
alles so greifbar bei der Hand, daß es mir großes Vergnügen bereitete, meine Güter so geordnet zu sehen, und vor
allem, festzustellen, wie groß mein Vorrat an den notwendigen Gegenständen war. [...]

Nachdem ich aber bis zu einem gewissen Grade über
diese Dinge hinweggekommen war, meinen Hausrat
untergebracht, meine Wohnung gebaut, mir Tisch und
Stuhl angefertigt und alles rings um mich so wohnlich
eingerichtet hatte, wie ich es nur konnte, begann ich
Tagebuch zu führen, solange es mir möglich war, denn als
ich keine Tinte mehr hatte, mußte ich damit aufhören.
Von diesem will ich dem Leser hier eine Abschrift geben,
obwohl darin alle Einzelheiten noch einmal erzählt
werden.

30. September 1659. Ich, der arme elende Robinson
Crusoe, erlitt während eines fürchterlichen Sturms auf
hoher See Schiffbruch und landete – nachdem die gesam-
te Besatzung des Schiffs ertrunken und ich selbst halbtot
war – auf dieser unglückseligen öden Insel, die ich die
Insel der Verzweiflung nannte.

Den Rest dieses Tages verbrachte ich in Selbstanklagen
über die schlimme Lage, in die ich geraten war, denn ich
hatte weder Essen noch Unterkunft, weder Kleidung
noch Waffen und keinen Zufluchtsort; ich verzweifelte

an meiner Rettung und sah nichts als den Tod vor mir; entweder würde ich von Raubtieren aufgefressen, von Wilden umgebracht, oder ich verhungerte. Als die Nacht hereinbrach, schlief ich aus Angst vor wilden Tieren auf einem Baum, und ich schlief fest, obgleich es die ganze Nacht über regnete.

1. Oktober. Am Morgen sah ich zu meiner großen Überraschung, daß die Flut das Schiff flottgemacht und nahe der Insel wieder aufs Land getrieben hatte. Während es mir einerseits ein Trost war, zu sehen, daß es noch aufrecht dalag und nicht auseinandergeborsten war, und ich hoffte, beim Abflauen des Windes an Bord gelangen und mir etwas Nahrung und andere lebensnotwendige Dinge zu meiner Hilfe daraus holen zu können, ließ es doch andererseits meinen Schmerz über den Verlust meiner Kameraden neu aufleben; [...]

Vom 1. bis 24. Oktober. Habe alle diese Tage damit verbracht, immer wieder aufs Schiff zu gehen, um daraus zu holen, was zu holen war, und die Sachen jedesmal bei Flut mit Flößen an Land zu bringen. Auch an diesen Tagen regnete es viel, es gab jedoch kurze Aufheiterungen; es schien aber die Regenzeit zu sein.

20. Oktober. Kenterte mit meinem Floß und allem, was ich darauf hatte. Da es aber im flachen Wasser geschah und fast sämtliche Dinge schwer waren, konnte ich viele davon bei Ebbe wieder herausholen.

25. Oktober. Es regnete die ganze Nacht und den ganzen Tag, mit einigen Windböen, und als der Wind noch etwas stürmischer wurde, zerbrach das Schiff in Stücke; nichts war mehr davon zu sehen als das Wrack, und auch das nur bei Ebbe. Ich verbrachte den Tag damit, die geborgenen Sachen zuzudecken und sie zu schützen, damit der Regen sie nicht verdarb.

26. Oktober. Ich ging fast den ganzen Tag am Strand umher, um einen Platz für meine Behausung zu suchen, denn ich war sehr darauf bedacht, mich vor einem nächtlichen Angriff wilder Tiere oder Menschen zu schützen. Gegen Abend entschied ich mich für eine geeignete Stelle unter einem Felsen und markierte meinen Lagerplatz in Form eines Halbkreises, den ich mit einem Bollwerk, einem Wall oder einer Befestigung aus doppelten Palisaden, die innen mit Kabeln ausgefüllt und von außen mit Rasenstücken beworfen werden sollten, verstärken wollte.

Vom 26. bis zum 30. arbeitete ich sehr hart, um alle meine Güter in die neue Behausung zu bringen, obgleich es zeitweise außerordentlich stark regnete.

Am Morgen des 31. ging ich mit meiner Flinte ins Innere der Insel, um Nahrung zu suchen und das Land zu erforschen; dabei tötete ich eine Ziege, und das Zicklein folgte mir nach Hause, aber später tötete ich es auch, weil es nicht fressen wollte.

1. November. Ich errichtete mein Zelt unter einem Felsen und schlief dort zum ersten Mal; ich spannte es so groß wie möglich und trieb Pfosten in den Boden, um meine Hängematte daran zu befestigen.

2. November. Ich stapelte alle meine Kisten und Bretter sowie die Hölzer aus meinen Flößen auf und baute damit einen Zaun um mich herum, ein wenig innerhalb der Stelle, die ich für meine Befestigungsanlage vorgesehen hatte.

3. November. Ich zog mit meiner Flinte los und schoß zwei Vögel, die wie Enten aussahen und ein wohlschmeckendes Essen abgaben. Am Nachmittag ging ich daran, einen Tisch zu bauen.

4. November. Heute morgen begann ich mir meine Zeit einzuteilen: für die Arbeit, für die Jagdspaziergänge, für den Schlaf und für die Unterhaltung, das heißt, ich ging jeden Morgen, wenn es nicht regnete, zwei oder drei Stunden lang mit der Flinte aus, machte mich darauf bis gegen elf an die Arbeit, aß dann, was ich als Nahrungsmittel hatte, legte mich wegen der Hitze von zwölf bis zwei Uhr zum Schlafen nieder und arbeitete am Abend nochmals. Die Arbeitszeit dieses und des nächsten Tages verwandte ich fast ausschließlich für die Anfertigung meines Tisches, denn ich war noch ein sehr stümperhafter Arbeiter, aber Zeit und Notwendigkeit machten bald darauf natürlicherweise einen vollendeten Handwerker aus mir, wie es wohl bei jedem der Fall gewesen wäre.

5. November. Ging an diesem Tag mit meiner Flinte und meinem Hund aus und tötete eine Wildkatze, die ein recht weiches Fell hatte, deren Fleisch jedoch nichts taugte; alle Tiere, die ich schoß, häutete ich ab und bewahrte das Fell auf. Als ich am Strand entlang zurücklief, sah ich vielerlei mir unbekannte Seevögel; überrascht und fast erschreckt wurde ich aber durch zwei oder drei Seerobben, da ich nicht genau wußte, was das für Tiere waren; während ich sie betrachtete, gingen sie ins Wasser und entkamen mir für diesmal.

6. November. Nach meinem Morgenspaziergang arbeitete ich wieder an meinem Tisch und stellte ihn fertig, obwohl er nicht so ausfiel, wie ich es wollte; es dauerte aber nicht lange, bis ich lernte, ihn zu verbessern.

7. November. Jetzt begann das Wetter schön und beständig zu werden. Den 7., 8., 9. und 10. sowie einen Teil des 12. (denn der 11. war ein Sonntag) benutzte ich fast ganz dazu, mir einen Stuhl zu bauen, und nach langem Hin und Her brachte ich eine einigermaßen vernünftige Form zustande, die mir aber nicht sehr gefiel, und schon beim Bauen zerlegte ich ihn mehrmals wieder in seine Einzelteile.

Anmerkung: Bald versäumte ich, die Sonntage einzuhalten, denn da ich es unterließ, sie auf meinem Pfosten einzukerben, wußte ich nicht mehr, welcher Wochentag es war.

Henry David Thoreau
Vom Leben in den Wäldern

Henry David Thoreau, der von 1817–1862 im amerikanischen Concord in Massachusetts lebte, war ein Anhänger der Utopie vom einfachen Leben und ein großes Vorbild für Generationen von Aussteigern.

1845 zog er aus der Stadt, in der er ansonsten sein ganzes Leben verbrachte, hinaus in den Wald, um sich selbst und anderen zu beweisen, daß es möglich sei, in radikaler Einfachheit zu leben. Am Walden See baute er sich auf einem Grundstück, das seinem Freund Emerson gehörte, eine Holzhütte, in der er gut zwei Jahre als Einsiedler lebte und schrieb – seinen Erfahrungsbericht, das Buch vom „Leben in den Wäldern", Naturbeobachtungen und Tagebuchaufzeichnungen, kritische Bemerkungen über die zivilisierte Gesellschaft und eine Lobpreisung des einfachen, naturnahen Lebens. Thoreau war stolz darauf, mit bescheidener Nahrung und wenig Kleidung, vor allem mit sehr wenig Geld auszukommen; er wollte exemplarisch vorführen, welche Freiheit in der Anspruchslosigkeit liegt. Zu diesem Zweck führte er genau Buch über seine Ausgaben für den Bau der Hütte und seinen gewöhnlichen Lebensunterhalt. Seine Tür blieb stets unverschlossen – denn bei ihm gab es nichts zu stehlen. Er baute Kartoffeln und Gemüse an, er beobachtete die Tiere des Waldes und die wechselnde Szenerie der Jahreszeiten, er fischte und badete im See, er arbeitete mit seinen Händen, philosophierte und las Gedichte. Zwar lief er fast jeden Tag die zwei Meilen vom Walden Pond nach Concord, in die Stadt, aber eigentlich war er ein Einsiedler. Sein Experiment erlangte eine gewisse Berühmtheit; viele Menschen besuchten ihn draußen im Wald, bestaunten seine Hütte, suchten das Gespräch mit

ihm. Den normalen MitbürgerInnen von Concord er-
schien der ehemalige Lehrer allerdings eher als ein Spin-
ner und Strolch, trotz seiner umfassenden Bildung
unfähig, ordentlich Geld zu verdienen. Sein Buch, das mit
großem missionarischen Impetus geschrieben ist, atmet
Pioniergeist: alles ist dem Individuum möglich, sagt Tho-
reau, wenn es nur will und die Dinge anpackt. Und: Es ist
ganz einfach, seine eigene private Utopie vom einfachen
Leben zu leben – man muß sich nur trauen und anfangen.

Das meiste von dem, was man unter dem Namen
Luxus zusammenfaßt, und viele der sogenannten Bequemlichkeiten des Lebens sind nicht nur zu entbehren,
sondern geradezu Hindernisse für den Aufstieg des Men-
schengeschlechtes. Was Luxus und Bequemlichkeiten
anbelangt, so haben die Weisesten immer ein einfacheres
und ärmlicheres Leben geführt als die Armen. Niemand
war ärmer an äußern Reichtümern als die alten chinesi-
schen, indischen, persischen und griechischen Philosophen, niemand aber auch so reich an innern. Wir wissen
nicht viel von ihnen. Merkwürdig ist, daß *wir* so viel von
ihnen wissen. Das gleiche läßt sich von den neueren
Reformatoren und Wohltätern der Menschheit sagen.
Nur von dem günstigen Standpunkt aus, den wir freiwillige Armut nennen, kann das menschliche Leben unpar-
teiisch und vernünftig beurteilt werden. Die Frucht eines
Luxuslebens ist Luxus, sei es im Ackerbau, im Handel, in
Literatur oder Kunst. Heutzutage gibt es Professoren der
Philosophie, aber keine Philosophen. Es läßt sich trefflich
darüber dozieren, wie trefflich man einst sein Leben verbrachte. Um ein Philosoph zu sein, ist es nicht genug,
geistreiche Gedanken zu haben oder eine Schule zu gründen, sondern man muß die Weisheit so lieben, daß man
nach ihr lebt, ein Leben der Einfachheit, der Unabhängigkeit, der Großmut und des Vertrauens. Man muß einige der Lebensrätsel nicht theoretisch, sondern praktisch
lösen. [...]

Gegen Ende März 1845 borgte ich mir eine Axt, ging hinunter in den Wald zum Waldenteich, in dessen unmittelbarer Nähe ich mir ein Haus zu bauen beabsichtigte. Ich fing mit dem Schlagen einiger hochaufgeschossener, noch junger Weißtannen an, die mir als Bauholz dienen sollten. Es ist schwer, anzufangen ohne zu borgen, vielleicht ist es aber das großmütigste Verfahren, weil es unserem Mitmenschen gestattet, sich für unser Unternehmen zu interessieren. Als der Eigentümer der Axt dieselbe aus der Hand ließ, sagte er, sie sei sein Augapfel; ich gab sie aber schärfer zurück, als ich sie empfing. Es war ein lieblicher, mit Nadelholz bestandener Hügelhang, auf dem ich arbeitete; durch die Tannen sah ich hinaus auf den Teich und ein kleines offenes Feld im Gehölz, wo Fichten und weiße Walnußbäumchen zu sprießen begannen. Das Eis im Teich war noch nicht geschmolzen, nur von einigen offenen Stellen unterbrochen, überall aber sah es dunkel und von Wasser gesättigt aus. An diesem ersten Arbeitstag kamen einigemal leichte Schneegestöber; gewöhnlich aber lag, wenn ich auf dem Heimweg war, der Eisenbahndamm leuchtend wie ein gelbes Band in der dunstigen Luft, die Schienen glänzten in der Frühlingssonne, und ich hörte die Lerche, den Kiebitz und andere Vögel, die schon gekommen waren, um ein neues Jahr mit uns anzufangen. Es waren schöne Frühlingstage, an denen der Winter der menschlichen Unzufriedenheit zugleich mit der Erde auftaute und das in regungsloser Trägheit daliegende Leben anfing, sich zu recken und zu dehnen. Als eines Tages meine Axt losgegangen war und ich mir ein junges Walnußbäumchen zu einem neuen Stiel zugeschnitten hatte, den ich mit einem Stein hineintrieb und sodann in ein Sandloch beim Teiche steckte, um das Holz schwellen zu lassen, sah ich eine gestreifte Schlange in das Wasser eilen. Unten auf dem Grund blieb sie, scheinbar ohne Unbehagen, so lange liegen, als ich dort verweilte, länger als eine Viertelstunde; vielleicht weil sie noch nicht richtig aus der Winterträgheit heraus war. Es kam mir so vor, als ob aus einem ähnlichen Grunde viele Menschen in ihrem gegenwärtigen niedern und primitiven Zustand verharrten; wenn sie aber den Einfluß des Frühlings fühlen, der sie aufrüttelt, so müssen sie notwendigerweise zu einem höheren, mehr ätherischen Leben emporsteigen. Ich hatte früher an frostigen Morgen Schlangen auf meinem Weg beobachtet, die mit teilweise noch starrem und unbeweglichem Körper auf die Sonne warteten, um aufzutauen. Am ersten April regnete es, das Eis schmolz, und im Frühnebel hörte ich eine verirrte Gans, die wohl über ihre Verirrung jammerte und schrie, dabei über den Teich hinübertappte und wie ein Nebelgespenst platschte.

So trieb ich's ein paar Tage lang, indem ich Bäume schlug und Holz bearbeitete, Pfosten und Balken, alles mit meiner schmalen Axt, ohne viel gelehrten oder mitteilungswerten Gedanken Raum zu geben.

Rüdiger Nehberg

Deutschlandmarsch – Überlebenstraining

1000 Kilometer zu Fuß. Von Hamburg nach Oberstdorf. Ohne Ausrüstung, ohne Nahrung, ohne zu betteln und ohne Gesetze zu verletzen. Es ist Oktober. Erste Nachtfröste. Das waren die selbstgestellten Bedingungen dieser Wanderung. Das waren die eigentlichen Schwierigkeiten, mein Abenteuer vor der Haustür.

Dagegen standen die Vorteile des Vorhabens. Der wichtigste war sicher, daß ich ein Motiv hatte. Denn der Marsch war ein Vorbereitungstraining für ein ähnliches Vorhaben in Brasilien. Ich wollte mit einem Minimum an Ausrüstung flexibler sein als das brasilianische Militär.

Ich wollte, an ihm vorbei, zu den Yanomami-Indianern gelangen und für die „Gesellschaft für bedrohte Völker", Deutschlands zweitgrößte Menschenrechtsorganisation, Dokumente des Völkermordes am letzten großen noch freilebenden Indianer-Volk des Kontinents beschaffen.

Hinzu kam, daß ich begleitet wurde. Das ZDF verfilmte den Marsch. Eine vorzeitige Aufgabe wäre eine ziemliche Blamage geworden. Denn offiziell lief der Marsch als reines Survival-Training, damit Brasilien nicht gewarnt wurde. Da konnte ich, als Begründer der Survival-Bewegung in Deutschland, schlecht schlappmachen. Ich stand unter Erfolgszwang.

Aber da waren auch sicht- und meßbare Vorteile. Zum Beispiel besaß ich drei Kilo Zivilisationsspeck. Das waren 24.000 Kalorien eiserner Reserve des typischen Wohlstandsbürgers.

Außerdem schien tagsüber die Sonne. Das bedeutete „Heuschrecken satt". Und dann war da noch dieser Gedanke im Hinterkopf, daß ich notfalls auch jederzeit aufhören konnte. Innerhalb von Minuten könnte ich heiß duschen, essen und ein molliges Bett besteigen. Solche Gedanken ergriffen immer wieder Besitz von mir, obwohl ich mit autogenem Training diese Möglichkeiten als unannehmbar ausgeschaltet zu haben glaubte. Es war mir klar, daß tausend Kilometer querbeet Deutschland niemals gleichzusetzen waren mit derselben Distanz in Alaska. Aber jeder fängt halt klein an.

Langer Marsch und kurzes Fazit: Ich hatte Glück und schaffte es. Ich verlor aber nicht nur drei Kilo Speck, sondern insgesamt einen viertel Zentner Lebendgewicht. Also auch Muskulatur. Erfreut stellte ich nach drei Tagen ohne nennenswerte Nahrung fest, daß das Hungergefühl erstorben war. Diese Gier, unbedingt irgend etwas konsumieren zu müssen, war völlig dahin. Bis zur zweiten Woche stiegen sogar Kondition und Wohlbefinden infolge Abmagerung und Entschlackung. Dann allerdings, als die Muskeln ausgezehrt waren, ließ die Kraft nach. Es ging an die Substanz. Ich mußte die Tagesleistungen von 50 auf 30 Kilometer reduzieren. Der Kreislauf wurde labil. Der Körper verlangte längere Pausen.

Kamillensud und Spitzwegerichmus heilten meine aufgestochenen Blasen, Pfefferminztee belebte mich. Eine Dose aus dem Straßengraben machte Karriere als Kochtopf und half mir, ein überfahrenes Eichhörnchen in eine heiße Fleischbrühe mit Wildgemüse zu verwandeln. Ein anderes Mal konnte ich einer Ringelnatter den Frosch aus dem Magen massieren und selbst essen. Viel mehr an Fleisch fand ich nicht. Das meiste war bereits in Verwesung. Ansonsten waren nur noch Fliegen und Maden auf dem Aas, bestens gewaschen, eßbar.

Feuer entzündete ich mit Flint und Eisen. Der Flintstein war auch gleichzeitig mein Messerchen. Wasser sammelte ich mit dem Hemd von den taufeuchten Gräsern, oder ich trank es aus flachen Pfützen mit einem Holunderröhrchen.

Man kommt lange ohne Nahrung aus, und noch viel länger ohne jeglichen Luxus. Was man braucht, ist Wasser. So verlor ich zwar einiges an Gewicht, aber noch mehr gewann ich. Ich gewann die Erfahrung, noch immer ein relativ intaktes Lebewesen zu sein, das noch nicht so degeneriert ist, nur noch mit dem Überfluß unserer High-Tech-Welt zurechtzukommen.

23 Tage hatte dieser Ausflug gedauert. Das größte Problem erwartete mich aber erst am Ziel: Ich konnte nun essen, soviel ich wollte. Aber ich durfte nicht. Denn die größte Kunst des Fastenden ist, hinterher ganz langsam wieder mit dem Essen zu beginnen.

Knut Faldbakken
Überleben auf der Müllhalde

Morgen baue ich einen Herd, damit wir warmes Essen bekommen, hatte er ihr versprochen. Der Wohnwagen war gut eingerichtet, aber der Gaskocher war leer (und Gasflaschen hin und her zu transportieren, daran war nicht zu denken). Ein Fenster war bei dem Zusammenstoß zerbrochen, er hatte es provisorisch mit Pappe abgedichtet. Er mußte richtiges Plexiglas besorgen und es instand setzen. Es gab so viel, was er morgen in Angriff nehmen mußte. Er freute sich.

Lisa war es schließlich, als es dunkel wurde, gelungen, Boy zum Schlafen zu bringen. Er verkroch sich in eine Ecke des Lagers, das Allan aus einer Schaumgummimatratze für sie alle drei hergerichtet hatte; er hatte sie billig bekommen, sie bedeckte den größten Teil des Fußbodens im Wohnwagen. Boy lag auf der Matratze, auf den Wangen hektische Flecken, erschöpft von all den ungewohnten Eindrücken, das Haar in klebrigen Strähnen in der feuchten, von Schmutzstreifen überzogenen Stirn.

Er wird sich hier schon wohl fühlen, sagte sie im Dunkeln. Hast du gesehen, wie er mit allem möglichen beschäftigt war? Stell dir vor, was er hier alles zum Spielen findet, wieviel mehr Freiheit er haben wird.

Ja, antwortete er. Daran hatte er auch gedacht. Die enge Wohnung in der April Avenue mit einer Tür auf einen ungesunden Hinterhof und einer anderen zur Straße, das war für den Jungen das reine Gefängnis gewesen. Nicht zuletzt deshalb also ...

Er rülpste und merkte, daß er nach dem unverdauten Abendessen säuerliche Tomatensoße aufstieß ... Großartig war die Mahlzeit nicht gewesen, aber das würde besser werden. Er wühlte in der Einkaufstüte, zündete eine Kerze an. Er betrachtete den verbliebenen Vorrat: Gierig waren sie gewesen, sie hatten wirklich zuviel gegessen – und getrunken. Was hier draußen nicht zu finden war, damit mußten sie sich aus der Stadt versorgen, es mußte den ganzen Weg hergeschafft werden. Er hoffte, sie würden das meiste hier finden können, aber trotzdem – sie mußten Sparsamkeit lernen.

Im Grunde waren sie für das, was sie sich vorgenommen hatten, kaum besonders gut ausgerüstet. Sie waren beide Stadtmenschen. Keiner von ihnen hatte jemals ohne den Komfort, den die Großstadt bot, auskommen müssen. Immer hatte es gleich um die Ecke Supermärkte gegeben, die rund um die Uhr geöffnet hatten, und obwohl sie arm gewesen waren, war es immer möglich gewesen, sich *irgend etwas* zu besorgen; sie hatten niemals wirklich Mangel leiden müssen, *in dieser Beziehung* waren sie nicht arm gewesen, dafür hatte die Stadt gesorgt. Aber hier draußen war es anders. Hier mußten sie lernen, zu planen, hauszuhalten, genügsam zu sein. Sie, die schon am ersten Abend zuviel aufgegessen hatten.

Aber geschmeckt hatte es! Allan konnte sich kaum erinnern, wann ihm zum letzten Mal das Essen so gut geschmeckt hatte. Und morgen würde er einen Herd bauen. [...]

In einer Tüte auf dem Rücken trug Allan vier, fünf harte Laibe Brot. Sie hatten die Stelle, wo Boy den Kuchen entdeckt hatte, wiedergefunden, drüben auf der anderen Seite der Müllhalde, näher an den Kippstellen. (Es war ihm unverständlich, wie Boy so weit hatte gehen und den Weg wieder zurück finden können.) Da lagen stapelweise Tabletts aus Pappe mit angesäuerten Torten herum. Das Zeichen auf den Kartons stammte von einer großen Bäckerei in Sweetwater. Auch Brot lag da verstreut, aber das meiste hatten die Ratten schon verschmaust. Die paar Laibe, die von Nagezähnen noch relativ wenig berührt waren, hatten sie gerettet. Eine Last Brot auf dem Rücken zu tragen, Nahrungsmittel, die sie selber gefun-

den hatten, das bereitete Allan ein wohltuendes Gefühl
der Selbständigkeit. Sicher wurden noch andere eßbare
Dinge weggeworfen, man mußte nur danach suchen; das
mußten sie *lernen* – sie mußten lernen, hier draußen zu
überleben, niemand konnte wissen, wie lange man das
Wichtigste noch aus Sweetwater würde holen können, so
wie die Dinge sich entwickelten. Sie mußten sich darauf
einstellen, daß sie in der Lage sein mußten, auf eigene
Faust durchzukommen.

Sonnabend müssen wir noch mal hingehen, sagte Lisa.
Sonnabends wird das meiste weggeworfen, alles, was zu
alt wird über Sonntag.

Sie stolzierte neben ihm in ein paar hohen Lederstiefeln
daher, die er unter einem Haufen mürber Kleider gefunden hatte. Sie waren abgenutzt und steif, aber sie paßten
gut. Er hatte ihr versprochen, etwas zum Einschmieren zu
suchen, um sie weicher zu machen. Sie war von den Stiefeln begeistert und wollte die hochhackigen Lackschuhe,
die ihr hier draußen im unwegsamen Gelände soviel
Beschwerden machten, sofort wegwerfen, aber er ließ es
nicht zu. „Wir dürfen nichts wegwerfen, was noch völlig
brauchbar ist", schärfte er ihr ein. „Alles läßt sich vielleicht noch mal brauchen." So ging sie also und trug die
schwarzen, unbrauchbaren Dinger in der Hand und ließ
sie an den Riemen hin und her baumeln. [...]

Allan ging hinaus und machte sich daran, Brennholz zu
sammeln; er wollte den Herd anzünden und Kaffeewasser
für das Abendbrot warm machen. Kurz darauf kam Lisa
mit dem Essen – Brot, ein Teller Fett vom Schinken, den
sie zum Mittagessen gebraten hatten – der letzte Rest ihres
alten Proviants – eine Tube Obstauflage mit Johannis-
beergeschmack, ein Stück vegetarischer Käse in Plastik,
den Allan am Sweetness-Kiosk gekauft hatte. Jeder hatte
für sich damit zu tun, die Mahlzeit herzurichten, und ihre
Bewegungen waren ruhig und sicher. Sie hatten sich ein-
gelebt. Sie hatten Zeit. Sie wußten, sie durften sich vor

Störungen aus der Außenwelt sicher fühlen – in dem Maße, wie man überhaupt sicher sein kann. Sie hatten sich zurechtgefunden in der Umgebung, die sie zu *ihrer* Umgebung bestimmt hatten. Sie sprachen nicht miteinander. Allan hockte am Feuer und ließ den Blick über den unfallbeschädigten Wohnwagen und über die nähere Umgebung gehen, den Haufen Autoreifen, ein paar andere Abfallhaufen und den offenen Platz, wo sie aßen. Er kannte inzwischen jede Einzelheit hier, hatte sich mit allen Details vertraut gemacht, alle Möglichkeiten abgeschätzt; jeden Quadratzentimeter hatte er im Laufe der zehn Tage, die sie hier draußen gewohnt hatten, unzählige Male betreten: Es war seins geworden. *Sein* Territorium.

Marlen Haushofer
Die Wand

Marlen Haushofers Roman entwirft ein Katastrophen-Szenario, das zur erzwungenen Isolation und Robinsonade ihrer Hauptfigur führt. Weil plötzlich eine unsichtbare Wand die Ich-Erzählerin von der übrigen Menschheit trennt (die vermutlich einer Umweltkatastrophe zum Opfer gefallen ist), ist sie gezwungenermaßen auf ein „einfaches Leben" zurückgeworfen, ein Leben mit sich selbst, in einem kleinen Jagdhaus in den Bergen, mit einem Hund, einer Kuh, einer Katze, mit begrenzten Lebensmittelvorräten und nicht allzu vielen praktischen Kenntnissen und technischen Fertigkeiten.

Marlen Haushofers Geschichte ist, anders als die Robinson Crusoes, resignativ. Zwar schafft auch ihre Heldin es, jahrelang zu überleben – aber ohne das stolze Gefühl, ohne Hoffnung oder Zukunftsperspektive. Ihre Tiere sind für sie in erster Linie Gefährten, Freunde, von

hohem emotionalen Wert. Die Fürsorge für ihre nicht-
menschliche Familie gibt ihrem einsamen Leben im Wald
einen Sinn. Als am Ende der Erzählung unerwartet ein
weiterer Mensch in der Wildnis der Berge auftaucht, der
wie sie überlebt hat, kommt er nicht als Freund, sondern
als Feind, der destruktiv in ihre mühsam bewahrte kleine
Welt einbricht und den sie erschießt, weil er ihre Tiere
getötet hat.

Nachdem ich mir alles so gut zurechtgelegt hatte, wie es
einem Menschen mit meiner Erfahrung und meiner Intel-
ligenz möglich war, warf ich die Decke von mir und ging
daran, einzuheizen, denn es war sehr kalt an jenem Morgen. Luchs kroch aus dem Ofenloch und zeigte mir seine
tröstliche Sympathie, und dann war es an der Zeit, in den
Stall zu gehen und Bella zu versorgen.

Nach dem Frühstück fing ich an, alles, was ich an
Vorräten besaß, im Schlafzimmer unterzubringen und
eine Liste anzulegen. Die Liste liegt vor mir, ich mag sie
nicht abschreiben, im Laufe dieses Berichts wird ja fast
jedes Ding, das ich besaß, erwähnt werden. Die Lebensmittel räumte ich aus der kleinen Kammer ins Schlafzimmer, weil es dort auch im Sommer kühl ist. Das Haus
lehnt sich an den Berg, und seine Rückseite liegt immer
im Schatten.

Kleidungsstücke waren genügend vorhanden, ebenso
Petroleum für die Lampe und Spiritus für den kleinen
Kocher. Es gab auch ein Bündel Kerzen und zwei
Taschenlampen mit Ersatzbatterien. Die Hausapotheke
war reichlich versorgt; außer Verbandzeug und schmerz-
stillenden Tabletten ist noch alles vorhanden. In diese
Apotheke hatte Hugo seine ganze Liebe gelegt; ich glaube, die meisten Medikamente sind längst unbrauchbar
geworden.

Als lebenswichtig erwies sich ein großer Sack Erdäpfel,
eine Menge Zündhölzer und Munition. Und natürlich

die verschiedenen Werkzeuge, eine Büchsflinte und ein Mannlichergewehr, das Fernglas, Sense, Rechen und Heugabel, die dazu gedient hatten, die Waldwiese für die Wildfütterung zu mähen, und ein Säckchen Bohnen. Ohne diese Dinge, die ich Hugos Ängsten und dem Zufall verdanke, wäre ich nicht mehr am Leben.

Ich stellte fest, daß ich von den Lebensmitteln schon zuviel verbraucht hatte. Vor allem war es eine Verschwendung auch Luchs mit ihnen zu füttern; es tat ihm auch nicht gut, er brauchte dringend frisches Fleisch. Das Mehl mochte noch drei Monate reichen, bei größter Sparsamkeit, und ich konnte mich nicht darauf verlassen, bis dahin gefunden zu werden. Ich durfte mich überhaupt nicht darauf verlassen, jemals gefunden zu werden.

Mein größter Schatz für die Zukunft waren die Erdäpfel und die Bohnen. Ich mußte unbedingt einen Platz finden, an dem ich einen kleinen Acker anlegen konnte. Und vor allem mußte ich mich dazu entschließen, für frisches Fleisch zu sorgen. Ich konnte mit Gewehren umgehen, hatte mich oft mit Erfolg an Scheibenschießen beteiligt, aber ich hatte noch nie auf lebendes Wild geschossen.

Später fand ich an der Wildfütterungsstelle sechs rote Salzlecksteine und bewahrte sie in der Küche im Trockenen auf. Schon lange habe ich nur noch dieses rohe Salz. Im Sommer konnte ich auch mit Luises Angelzeug Forellen fangen. Ich hatte es nie zuvor getan, aber das konnte ja nicht allzu schwierig sein. Die Aussicht auf derart mörderische Betätigung gefiel mir gar nicht, es blieb mir aber keine Wahl, wenn ich mich und Luchs am Leben erhalten wollte. [...]

Aber ich will mich lieber dem zweiten Juli zuwenden, dem Tag, an dem mir klar wurde, daß mein Leben von der Menge der verbliebenen Zündhölzer abhing. Dieser Gedanke überfiel mich, wie alle unangenehmen Gedanken, um vier Uhr morgens.

Bis dahin hatte ich in dieser Hinsicht sehr leichtsinnig gelebt, ohne zu bedenken, daß jedes angebrannte Zündholz mich einen Tag meines Lebens kosten konnte. Ich sprang aus dem Bett und holte den Vorrat aus der Kammer. Hugo, der ein starker Raucher war, hatte an Zünder gedacht, auch eine Schachtel Feuersteine für sein Feuerzeug hatte er besorgt. Leider brachte ich das Tischfeuerzeug aber nie dazu, daß es funktionierte. Ich besaß noch zehn Pakete Zünder, ungefähr viertausend Hölzchen. Nach meinen Berechnungen konnte ich damit fünf Jahre auskommen. Heute weiß ich, daß ich ungefähr richtig gerechnet habe; mein Vorrat wird bei großer Sparsamkeit noch zweieinhalb Jahre reichen. Damals atmete ich befreit auf. Fünf Jahre schienen mir eine unendlich lange Zeit. Ich glaubte nicht, daß ich alle Hölzchen aufbrauchen würde. Jetzt scheint der Tag des letzten Zündholzes in greifbare Nähe gerückt. Aber selbst heute sage ich mir noch, daß es nie soweit kommen wird.

Zweieinhalb Jahre werden vergehen, und dann wird mein Feuer erlöschen, und alles Holz um mich herum wird mich nicht vor dem Verhungern oder Erfrieren retten können. Und doch sitzt in mir noch immer eine wahnsinnige Hoffnung. Ich kann nur nachsichtig darüber lächeln. Mit diesem verstockten Eigensinn habe ich als Kind gehofft, nie sterben zu müssen. Ich stelle mir diese Hoffnung als einen blinden Maulwurf vor, der in mir hockt und über seinem Wahn brütet. Da ich ihn nicht aus mir vertreiben kann, muß ich ihn gewähren lassen. [...]

Eigentlich lebe ich jetzt gern im Wald, und es wird mir sehr schwerfallen, ihn zu verlassen. Aber ich werde zurückkommen, wenn ich dort drüben jenseits der Wand am Leben bleiben werde. Manchmal stelle ich mir vor, wie schön es gewesen wäre, hier im Wald meine Kinder großzuziehen. Ich glaube, das wäre für mich das Paradies gewesen. Aber ich zweifle daran, daß es auch meinen Kindern so gut gefallen hätte. Nein, es wäre doch nicht das Paradies gewesen. Ich glaube, es hat nie ein Paradies gegeben. Ein Paradies könnte nur außerhalb der Natur liegen, und ein derartiges Paradies kann ich mir nicht vorstellen. Der Gedanke daran langweilt mich, und ich habe kein Verlangen danach. [...]

Eigentlich hatte ich ja alle Ursache, zufrieden zu sein. Die gewaltige Arbeit der Heuernte lag hinter mir. Was machte es schon aus, daß sie mich zuviel Kraft gekostet hatte? Um einen neuen Anfang zu machen, jätete ich den Erdapfelacker und ging dann daran, Holz für den kommenden Winter zu schneiden. An diese Arbeit ging ich mit einiger Vernunft heran. Wahrscheinlich zwang mich einfach meine Schwäche dazu. Ein großer Scheiterstoß, genau sieben Raummeter, stand gleich oberhalb der Hütte neben der Straße. Es war der Wintervorrat eines Herrn Gassner, wie mit blauer Kreide darauf vermerkt war. Herr Gassner, wer immer das sein mochte, hatte keinen Bedarf mehr an Brennholz.

Ich legte die Scheiter auf einen Sägebock aus der Garage und fand sogleich, daß ich mit der Säge sehr schlecht fertig wurde. Immer wieder blieb sie im Holz stecken, und ich mußte mich plagen, um sie wieder herauszubekommen. Am dritten Tag begriff ich endlich, das heißt, meine Hände, Arme und Schultern begriffen, und plötzlich war es, als hätte ich mein Leben lang nur Holz gesägt. Ich arbeitete langsam, aber stetig weiter. Meine Hände waren bald voll Blasen, die schließlich aufsprangen und näßten. Dann setzte ich zwei Tage aus und behandelte sie mit Hirschtalg. Ich hatte die Holzarbeit gern, weil ich sie in der Nähe der Tiere verrichten konnte. Bella stand auf der Waldwiese und sah manchmal zu mir herüber. Luchs trieb sich immer in meiner Nähe umher, und auf der Bank saß Perle in der Sonne und sah aus halbgeschlossenen Augen den Hummeln nach. Und drinnen im Haus schlief auf meinem Bett die alte Katze. Alles war für den Augenblick in Ordnung, und ich brauchte mir keine Sorgen zu machen.

John Seymour

„Wenn du einen Morgen Land hast" –
Selbstversorgung

Wenn ich einen Morgen gut drainierten Boden hätte, so würde ich eine Kuh, eine Ziege, ein paar Schweine und ein Dutzend Hühner halten. Die Ziege würde mich mit Milch versorgen, wenn die Kuh trocken ist. Ich könnte natürlich auch zwei oder mehr Ziegen halten. Ich würde die Kuh halten, damit sie mich und die Schweine mit Milch versorgt, aber noch wichtiger wäre, daß sie mich mit Haufen und Haufen wunderbaren Düngers versorgt. Denn wenn ich viele Arten Leben auf diesem einen Morgen Land züchten würde, und das ohne die Hilfe einer Menge künstlicher Fruchtbarkeitsmacher, so müßte es sehr stark gedüngt werden.

Wenn der Morgen nun gerade mich und die Kuh trägt und nichts anderes, so würde ich sogar ziemlich schamlos das meiste Kuhfutter von außerhalb einkaufen. Ich würde all mein Heu, viel Stroh (es sei denn, ich könnte auf einem nahegelegenen öffentlichen Platz Farnkraut mähen), all mein Gersten- und etwas Weizenfutter, und vielleicht etwas hochproteinhaltige Nahrung in Form von Bohnen- oder Fischmehl (obwohl ich eigenen Bohnenanbau versuchen würde) kaufen.

Man würde argumentieren, daß es lächerlich sei zu sagen, daß man Selbstversorger sei, wenn man all diese Dinge einkaufen muß. In Wirklichkeit würde man aber viel als Kuh-, Schweine- und Geflügelfutter anbauen: Futterrüben, Runkelrüben, Kohl, „freche" (kleine) Kartoffeln, Schwarzwurzeln oder Luzernen, und tatsächlich werden nicht alle Gartenprodukte von Menschen gegessen. Aber man müßte dennoch, sagen wir eine oder einundeinhalbe Tonne Heu im Jahr und ungefähr eine Tonne Korn der verschiedensten Sorten, zusammen mit

Weizen zum Brotbacken, und ein oder zwei Tonnen Stroh einkaufen. Denn ich würde nicht den Anbau von Weizen oder Gerste auf einem so kleinen Stück, wie einem Morgen Land, wagen. Ich ziehe es vor, mich auf wichtigere Dinge zu konzentrieren, z. B. auf solche, die man frisch zur Verfügung haben will. Auch ist der Getreideanbau auf kleinen Landstücken oft unmöglich wegen der übermäßigen Beschädigung durch Vögel, obwohl ich erfolgreich Weizen in einem Gartenbeet angebaut habe. Die große Frage ist hier: eine Kuh – oder keine Kuh? Der Vorteil, eine Kuh zu haben, liegt darin, daß nichts die Gesundheit der Familie besser aufrechterhält – und die des Hofes – als die Kuh. Wenn du und deine Kinder genug gute, frische, unpasteurisierte, unverfälschte Milch, Butter, Buttermilch, weichen und harten Käse, Joghurt, Sauermilch und Molke habt, werdet ihr einfach eine gesunde Familie sein. Eine Kuh gibt euch die totale Grundlage einer guten Gesundheit. Wenn deine Schweine und dein Federvieh auch noch ihren Anteil an den Milch-Nebenprodukten bekommen, so werden auch sie gesund sein und gedeihen. Diese Kuh wird die Haupttriebfeder deiner ganzen Gesundheit und deines ganzen Wohlbefindens sein.

Zum anderen kostet das Futter, das du für die Kuh einkaufen mußt, natürlich eine Menge Geld. Dem kannst du aber entgegensetzen, wieviel Geld man für Milchprodukte ausgeben müßte: und wenn man dies einmal gegeneinandersetzt, kommt man auf die gleichen Kosten. Als Plus ist zu verzeichnen der unermeßliche Wert der Eier, des Geflügel- und Schweinefleisches, das du bekommst (ein Viertel des Schweinefutters ist der Kuh zuzuschreiben), zuzüglich der immer weiter wachsenden Fruchtbarkeit deines Bodens.

Aber eine ernsthafte Gegenüberlegung ist, daß man eine Kuh melken muß. Zweimal täglich für mindestens zehn Monate im Jahr muß die Kuh gemolken werden.

Man braucht nicht besonders lange, um eine Kuh zu melken (vielleicht acht Minuten), es ist sehr angenehm, wenn man wirklich weiß, wie man es machen muß und wenn sie eine ruhige und gute Kuh ist. Aber man muß es tun. Vielleicht hast du aber auch nicht vor, besonders oft wegzugehen, oder du kannst mit einem Nachbarn eine Vereinbarung treffen, damit er dich beim Melken entlastet. Der Kauf einer Kuh ist also eine wichtige Sache, die man genau überlegen soll.

Wollen wir also unseren Plan zum Betreiben eines Ein-Morgen-Land-Anwesens unter der Annahme durchführen, daß wir eine Kuh halten werden.

Alice Herdan-Zuckmayer

Die Farm in den grünen Bergen

An diesem Tag setzte ein Schneefall ein, der nicht aufhören wollte, und der Schnee vor den Fenstern stieg wie ein Hochwasser.

In der Nacht konnten wir kaum schlafen.

Im Gebälk stöhnte und ächzte es, und manchmal knallte es in den Dachsparren wie dumpfe Einschläge von Gewehrkugeln. Das kam, wie man uns später erklärte, von den großen Holznägeln, die sich an alten Häusern durch die Witterung lockerten.

Am folgenden Tag, als ich die Küchentür öffnete – sie ging nach innen auf – und ins Freie wollte, stand ich im nächsten Augenblick bis zu den Hüften im Schnee. Als Zuck mich ausgeschaufelt hatte, und ich wieder in der Küche war, sagte ich: „Wir haben noch zwei Konserven übrig. Glaubst du, du kommst durch bis zum Dorf?" „Ich werde es versuchen", sagte er.

Er versuchte es auf Skiern und sank so tief in den weichen Schnee ein, daß er sie wieder abschnallen und tragen mußte und sie erst wieder auf dem letzten Stück des Weges, auf der Landstraße, verwenden konnte. Er kam nach drei Stunden zurück, bepackt wie ein Maulesel, durchnäßt und erschöpft.

Nachdem er zwei Whisky gekippt hatte, sagte er: „Das war eine schöne Expedition. Diesmal ist es noch gut gegangen. Aber ich muß Schneereifen haben, sonst kann man's nicht schaffen." „Und Vorräte müssen wir haben", sagte ich, „nicht nur auf zwei Tage. Wir müssen uns hier einrichten wie auf einer Almhütte im Großglocknergebiet. Wenn das so weitergeht, können wir bis zu einer Woche hier eingeschneit werden. Wenn nur der Schneepflug käme, damit man wieder einen gangbaren Weg hat!"

In dieser Nacht kam der Schneepflug.

Wir waren spät eingeschlafen, denn in dieser dritten Schneenacht war ein neues Geräusch hinzugekommen: das Rutschen der kompakten Schneemassen vom Dach und das donnernde dumpfe Aufplatschen des abgerutschten Schnees, der sich vor den Parterrefenstern wie Packeis auftürmte. Als wir endlich eingeschlafen waren, wurden wir kurz von einem Erdbeben aufgeweckt.

Die Wände zitterten, die Fenster klirrten, das Haus schien in seinen Grundfesten erschüttert zu werden.

Gleichzeitig hörte man einen Motor winselnd laufen, als sei ein Flugzeug im Abtrudeln begriffen, und Scheinwerfer durchleuchteten unser Haus.

Das war der Schneepflug.

Es war drei Uhr nachts.

Wir zogen rasch Kleider und Mäntel an und gingen hinunter in die Küche.

Der Schneepflug war bis zur Küchentür gefahren und hatte einen breiten glatten Weg geschaufelt.

Nun drehte er vor der Küchentür brummend und surrend um, so daß sein Hinterteil zur Küchentür zu stehen kam. Er sah aus wie ein müder Maikäfer, der sich überfressen hat.

Zuck holte Bier aus dem Keller, und die Schneepflugmänner kamen in die Küche.

Es waren ihrer drei. Sie klopften ihre schneeverkrusteten Mäntel und Pelzhandschuhe aus und hängten ihre nassen Wollhauben auf. Nun setzten wir uns um den warmen Küchenofen, sie klatschten in die Hände, um sich zu erwärmen, und dann tranken sie Bier aus der Flasche.

Dann begannen die Gespräche: „Viel Schnee. Wird ein langer Winter werden. Kommen vom Berg Hunger, wo die vielen Farmen sind. Zuerst kommen die Farmen dran. Viel Schnee. Wird aber noch ärger kommen. Zwei Stunden haben wir heute vom Berg Hunger zu euch gebraucht. Wird noch länger dauern. Jetzt fängt der Winter erst an. Vor achtzehn Jahren, da war ein Winter…"

Und dann kamen die Geschichten von Unwettern und Katastrophen. Und mit einem Male fühlte ich mich dem Winter, den Unwettern, den Katastrophen zugehörig.

Vom Küchenherd und von den drei Schneepflugmännern ging eine Wärme aus, die einem die Fremdheit benahm und einen Funken Hoffnung entzündete.

Als sie um halb vier Uhr ihren Schneepflug wieder bestiegen, winkten sie und riefen: „Gute Nacht. Hoffentlich wird's besser zu Weihnachten."

Das war zehn Tage vor Weihnachten. […]

Im Stall war es abendlich still, Enten und Gänse zirpten im Schlaf. Lisettchen saß oben auf ihrem Balken, ich rief ihren Namen, aber an diesem Abend blinzelte sie mich nur an und kam nicht herabgeflogen.

Das Futter rieselte in die Eimer, und es roch nach Feldern vor der Ernte.

Plötzlich mußte ich in der Arbeit innehalten, weil mich ein heftiger, reißender Schreck befallen hatte, wie ihn die

Angst vorm Ungewohnten und Unbekannten hervorbringt. Ich fühlte mit einem Schlag, daß ich nicht allein
war mit meinen Tieren, daß ich aus irgendeiner Ecke heraus scharf beobachtet wurde. Ich stand bewegungslos da
und wartete ab.

Da hörte ich ein Geräusch, ein körperloses, geisterhaf-
tes Trippeln über den Holzboden, und dann sah ich sie
auf der Treppe stehen, eine große graubraune Ratte.

Ich rührte mich noch immer nicht und stand Auge in
Auge mit der Ratte, die mich mit ruhiger Gefährlichkeit
betrachtete.

Da tat ich etwas ganz Sinnloses. Anstatt mit einem
Metalldeckel, einer Schaufel oder einem Messer nach ihr
zu werfen, klatschte ich in die Hände wie ein Zauber-
künstler, wenn er etwas herbei- oder wegzaubern will, und
fort war die Ratte, heil und unbeschädigt entkommen.

Ich lief ins Haus hinüber, wo Zuck und die Kinder um
den Eßtisch saßen und mit dem Nachtmahl auf mich
warteten.

„Warum kommst du so spät zurück?" fragten sie mich.

„Es ist etwas Schreckliches geschehen", sagte ich, „die
Ratten sind da."

Das Abendessen fand gegen Mitternacht statt.

Wir holten die Hunde aus dem Zwinger, nahmen sie
mit zum Stall; sie heulten und winselten und fanden endlich die Eingänge zu den Bergwerkstollen, die sich die
Ratten unter den Hühnerställen und dem Stall gegraben
hatten.

Dann gingen wir in Stall und Häuser und schalteten
die Beleuchtung ein, wodurch das Geflügel erwachte und
in helles Morgenkrähen, Gackern, Quaken und Schnat-
tern ausbrach.

Wir knieten uns zwischen das aufgescheuchte Geflügel, das von den Schlafstangen heruntergesprungen war
und Futter verlangte, und krochen mit Taschenlampen in
jede Ecke, um nach Rattenlöchern zu suchen.

Im roten Hühnerhaus fanden wir eines unter den Nestern und vernagelten es mit starkem, feinmaschigem Drahtgitter. Im Stall selbst konnten wir wenig tun. Die Ratten hatten dort unter den Verbindungsstiegen und Schwellen, die zu den Hühnerhäusern führten, ganze Bretter gelöst und angenagt.

Wir vernagelten die Bretter, verstopften und vergitterten die Löcher, aber es gab da zu viele Durchbruchstellen, um ihnen den Eingang in den mittleren Stall zu verwehren. Ausgewachsene Enten und Gänse waren nicht in Gefahr, sie griffen auch die Hühner nicht an, aber alles kleinere und junge Geflügel mußte man vor ihnen schützen.

So stieg ich auf die Leiter und holte Lisettchen, Josephinchen und Napoleon von ihrem Schlafbalken und trug sie ins sichere graue Hühnerhaus.

Der Schaden, den die Ratten im ersten Sommer ihres Auftauchens auf unsrer Farm anrichteten, war schrecklich. Ihr erster Angriff erfolgte in Form eines Blitzkrieges, und sie erbeuteten 32 kleine Enten, 8 Kücken und 3 neugeborene Gänse.

Es handelte sich bei unsern Feinden nicht um einfache Hausratten, sondern um eine Armee von Norwegischen Wanderratten, die in organisierten Formationen durchs Land ziehen, und wenn ihnen ein Hof gefällt, so machen sie dort halt, belagern und beziehen ihn.

Sie bauen heimlich und rasch ihre Unterstände unter den Ställen und Häusern, die sie zu plündern beabsichtigen, und kaum fertig mit ihren Wohngängen, beginnen sie, nachts Durchgänge in die Ställe zu nagen, um zum Futter, zu den Eiern, zu den Jungtieren zu gelangen.

Manches wird an Ort und Stelle gefressen, das meiste aber weggeschafft und durch die Rattenlöcher in ihre Gänge gebracht. Die Art, wie sie ihre Raubzüge ausführen, den Abtransport des Geraubten bewerkstelligen, ihr Verschwinden und Wiederauftauchen an unvorhergesehenen Stellen ließen uns keinen Zweifel darüber, daß wir es mit einer unheimlich gut funktionierenden Organisation eines Rattenstaates zu tun hatten.

Wir wurden von ihnen in den Belagerungszustand gesetzt, und unsre Tätigkeit war in den ersten Tagen dem hastigen Aufwerfen von Schützengräben zu vergleichen.

VIII. Die „neue Askese": Verzicht in der Überflußgesellschaft

Wolfgang Schmidbauer

Die neue Ethik des Konsumverzichts

Viele Menschen wissen heute: So kann es nicht mehr weitergehen. Aber ihre Konsumentenhaltung ist schon derart stark entwickelt, daß sie eine Lösung wiederum von anderen Leuten erwarten – die einen von der Regierung, die anderen von einer Revolution, die dritten dadurch, daß alles noch viel schlechter wird, ehe sich irgend jemand entschließt, etwas zu ändern. Ich verstehe den Konsumverzicht in jedem Fall als Einzelmaßnahme, die man weder über- noch unterschätzen darf. Sie wird immer dazu beitragen, das Maß der Umweltvergiftung zu vermindern; fast wichtiger noch sind aber ihre psychologischen Vorzüge. Dazu ist es vor allem notwendig, eine Ethik des Konsumverzichts zu skizzieren.

Mir scheint, daß es vor allem darauf ankommt, eine solche Ethik radikal genug zu formulieren. Die bisherigen Listen über umweltfreundliche Maßnahmen, die etwa der *World Wildlife Fund* zirkulieren läßt, sind geradezu lächerlich bescheiden. Wenn das heute in der Gesellschaft verwirklichte, ständig expandierende Konsummaximum wirklich einmal kritisch reflektiert werden soll, dann muß man schon mehr verlangen, als vom Kauf von Bier und Cola in Aluminiumdosen abzuraten („Sie werfen mit der leeren Dose viel Energie weg, weil zur Herstellung von Aluminium sehr große Elektrizitätsmengen erforderlich sind") oder sein Auto einem Abgastest unterziehen zu lassen.

Grundsätzlich *jeder* Kauf muß zu einer spezifisch ethischen Frage werden; *jeder* Konsumartikel ist ein Mosaiksteinchen in dem Moloch Umweltverschmutzung. Die Frage: „Ein neues Auto kaufen oder das alte behalten?" ist nicht nur eine finanzielle Frage, sondern auch und vor allem ein moralisches Problem, ebenso wie die Anschaffung einer Zweitwohnung, eines Zweitwagens, eines Farbfernsehers, neuer Möbel, neuer Küchenmaschinen, wie die Waschmittelmenge in der Waschmaschine oder der Kauf einer Geschirrspülmaschine, wie die Frage, ob man nun jeden Tag ein Wannenbad nehmen soll oder ob es nicht auch genügt, sich zu duschen. Wir sind längst zu viele Menschen, um uns eine andere Ethik überhaupt noch leisten zu können. Wir müssen lernen, daß wir nur bei jenen Tätigkeiten, die absolut keine Gefahr für unsere Umwelt darstellen, ein wirklich gutes Gewissen haben dürfen – etwa beim Spazierengehen. Es ist dumm und unethisch, nur „zum Spaß" mit dem Auto in der Gegend herumzufahren, elektrische Energie zu verschwenden, weil sie ja doch so billig ist, oder irgendeinen Gegenstand in Wegwerfpackungen zu kaufen, den man auch in einer Pfandflasche bekommen kann. [...]

Man darf also sicher sein, daß Konsumverzicht in seinen verschiedenen Formen ein wesentlicher Bestandteil jeder Ethik ist, die das Überleben des Menschen auf dieser Erde ermöglichen kann. Es wäre sogar denkbar, hier einzuwenden, er sei gar keine ethische Forderung, da man doch dort kaum von einer ethischen Entscheidung sprechen könne, wo die Alternative eine lebensbedrohliche Situation ist, die niemand herbeiwünscht. Aber der gegenwärtige Verzicht auf einen (gewiß fragwürdigen) Lustgewinn verdient doch diese Betrachtung. Die Rechnung müßte ja erst die nächste Generation zahlen.

Wir werden sehen, daß es hier gar nicht nötig ist, nun neue ethische Prinzipien zu entwerfen. Wenn man nur konsequent genug denkt und sich nicht von Werbespezialisten, Industriemanagern oder professionellen Optimisten (die etwa behaupten, mit einem mathematischen Modell könne man die Zukunft nicht voraussagen, weil der Mensch gerade in Notsituationen besonders kreativ werde – darauf also sollen wir uns verlassen!) beeinflussen läßt, dann laufen alle ethischen Prinzipien, die jemals von den großen Religionsstiftern, Philosophen oder philosophierenden Wissenschaftlern aufgestellt worden sind, auf eine solche Ethik des Konsumverzichts hinaus. Das mag übertrieben klingen, weil hier ein einzelner Bereich ethisch bedeutsamen Verhaltens herausgestellt wird. Aber es kann doch kein Zweifel daran bestehen, daß die christliche Nächstenliebe heute von uns Konsumverzicht (und Geburtenkontrolle) verlangt ebenso wie die uralte hinduistische Regel des Ahimsa, des Schutzes von Leben, oder die buddhistische Ethik. Wir können uns an die Tradition Platons ebenso erinnern wie an den Kyniker Diogenes, der Bedürfnislosigkeit als den größten Reichtum pries und den Konsumverzicht doch wohl etwas übertrieb, als er seinen ledernen Becher wegwarf, weil er einen Knaben aus der hohlen Hand trinken sah. Kants zentrale Maxime, wonach die persönliche Verhaltensregelung so beschaffen sein müsse, daß sie zugleich verbindliches Gesetz für jeden anderen Menschen in der gleichen Situation sein könne, ist ebenfalls ein sehr wichtiger Leitfaden. Wenn die Verhaltensweisen von Homo consumens einmal Allgemeingut der Menschheit werden sollten, wird das „Selbstmordprogramm" rasch bis zum bitteren Ende ablaufen. Die Grundthese des Pragmatismus, wonach die Ethik das größtmögliche Glück der größtmöglichen Zahl von Menschen sichern soll, kann eine Ethik des Konsumverzichts ebenso stützen wie die ethischen Konzeptionen des Marxismus. Sie sind ja der pragmatischen Lehre recht ähnlich, hier hat der Gedanke eine lange (und mißbrauchte) Tradition, Opfer für das Wohl künftiger Generationen zu bringen.

Den positiven Aspekten einer Ethik des Konsumverzichts stehen eigentlich keine negativen Aspekte gegenüber – es sei denn, man hält es für negativ, einen Menschen dazu zu zwingen, auf den Genuß von Gütern zu verzichten, die ihn selbst und seine Mitmenschen ruinieren. Da dieser Verzicht nur für Überflüssiges gefordert

wird, dürfte keines der grundlegenden Menschenrechte
verletzt werden. Das Streben der Industriellen, ihre
Gewinnspannen auf Kosten der Umwelt und der allgemeinen Lebensqualität zu vergrößern, steht in keiner
Charta der Menschenrechte.

Das Wort „zwingen" ist gefallen; es wird vielleicht
meinen Lesern nicht behagen. Aber wie heute praktisch
jedermann gezwungen ist, mitzukonsumieren, Überflüssiges zu kaufen, weil er das Notwendige gar nicht mehr
bekommt, irreparablen Schund zu erwerben, weil sich die
Produktion reparaturgünstiger, hochwertiger Güter
weniger lohnt, so wird man auch Homo consumens zum
Verzicht zwingen müssen. Erst wenn in den Städten nur
noch ganz wenige Autos fahren, ist es wieder ungefähr-
lich und angenehm, sein Fahrrad zu besteigen. In einer
gesundeten, vom Konsumverzicht geprägten Gesellschaft
wird die industrielle Produktion langsam abnehmen, bis
ein Niveau erreicht ist, auf dem die Umwelt sich erholen
kann.

Iring Fetscher

Wettlauf zwischen Hase und Igel

Der britische Sozialwissenschaftler Fred Hirsch hat in seinem Buch „soziale Grenzen des Wachstums" gezeigt, daß
die Glückssuche auf dem Weg des gesteigerten Konsums
nicht nur für Angehörige der untersten Schichten, sondern letztlich für alle vergeblich ist und daß Wirtschaftswachstum daran nichts ändern kann. Zum Verständnis
dieser Tatsache muß man zwischen Konsumgütern, die
zum Leben notwendig und nützlich sind, die dem
Wohnen, Kleiden, Essen, Vergnügen dienen, und solchen
unterscheiden, die letztlich nur deshalb nachgesucht

werden, weil sie Eindruck machen, den eigenen Status „demonstrieren". Hirsch nennt diese Güter Positionsgüter. Als Beispiel möge das größere und teurere Auto dienen, die Fernreise, die Wohnung im Grünen, der teure (oder teuer aussehende) Schmuck. Diese Güter gelten im allgemeinen als Luxuswaren, sie sind nur deshalb begehrt, weil sie lediglich wenigen erreichbar sind. Die Werbung freilich verspricht immer wieder, derartige Luxusgüter vielen zugänglich zu machen. Je mehr ihr das aber gelingt, umso geringer ist deren relativer Wert. Was nützt die schönste Reise nach Florida, wenn Billigangebote von Touristikunternehmungen jedermann und jederfrau das gleiche Reiseziel anbieten? Auf der Suche nach prestigeverschaffenden Fernreisen müssen immer neue Ziele und teurere Hotels aufgesucht werden. Der Wettlauf nach Positionsgütern entspricht dem zwischen Hase und Igel. Der Igel, den der aufstrebende Hase einholen will, ist immer schon da, und der Hase läuft sich dabei zu Tode. Die Positionsgüter sind entweder – wie das Haus im Grünen und in Stadtnähe – nicht entsprechend vermehrbar und daher für die meisten unerreichbar, oder aber, wenn sie – wie die Fernreisen – erreicht werden können, nicht mehr so viel wert wie zuvor.

Die Konsumgesellschaft macht nicht glücklich.

Henry David Thoreau

Vereinfache! Vereinfache!

Ich zog in den Wald, weil ich den Wunsch hatte, mit Überlegung zu leben, dem eigentlichen, wirklichen Leben näherzutreten, zu sehen, ob ich nicht lernen konnte, was es zu lehren hatte, damit ich nicht, wenn es zum Sterben ginge, einsehen müßte, daß ich nicht gelebt hatte. Ich wollte nicht *das* leben, was nicht Leben war; das Leben ist so kostbar. Auch wollte ich keine Entsagung üben, außer es wurde unumgänglich notwendig. Ich wollte tief leben, alles Mark des Lebens aussaugen, so hart und spartanisch leben, daß alles, was nicht Leben war, in die Flucht geschlagen wurde. [...]

Noch immer leben wir niedrig wie Ameisen, obgleich die Sage erzählt, wir seien schon vor langer Zeit in Menschen verwandelt worden. Wie Pygmäen kämpfen wir mit Kranichen; Irrtum häuft sich auf Irrtum und Flickwerk auf Flickwerk, und unsere besten Kräfte verwenden wir zu überflüssigen, vermeidbaren Jämmerlichkeiten. Unser Leben zersplittert sich in Kleinigkeiten. Ein Ehrenmann hat kaum nötig, mehr als seine zehn Finger abzuzählen; in außergewöhnlichen Fällen kann er ja seine zehn Zehen – und den Rest in Bausch und Bogen – hinzunehmen. Einfachheit, Einfachheit, Einfachheit! Laß deine Geschäfte zwei oder drei sein, sage ich dir, und nicht hundert oder tausend; statt eine Million zu zählen, zähle ein halbes Dutzend und führe Buch auf deinem Daumennagel! Über dieser brandenden See des zivilisierten Lebens gibt es so viele Wolken und Stürme, hier drohen so viele Klippen und tausend andere Dinge, denen Rechnung getragen werden muß, daß der Mensch, wenn er nicht Schiffbruch leiden, versinken und nie den Hafen erreichen will, schnell seinen Überschlag zu machen imstande sein muß. Und der, dem es gelingt, muß wirklich ein großer Rechenmeister sein. Vereinfache, vereinfache! Statt drei Mahlzeiten nimm, wenn es nötig ist, nur eine ein, statt hundert Gerichten iß fünf und reduziere das übrige im Verhältnis. Unser Leben ist wie Deutschland aus kleinen Staaten mit ewig wechselnden Grenzen zusammengesetzt, so daß selbst ein Deutscher nicht zu sagen vermag, welches gerade jetzt seine Grenzen sind. Und unsere Nation selbst mit all ihren sogenannten inneren Fortschritten, die übrigens alle äußerlich und oberflächlich sind, ist gerade solch ein schwerfälliges, veraltetes, mit allem Hausrat vollgepfropftes Institut, voller Schlingen und Fußangeln, ruiniert durch Luxus und leichtsinnige Ausgaben, durch Mangel an Berechnung und an einem würdigen Ziel, wie Millionen von Familien im Land. Die einzige Hilfe aber für die beiden ist äußerste Sparsamkeit, strenge und mehr als spartanische Einfachheit der Lebensführung und Erhöhung der Bestrebungen. Es wird zu schnell gelebt.

Ursula Nuber

„Entrümpele dein Leben!" – Tips zum Entmüllen

Überlegen Sie doch mal: Wann haben Sie das letzte Mal die Crêpes-Pfanne benutzt, wann das Fondue-Geschirr? Wofür brauchen Sie eigentlich den Mikrowellen-Herd? Und was ist mit dieser Joghurt-Maschine, der Saftpresse, dem Waffeleisen, dem Eierpicker? Wozu brauchen Sie drei Brotmesser und ein elektrisches Messer? Benutzen Sie das alles? Haben Sie sie überhaupt jemals in Gebrauch gehabt? Müssen Sie wirklich all die alten Zeitungen und Zeitschriften im Keller stapeln? Wozu haben Sie sich privat den Anrufbeantworter angeschafft, das Fax-Gerät, das Handy? Und ist es wirklich notwendig, daß auch noch im Schlafzimmer ein Fernseher steht?

Wer anfängt, sich solche Fragen zu stellen und sie ehrlich zu beantworten, wird schnell den Boden unter den Füßen verlieren. Die Frage „Was brauche ich wirklich?" „Was ist überflüssiger Ballast?" ist für Ungeübte zunächst schwer zu beantworten. Vor allem für Menschen, die sich nur ungern von Dingen trennen, die zu den „Sammlern" gehören und immer neue Gegenstände in ihre „Höhle" schleppen.

Folgende Überlegungen können die Entscheidung erleichtern:

1. Welche Gegenstände benutze ich regelmäßig? Diese Dinge erleichtern den Alltag, sie sind notwendig und also kein überflüssiger „Schrott".

2. Was habe ich nur selten in Gebrauch, was überhaupt nicht? Vorausgesetzt, diese Gegenstände haben keine emotionale Bedeutung („Diese Kaffeekanne gehörte meiner Großmutter"), sind sie mit großer Wahrscheinlichkeit überflüssiger Ballast. „Wenn etwas mehr als ein Jahr lang nicht benutzt worden ist", rät Elaine St. James, „dann sollten Sie es loswerden."

Wer nun denkt: Warum sollte ich das tun, das stört mich doch alles gar nicht?, irrt. Überflüssigen Ballast sollten wir vorrangig nicht nur deswegen loswerden wollen, weil er unsere Wohnung verstopft. Viel wichtiger ist, daß es uns wertvolle Zeit und Energie kostet, all dieses unnütze Zeug in Ordnung zu halten. „Die Menschen realisieren oft nicht, daß zu viel Gerümpel eine schlimme Streßquelle ist", sagt Don Aslett, Autor eines Buches mit dem Titel „Clutter's Last Stand" (Der Unordnung letztes Gefecht). Er schätzt, daß in einer typisch amerikanischen Familie 25 Prozent zu viele Möbel stehen und 75 Prozent der angesammelten Gegenstände überflüssig sind. All das, was man im Laufe der Zeit nach Hause schleppt, muß man sauberhalten, darauf achten, es lagern und irgendwann reparieren. „Das kostet Zeit und Geld", meint Aslett, und vor allem verhindert es Ordnung. Ordnung aber reduziert Streß. Deshalb rät Aslett allen gestreßten und genervten Menschen, ihr Leben zu entrümpeln. „Sobald etwas eliminiert ist, kann es das Leben nicht mehr durcheinanderbringen und belasten. Das Leben wird einfacher, man kann sich den wichtigen Dingen widmen."

Und nicht nur das, wie Aslett meint. Sobald man weiß, welche Dinge das Leben „vermüllen", wird man auch auf anderen Gebieten sensibel für Überflüssiges. Man fängt zum Beispiel an darüber nachzudenken, ob das, was man in seiner Freizeit alles so treibt, nicht auch überflüssiger Schrott ist, der einen vom wirklichen Leben abhält.

Natürlich muß an dieser Stelle das Fernsehen erwähnt werden, von dem wir alle längst wissen, daß es uns viel wertvolle Zeit stiehlt. Aber, so die Ausrede vieler: Was sollen wir sonst am Abend tun, wenn wir völlig gestreßt und ausgelaugt von der Arbeit uns nur noch erholen wollen? Robert Kuby, Psychologe an der Rutgers Universität, hat in seinen Untersuchungen zum Fernsehverhalten bestätigen können: Menschen, die einen schlechten Tag in der Schule und am Arbeitsplatz hatten, sind besonders anfällig, sich vom Fernsehprogramm Entspannung zu erhoffen. Diese Art von Entspannung aber hat einen Haken, wie Kuby belegt: Nach einem Fernsehabend fühlen sich die Menschen noch genauso – wenn nicht sogar mehr – gestreßt als zuvor.

Ein Phänomen, das auch Gerhard Scherhorns Untersuchungen bestätigen. „In den meisten Fällen verschafft das abendliche Anschauen von Fernsehsendungen keine sonderliche Befriedigung. Passives Fernsehen lenkt zwar ab, es bleibt aber meist enttäuschend. "

Wie für die meisten Gegenstände, die wir in unserem Haushalt angesammelt haben, gilt also auch für das Fernsehen – und man könnte ergänzen: für die Mehrheit der sogenannten „Hochglanzprodukte" an den Kiosken – der Satz „Weniger ist mehr".

Wer anfängt, über den „Schrott" in seinem Leben nachzudenken, verändert auf lange Sicht fast zwangsläufig sein Konsumverhalten. Man kauft bewußter ein, wie Elaine St. James bestätigt: „Bevor wir etwas kaufen, denken wir jetzt erstmal nach: ‚Brauchen wir das wirklich?' ‚Wie lange werden wir es brauchen oder wollen?' ‚Ist das nur wieder etwas, was irgendwann hinten im Schrank enden wird?' Wir zögern alle größeren – und auch viele der kleineren – Käufe hinaus. Wir warten mindestens zwei Wochen damit oder sogar einen Monat. Je mehr Zeit vergeht, so haben wir festgestellt, desto häufiger kommt man zu dem Schluß, daß man diesen Gegenstand nicht wirklich braucht. Und wir versuchen es erst mit kreativen Lösungen, ehe wir ein Problem durch Kaufen lösen. Statt – zum Beispiel – Hanteln zu kaufen, haben wir Socken mit Sand gefüllt oder schwere Bücher benutzt."

Wenn so bewußt eingekauft wird, dann achtet man auch wieder mehr auf die Qualität und die Langlebigkeit eines Produktes. Wer zu Hause seine Schränke und Schubladen mit kritischen Augen durchforstet, wird dabei auch feststellen: Es sind vor allem die Billigprodukte, die unser Leben vermüllen. Sie verlieren schnell ihren Reiz, enttäuschen oft nach kurzer Zeit durch Form-, Farb- oder Qualitätsverlust unsere Ansprüche an Ästhetik und Funktionalität. Helmut Holzapfel, Professor an der Gesamthochschule Kassel, brachte unmißverständlich zum Ausdruck: Nicht auf den Luxus müssen wir seiner Ansicht nach verzichten, sondern „einfach nicht gekauft werden" sollte der „Billigkram, der schnell kaputtgeht und weggeworfen wird".

Dem Einwand, daß Gutes schließlich auch teuer und nicht für jeden erschwinglich ist, begegnen inzwischen aufgeschlossene Unternehmer und Designer mit einem Vorschlag, den die Designer Ute Möller, Kurt Friedrich und Axel Ricker ‚Produktfasten' nennen. Wie der Name schon sagt, „geht es hierbei um das Fasten von Produkten als Reaktion auf unseren Überfluß, der uns zu ‚entleeren' scheint. „Produktfasten" versucht, den emotionalen Hunger mit immateriellen Werten zu stillen. Die Konzentration auf das Wesentliche, die Überlegung, daß wir zum Wohlbefinden eigentlich nur sehr wenige Dinge brauchen und uns der Rest nur belastet, haben wir nie gelernt. Es geht um ein Umdenken, eine Schulung der Sinne."

Noch nachhaltiger kann sich das Konsumverhalten verändern, wenn der Besitz eines Gegenstandes für den einzelnen kein Wert mehr an sich ist. „Nicht mehr das Habenwollen und der Besitz eines Produkts darf das Ziel seiner Wünsche sein, sondern die Dienstleistung, die es erbringt", schreibt der Wirtschaftsjournalist Christian Deutsch. Einen Gegenstand zu mieten oder ihn sich mit anderen Nutzern zu teilen, wäre dann die Alternative zum Kaufen. Tatsächlich gibt es eine Fülle an Gegenständen, die sich bei genauer Betrachtung für den individuellen Besitz überhaupt nicht lohnen. Braucht jede Familie ein oder zwei Autos? Müssen wirklich in jedem Haushalt eine Waschmaschine und ein Trockner stehen, benötigt jeder Haushalt eine eigene große Leiter, einen eigenen Rasenmäher, eine Bohrmaschine? Würden solche Gegenstände von einer Gemeinschaft genutzt, könnte „quasi nebenbei" wie Deutsch schreibt „ein ganz grundlegendes menschliches Bedürfnis" befriedigt werden: das Bedürfnis nach Kontakt und Gemeinschaft. „Wie wesentlich der kommunikative Aspekt ist, zeigt eine Untersuchung über die – mittlerweile von den Haushaltsgeräten weitgehend verdrängten – dörflichen Gemeinschaftseinrichtungen. Noch Anfang der sechziger Jahre hatten beispielsweise rund 1100 der etwa 1500 württembergischen Gemeinden ein zentral gelegenes Gemeinschaftshaus, das mit Großgeräten wie Backofen, Teigknetmaschine, Waschmaschine, Schleuder, Bügelmaschine und teilweise auch Tiefkühlanlage ausgestattet war. Heute haben die Haushalte ihre eigenen Geräte, die Bäuerinnen können sich die Wege durch das Dorf sparen." Doch so angenehm diese Bequemlichkeit ist, die Bäuerinnen vermissen das gemeinschaftliche Arbeiten und die Gespräche mit den anderen Frauen.

„Die Frauen beklagen eine Isolierung bei der Hausarbeit", zitiert Christin Deutsch die Volkskundlerin Beate Krieg. Beispiele für die gemeinschaftliche Nutzung von Gegenständen gibt es inzwischen:

In einigen Städten wird „Car sharing" praktiziert, das heißt, Nachbarn teilen sich miteinander ein Auto oder man mietet sich ein Auto – je nach Bedarf – beim Car sharing-Anbieter. Eine Schweizer Firma bietet Leih-Skiausrüstungen vor Ort mit dem Slogan an: „Die Skiausrüstung zu kaufen ist Schnee von gestern" und in Großstädten haben Waschsalons sich längst als Kommunikationszentren etabliert.

Bislang ist es noch eine kleine Gruppe von Menschen, die lieber leiht als kauft, für die der Besitz von Gütern nicht wichtig ist. Es sind dies Menschen, die den Unterschied zwischen materiellen und immateriellen Gütern erkannt haben, die die wahren Kosten des materiellen Wohlstands – sowohl für sich als auch für die Umwelt – genau kennen und nicht mehr in der Lage sind, diese zu verdrängen. Diese „postmateriell eingestellten" Menschen beschreibt Gerhard Scherhorn als „innerlich nicht abhängig von materiellen Gütern, nicht angewiesen auf Statussymbole, bereit, sich sozial zu engagieren und umweltbewußt". Etwa 20 Prozent der Bevölkerung, so schätzt Scherhorn auf der Basis einer eigenen Studie mit 1000 Personen, sind solche Postmaterialisten, 25 Prozent sind deutlich „promateriell" eingestellt. „Interessant sind aber die Zwischengruppen, die keine klare Einstellung haben und die folglich zu überzeugen wären." Zu überzeugen davon, daß wahre Befriedigung nur durch immaterielle Güter erreicht werden kann. Diese immateriellen Güter, so Scherhorn, „erwachsen aus selbstbestimmter produktiver Aktivität, sie erwachsen aus menschlichen Begegnungen und Beziehungen, sie erwachsen aus der intensiven Konzentration aller Sinne auf einen Gegenstand oder auch auf die Bewegungen und Zustände unseres Körpers."

Mit anderen Worten: Glück und Zufriedenheit kann man sich nicht kaufen. Dies ist eine allseits bekannte, banale Alltagsweisheit – und doch verhält die Mehrheit sich völlig konträr zu diesem Wissen. Bevor wir das nächste Mal zu einem Einkaufsbummel starten, um uns „Gutes" zu tun, ehe wir uns mit schlechtem Essen vollstopfen, Zeitschriften kaufen, die keine Nachrichten enthalten, oder uns vom Fernsehen einlullen lassen, sollten wir uns auf diese banale Erkenntnis besinnen und überlegen: Brauche ich das wirklich? Oder ist das, was ich mir da anschaffen oder antun will, nur wieder ein Stück überflüssiger Müll?

All jene, die um den Wohlstand fürchten, wenn die breite Masse nicht mehr blind konsumiert, seien beruhigt: Selbst in der Wirtschaft, wie Christian Deutsch belegen kann, beginnt die Erkenntnis zu reifen, daß „der heute gewohnte Wohlstand mit weit weniger Produkten erreicht werden (kann), wenn diese nur länger halten und intensiver genutzt werden". Wenn diese Erkenntnis sich durchsetzen soll, bedarf es allerdings eines gewandelten Konsumverhaltens der Verbraucher. In diesem Sinne: Weg mit dem Schrott!

Erich Fromm
Disziplin, Konzentration, Geduld

Vor allem erfordert die Ausübung einer Kunst *Disziplin*. Ich werde es nie zu etwas bringen, wenn ich nicht diszipliniert vorgehe. Tue ich nur dann etwas, wenn ich gerade „in Stimmung" bin, so kann das für mich ein nettes oder unterhaltsames Hobby sein, doch niemals werde ich in dieser Kunst ein Meister werden. Aber es geht nicht nur um die Disziplin bei der Ausübung einer bestimmten Kunst (zum Beispiel darum, sich jeden Tag einige Stunden lang darin zu üben), sondern man sollte sich in seinem gesamten Leben um Disziplin bemühen. Man sollte meinen, für den modernen Menschen sei nichts leichter zu lernen als Disziplin. Verbringt er nicht täglich acht Stunden auf denkbar disziplinierte Weise bei seinem Job, den er nach einer strengen Routine erledigt? Tatsächlich jedoch zeigt der moderne Mensch außerhalb der Sphäre seiner Berufsarbeit nur äußerst wenig Selbstdisziplin. Wenn er nicht arbeitet, möchte er faulenzen und sich herumräkeln oder – etwas netter ausgedrückt – sich „entspannen". Daß man faulenzen möchte, ist aber großenteils nichts anderes als eine Reaktion darauf, daß unser Leben durch und durch zur Routine geworden ist. Eben weil der Mensch sich acht Stunden am Tag gezwungen sieht, seine Energie auf Zwecke zu verwenden, die nicht seine eigenen sind, bei einer Arbeitsweise, die er sich nicht selbst aussuchen kann, sondern die ihm vom Arbeitsrhythmus vorgeschrieben wird, begehrt er auf, und sein Aufbegehren nimmt die Form eines kindlichen Sich-gehen-Lassens an. Außerdem ist er im Kampf gegen autoritäre Systeme mißtrauisch geworden gegen jede Art von Disziplin, ganz gleich ob sie ihm von einer irrationalen Autorität aufgezwungen wird oder ob er sie sich vernünftigerweise selbst auferlegen sollte. Ohne Disziplin aber wird das Leben zersplittert und chaotisch, und es fehlt ihm an Konzentration.

Daß die *Konzentration* eine unumgängliche Vorbedingung für die Meisterschaft in einer Kunst ist, bedarf kaum eines Beweises. Jeder, der jemals eine Kunst zu erlernen versuchte, weiß das. Trotzdem ist aber die Konzentration in unserer Kultur sogar noch seltener àls die Selbstdisziplin. Ganz im Gegenteil führt unsere Kultur zu einer unkonzentrierten, zerstreuten Lebensweise, für die es kaum eine Parallele gibt. Man tut vielerlei gleichzeitig. Zu gleicher Zeit liest man, hört man Radio, redet, raucht, ißt und trinkt. Wir sind die Konsumenten mit dem stets geöffneten Mund, begierig und bereit, alles zu verschlingen – Bilder, Schnaps und Wissen. Dieser Mangel an Konzentration kommt auch darin deutlich zum Ausdruck, daß es uns schwerfällt, mit uns allein zu sein. Stillzusitzen, ohne zu reden, zu rauchen, zu lesen und zu trinken, ist den meisten Menschen unmöglich. Sie werden nervös und zappelig und müssen etwas tun – mit dem Mund oder den Händen. Das Rauchen ist eines der Symptome dieses Mangels an Konzentrationsfähigkeit; es beschäftigt Hände, Mund, Augen und Nase zugleich.

Eine dritte Voraussetzung ist die *Geduld*. Wiederum weiß jeder, der jemals eine Kunst zu meistern versuchte, daß man Geduld haben muß, wenn man etwas erreichen will. Wenn man auf rasche Erfolge aus ist, lernt man eine Kunst nie. Aber für den modernen Menschen ist es ebenso schwer, Geduld zu haben, wie Disziplin und Konzentration aufzubringen. Unser gesamtes Industriesystem ist genau dem Gegenteil förderlich: der Geschwindigkeit. Alle unsere Maschinen sind auf Geschwindigkeit hin konstruiert; Auto und Flugzeug bringen uns schnell zu unserem Bestimmungsort – je schneller, um so besser. Die Maschine, die die gleiche Quantität in der halben Zeit produziert, ist doppelt so gut wie die ältere, langsamere. Natürlich hat das wichtige wirtschaftliche Gründe. Aber wie auf so vielen anderen Gebieten werden auch hier menschliche Werte von wirtschaftlichen Gesichtspunkten bestimmt. Was für die Maschine gut ist, muß auch für den Menschen gut sein – so lautet der logische Schluß. Der moderne Mensch meint, er würde etwas verlieren – nämlich Zeit –, wenn er nicht alles schnell erledigt; und dann weiß er nicht, was er mit der gewonnenen Zeit anfangen soll – und er schlägt sie tot. [...]

Wie übt man sich in Disziplin? Unsere Großväter wären weit besser in der Lage gewesen, diese Frage zu beantworten. Sie hätten uns empfohlen, morgens früh aufzustehen, keinen unnötigen Luxus zu treiben und hart zu arbeiten. Diese Art von Disziplin hatte jedoch auch ihre offensichtlichen Nachteile. Sie war starr und autoritär, sie stellte die Tugenden der Genügsamkeit und Sparsamkeit in den Mittelpunkt und war in vieler Hinsicht lebensfeindlich. Aber als Reaktion auf diese Art von Disziplin besteht heute in zunehmendem Maß die Tendenz, jeder Art von Disziplin mit Argwohn zu begegnen und in einem undisziplinierten, trägen Sich-gehen-Lassen einen Ausgleich für die Routine zu suchen, die uns während unseres achtstündigen Arbeitstages aufgezwungen wird. Morgens regelmäßig zur gleichen Zeit aufstehen, sich täglich eine bestimmte Zeit mit Tätigkeiten wie meditieren, lesen, Musik hören und spazierengehen beschäftigen; nicht über ein gewisses Mindestmaß hinaus Ablenkung durch Kriminalromane und Filme suchen und nicht zuviel essen und trinken, das wären einige auf der Hand liegende Grundregeln. Wesentlich ist jedoch, daß man Disziplin nicht wie etwas übt, das einem von außen aufgezwungen wird, sondern daß sie zum Ausdruck des eigenen Wollens wird, daß man sie als angenehm empfindet und daß man sich allmählich ein Verhalten angewöhnt, das man schließlich vermissen würde, wenn man es wieder aufgeben sollte. Es gehört zu den bedauerlichen Aspekten unserer westlichen Auffassung von Disziplin (wie übrigens von jeder Tugend), daß man sie für recht mühsam hält und daß man meint, sie könne nur etwas „Gutes" sein, wenn sie einem schwerfällt. Der Osten hat schon vor langer Zeit erkannt, daß das, was dem Menschen guttut – seinem Körper und seiner Seele –, ihm auch angenehm sein muß, auch wenn zu Anfang einige Widerstände zu überwinden sind.

Sich zu konzentrieren ist in unserer Kultur noch weit schwieriger, wo alles der Konzentrationsfähigkeit entgegenzuwirken scheint. Der wichtigste Schritt dazu ist zu lernen, mit sich selbst allein zu sein, ohne zu lesen, Radio zu hören, zu rauchen oder zu trinken. Tatsächlich bedeutet sich konzentrieren zu können dasselbe, wie mit sich allein sein zu können – und eben diese Fähigkeit ist eine Vorbedingung für die Fähigkeit zu lieben. Wenn ich an einem anderen Menschen hänge, weil ich nicht auf eigenen Füßen stehen kann, kann er vielleicht mein Lebensretter sein, aber unsere Beziehung ist keine Liebe. Paradoxerweise ist die Fähigkeit, allein sein zu können, die Vorbedingung für die Fähigkeit zu lieben. Jeder, der versucht, mit sich allein zu sein, wird entdecken, wie schwer das ist. Er wird eine innere Unruhe verspüren, wird zappelig werden und sogar Angst bekommen. Er wird bald keine Lust mehr haben, mit dieser Übung fortzufahren, und wird die Unlust damit rationalisieren, daß es ja doch keinen Wert habe, daß es dummes Zeug sei, daß es zuviel Zeit in Anspruch nehme und dergleichen Gründe mehr. Außerdem wird er beobachten, daß ihm allerlei Gedanken durch den Kopf gehen und von ihm Besitz ergreifen. Er wird merken, daß er Pläne für den restlichen Teil des Tages macht, daß er über irgendwelche beruflichen Schwierigkeiten nachdenkt oder darüber, wo er den Abend verbringen könnte. Er wird sich den Kopf mit vielen Dingen füllen, statt sich einmal davon zu befreien. Dabei können ein paar sehr einfache Übungen helfen, wie zum Beispiel in entspannter Haltung (ohne sich zu räkeln, aber auch nicht verkrampft) dasitzen, die Augen schließen, versuchen, sich eine weiße Fläche vorzustellen und dabei alle störenden Bilder und Gedanken auszuschalten. Dann sollte man das eigene Atmen verfolgen; man sollte nicht darüber nachdenken und es auch nicht gewaltsam beeinflussen, sondern es einfach verfolgen – und es auf diese Weise „spüren". Ferner sollte man versuchen, sein „Ich" zu erfüllen; Ich = mein Selbst als Zentrum all meiner Kräfte, als Schöpfer meiner Welt. Solche Konzentrationsübungen sollte man jeden Morgen wenigstens zwanzig Minuten lang machen (wenn möglich noch länger) sowie allabendlich vor dem Schlafengehen.

Majid Rahnema

Forderung nach einem neuen Umgang mit der Armut

In den meisten Basisbewegungen spielen heute spirituelle Bezüge eine wichtige Rolle. Das gilt nicht nur für Indien, wo in den verschiedenen Bewegungen, von Gandhis Sarvodaya bis zur Manavodaya und Swadhyaya-Bewegung, solchen Begriffen wie der inneren Wandlung, der moralischen Reinheit, der Selbsterforschung und Selbsterkenntnis und der Gottesidee in ihren vielfältigen Formen eine richtungweisende Bedeutung zukam. Auch in anderen Bewegungen, die sich auf den Islam, das Christentum und/oder den Marxismus (wie z.B. die Theologie der Befreiung) bezogen, bestand dieser enge Zusammenhang zwischen äußeren und inneren Voraussetzungen der Freiheit. Wenn eine Gemeinschaft sich um geistige Ideale zusammenschließt, die Läuterung versprechen, dann können durchaus neue Formen der Solidarität und eine ansteckende Begeisterung entstehen, die auch zu praktischen Erfolgen beitragen. Die herrschende Ideologie der Entwicklungspolitik hat die Bedeutung der spirituellen Dimension völlig verkannt, vielleicht hat sie darum bei den Menschen nie Begeisterung geweckt – es könnte ein Grund für ihr Scheitern sein.

Die meisten echten Basisbewegungen haben inzwischen eine weitere Gemeinsamkeit: Sie gehen davon aus, daß man den fremdbestimmten Formen des materiellen Mangels nur durch Rückbesinnung auf die jeweils eigene Tradition des kulturell bestimmten moralischen Umgangs mit der Armut begegnen kann. Solange die Maxime gilt, daß alle Menschen immer mehr haben sollen und haben wollen, und daß im Wettlauf um den materiellen Reichtum allein technische Hindernisse zu überwinden sind, so lange werden in diesem Prozeß nicht nur immer neue Formen entwürdigender unfreiwilliger Armut entstehen, sondern es bleibt auch die Bedrohung, daß letztlich die Erde, der wir alle Reichtümer verdanken, vollständig ausgeplündert und zerstört wird.

‚Konviviale‘ Armut – Armut, die freiwillig gewählt oder moralisch gewollt ist – bezieht sich dagegen auf die Idee des Auskommens, auf die uralten Grundsätze von *Einfachheit, Genügsamkeit, Angemessenheit* und die Achtung jeder *Form des menschlichen Lebens* und aller anderen Formen von Leben. Damit sind nicht Askese und klösterliche Lebensweisen gemeint, sondern es geht nur darum, Mitgefühl und Mitverantwortung zu betonen – Qualitäten, die entscheidend sind für die menschliche Existenz und letztlich unverzichtbar für die zwischenmenschlichen Beziehungen. Vielleicht erweist sich die konviviale Armut ja als Mittel und Zweck, um das ökonomische Prinzip auszuhungern.

Man muß die Armut also mit neuen Augen sehen. Es scheint an der Zeit, die alte Tradition der freiwilligen Beschränkung wieder zu beleben: Sie könnte individuelle Befreiung bewirken und sie könnte entscheidend dazu beitragen, all die anderen, brutalisierenden Folgen der Armut zu reduzieren. Die Welt der Ökonomie, in der einzelne und Nationen wie besessen den Konkurrenzkampf austragen und einander an Gier und Gewalt zu übertreffen suchen, in der die Ausbeutung und Zerstörung der inneren und äußeren Lebenskräfte der Menschheit an der Tagesordnung sind, gilt nach wie vor als Form der Modernität – aber sie ist in Wahrheit eine tragische Form der Verarmung.

Aber es entsteht ein neues Ideal der Armut, das man dieser Verarmung der Vorstellungen und der Lebensweise entgegenhalten kann. Immer mehr Menschen sind mitfühlend und einsichtig genug, um zu begreifen, daß auf dieser Erde die Bedürfnisse aller nur befriedigt werden können, wenn die einzelnen von ihrer Gier befreit werden. Wie frühere Zeitalter ist auch die Ära der Ökonomie nicht ewig und unwandelbar. Das ökonomische System erlebt in allen Bereichen schwere Erschütterungen und wird mehr und mehr als eine Gefahr für das Überleben unseres Planeten begriffen – man kann darin die Vorboten einer neuen Zeit sehen. Vielleicht erweisen sich die anderen, die besseren und ‚konvivialen‘ Formen der Armut, die heute entstehen, als die letzte Möglichkeit, neue Gesellschaften zu begründen, die nicht von der Obsession bestimmt sind, ‚mehr zu haben‘, sondern von dem Glück ‚mehr zu sein‘.

Friedrich Cramer

Überfluß und „neue Askese"

Ist Mangel wirklich etwas so Schlimmes? Mangel ist in der langen biologischen Geschichte der Menschheit das Normale, ja geradezu die Triebkraft des Lebendigen. Die Beseitigung des Mangels ruft schwerste, zum Teil fatale Störungen hervor, wenn sie nicht von entsprechenden Einsichten begleitet ist, die wir in Form der Askese, des freiwilligen Verzichtes kennen. Die gegenwärtige Situation der Menschheit verlangt von uns Verzicht, Askese im Großen bei der Planung künftiger Gesellschaftssysteme, Askese der reichen Länder zugunsten der Entwicklungsländer, sie verlangt aber auch von jedem einzelnen eine neue Einstellung zum Kultur- und Zivilisationsprozeß, den ich „Neue Askese" genannt habe.

Askese als Grundhaltung gibt es in fast allen Zivilisationen, am ausgeprägtesten wohl im Buddhismus, wo Fasten, Abwendung von den emotionalen Verlockungen dieser Welt und geistige Konzentration auf das Jenseits einen Wert darstellen. Das Mönchtum des frühen Mittelalters war eine geistige Kraft, der wir die wesentlichen geistigen Beiträge dieser Zeit verdanken, ausgehend vom Kloster Monte Cassino oder von den Klöstern Sankt Gallen und Sankt Emeran in Regensburg.

Was verstehe ich unter ‚neuer Askese‘? Zunächst einmal *nicht* Fasten, Kasteien und harte Ordensregeln nach Art der Zisterzienser, die sich auch im Winter nicht wärmen und zudecken durften, so daß in harten Wintern viele erfroren. Auch nicht ein Über-Bord-Werfen der Zivilisationsgüter, die uns die Technokultur gebracht hat, keinen Verzicht auf Gesundheit als Anspruch, keinen Verzicht auf soziale Einrichtungen, *aber*: Abgehen von der Idee des materiellen Fortschritts, Verzicht auf sinnlose Zivilisationsgüter, auf Chrom und Lack, auf Supersauberkeit, auf Modetorheit, auf Überfressen, auf Wohlstandsalkoholismus. Ich verstehe unter neuer Askese, daß wir freiwillig das wählen, was notwendig auf uns zukommt, nämlich Reduktion des Lebensstandards, mögliche Opfer. Ich verstehe darunter die Selbstbehauptung des freien Menschen gegenüber der Verbraucherideologie. Und gibt es nicht auch einen Lustgewinn durch Verzicht? Sind nicht vielleicht frühere asketische Vorschriften, wie etwa das wöchentliche Fasten und die Fastenzeit im Christentum oder die Einhaltung des Ramadan im Islam besonders raffinierte Formen des Genusses? Der Mensch wird nicht glücklich durch Befriedigung seiner Wünsche, sondern durch Hoffnung auf diese Befriedigung. Wenn er sich durch immerwährende Wunschsättigung keine Hoffnungsperioden gönnt, wenn er sich nicht zeitweise enthält und dadurch die Hoffnung nährt, dann wird die Wunscherfüllung schal, zur Routine und abgeschmackt. Ich glaube, unsere Zeit hat viel von der Kunst des Lebens verlernt.

Neue Askese ist aber auch freiwilliges und bewußtes Einschlagen des Weges, den wir ohnedies sehr wahrscheinlich gehen müssen, den Weg des Verzichtes. Nach

dem Wort Hegels ist Freiheit Einsicht in die Notwendigkeit, ist freiwillige Beschränkung, ist Askese. Wählen wir
doch den Weg der Freiheit!

Werner Koch

Seeleben

*In Werner Kochs Roman „Seeleben" bekommt die
Flucht aus der Zivilisation surrealistische Züge: der Ich-
Erzähler, von Beruf Ingenieur, steigt nicht auf die übli-
che Weise aus, indem er den bürgerlichen Job hinwirft,
um Schafe in der Toskana oder Bienen auf Sardinien zu
züchten, er haut auch nicht mit dem Rucksack ab in die
Dritte Welt, sondern er weigert sich nach einem Urlaub
am Bodensee einfach, in sein Büro in der Großstadt
zurückzukehren. Er baut seinen Schreibtisch am Ufer
des Sees auf und will seine Aufträge hier bearbeiten, um
so das Lebensgefühl seiner Ferien zum Bestandteil seines
Alltags werden zu lassen. Er will einfach und gesund
leben, sich nicht von der Hektik der Stadt mitreißen und
den vielen überflüssigen Konsumangeboten ablenken
lassen. Die Landwirtschaft ist nicht sein Beruf – aber
warum soll er seine Arbeit nicht am See tun? So teilt er
seiner Firma diesen Entschluß mit und mietet die kleine
Ferienhütte auf Dauer. Er stellt eine Sekretärin aus der
Umgebung an; im Sommer arbeiten sie auf der Wiese am
Seeufer, vom Herbst an in seiner Hütte. Sie beschließen
flexible Arbeitszeiten: bei schönem Wetter kürzer, an
regnerischen Tagen länger. Der Ich-Erzähler sieht sich in
der Vermutung bestätigt, daß er unter diesen Bedingungen sowohl intensiver arbeitet als auch zufriedener lebt.
Sein Lebensrhythmus wird beschaulicher, er hat Zeit für
lange Spaziergänge und Reflexionen, er führt „Gesprä-*

che" *mit einer Katze, die ihn dann und wann besucht
und von deren Lebensgefühl er lernt. Ein Stück gelebte
Utopie, wie sie nur im Roman möglich ist. Doch auch da
will die Kölner Firma auf Dauer nicht mitspielen,
obwohl man an der Qualität seiner Arbeit nichts auszusetzen hat.*

Am See ändert sich mein Lebensgefühl. Ich will in den
drei Urlaubswochen all das gutmachen, was ich mir in
Köln versaue: am See gehe ich spazieren, schwimme,
schwitze mir den Bauch ab, will gesund bleiben und ganz,
ganz lange leben. Doch wenn ich dann wieder am
Schreibtisch sitze, zur Konferenz muß oder Briefe diktieren, dann vergesse ich den See, rauche Zigaretten – wenn
auch mit Filter –, trinke Whisky-Soda, lasse mich mit
dem Taxi zum Friseur oder zum Arzt fahren, und mir
wird so egal, ob der See Fische hat, Bauer Greiff keinen
Alkohol verträgt und wie lange ich lebe. [...]
    Es war ein plötzlicher Entschluß. Noch am Abend vor-
her hatte ich meinen Koffer und die beiden Aktentaschen
gepackt, die Hecke gespritzt und die Wasserleitung abge-
stellt, denn ich wollte um halb fünf in der Frühe abreisen.
Ich stand rechtzeitig auf und ging noch hinunter zum See;
es würde ein warmer Tag werden, schien mir, denn der
Nebel fiel herab. Bauer Greiff mußte jeden Augenblick
kommen, um mich zum Bahnhof zu bringen. Der Urlaub
war zu Ende, und ich rechnete mir vor, daß ich bis zum
nächsten Frühjahr die Hütte und den See nicht mehr wie-
dersehen würde. Die Katze kam übrigens nicht.
    Plötzlich stand für mich fest, daß ich nicht abreisen
würde. Ich weiß bis heute keine Erklärung dafür. Auf
jeden Fall packte ich alles wieder aus, räumte die einzelnen Wäschestücke sorgfältig wie nie zuvor in den
Schrank, stellte das Wasser wieder an, und als Bauer
Greiff kam, um mich abzuholen, sagte ich, daß ich bliebe. Er nahm das ziemlich gelassen hin, sagte, daß er sich

über meinen Entschluß freue, und während er schon auf dem Weg zum Stall war, rief er mir noch zu, ob ich am Abend zur Brotzeit käme. Ich nahm das Angebot gern an und machte mich sogleich auf den Weg nach Moosbach, um mit meinem Kölner Büro zu telefonieren.

Meine Sekretärin tat etwas verwundert, als sie meine Stimme hörte, denn sie nahm an, ich sei schon auf dem Weg ins Büro. Sie fragte mich, ob etwas passiert sei oder ob ich krank geworden wäre, aber ich hatte keine Lust, lange Erklärungen abzugeben. Ich teilte ihr lediglich mit, daß ich beabsichtige, am See zu bleiben; ich sähe nicht ein, sagte ich, warum mein Büro ausgerechnet in Köln stehen müsse, zumal das Arbeitsklima am See gesünder sei, und ich bat sie, sämtliche Akten, den Briefwechsel, meinen Schreibtisch und den übrigen Bürokram von einer Spedition abholen und an den See transportieren zu lassen. Bis wann sie das wohl schaffen würde, fragte ich. Für einen Augenblick war sie verwirrt. Ist was, fragte ich. [...]

Ich hatte meinen Tarifvertrag mehrmals durchgelesen, und es bestand überhaupt kein Zweifel daran, daß ich meinen vertraglich festgelegten Verpflichtungen am See ebenso gut nachkommen konnte wie in Köln. Da jedoch nach Ablauf einer Woche mein Büro immer noch nicht eingetroffen war, schrieb ich einen Brief an meinen Direktor und teilte ihm mit, daß ich meinen Urlaub termingerecht beendet hätte und immer noch darauf warte, mein Büro am See in Betrieb nehmen zu können. Ich war entschlossen, mich nach allen Seiten hin abzusichern, denn natürlich kann ich mir eine fristlose Kündigung nicht erlauben. Ich habe keine Ersparnisse, von Landwirtschaft verstehe ich nichts, und auch am See muß das Geld schließlich irgendwie erarbeitet werden. Drei Tage später kam die Antwort. Mein Direktor bat mich, zu einer Aussprache nach Köln zu kommen.

Gerade das wollte ich nicht. Es erscheint mir unsinnig,

den Wert einer Arbeit danach zu bemessen, wo sie geschieht. In der Physik lehrt man, Arbeit sei Kraft x Weg, und Leistung sei Kraft x Weg: Zeit. An welchem Ort die Arbeit getan und wie die Leistung erbracht wird, spielt dabei keine Rolle. Darüber hinaus hatte ich Angst, Köln wiederzusehen. Man denkt um, wenn man den Dom wieder vor Augen hat, von der Altstadt verschluckt wird, und sobald man die Tiefgarage befahren, die Aufzüge bestiegen und die nicht endenwollenden Büros der Firma wieder betreten hat, gibt es keinen Weg zurück. Nein, ich wollte am See bleiben, am See arbeiten, hier mein Büro haben, hier mein Geld verdienen, und der Vorschlag, zu einer Aussprache nach Köln zu kommen, war zweifellos ein wohlüberlegter Trick. Also mußte ich die Aufforderung ablehnen und stichhaltig begründen, warum.

Hans Magnus Enzensberger
Der neue Luxus

So fragt es sich, ob der private Luxus überhaupt noch eine Zukunft hat. Ich hoffe und fürchte: ja. Wenn es nämlich wahr ist, daß das Streben nach der Differenz zum Mechanismus der Evolution gehört und daß die Lust an der Verschwendung in der Triebstruktur wurzelt, dann kann der Luxus nie ganz und gar verschwinden, und die Frage ist nur, welche Gestalt er auf der Flucht vor seinem eigenen Schatten annehmen wird. Alles, was sich dazu sagen läßt, können nur Vermutungen sein.

Ich vermute also, daß es ganz andere Prioritäten sein werden, um die es bei künftigen Verteilungskämpfen geht. Knapp, selten, teuer und begehrenswert sind im Zeichen des wuchernden Konsums nicht schnelle Automobile und goldene Armbanduhren, Champagnerkisten und Parfüms, Dinge, die an jeder Straßenecke zu haben sind, sondern elementare Lebensvoraussetzungen wie Ruhe, gutes Wasser und genügend Platz.

Merkwürdige Verkehrung einer Logik der Wünsche: Der Luxus der Zukunft verabschiedet sich vom Überflüssigen und strebt nach dem Notwendigen, von dem zu befürchten ist, daß es nur noch den Wenigsten zu Gebote stehen wird. Das, worauf es ankommt, hat kein Duty Free Shop zu bieten:

1. *Die Zeit.* Sie ist das wichtigste aller *Luxusgüter.* Bizarrerweise sind es gerade die Funktionseliten, die über ihre eigene Lebenszeit am wenigsten frei verfügen können. Das ist nicht in erster Linie eine quantitative Frage, obwohl viele Angehörige dieser Schicht bis zu 80 Stunden in der Woche arbeiten; viel eher sind es ihre vielfältigen Abhängigkeiten, die sie versklaven. Man erwartet von ihnen, daß sie jederzeit erreichbar sind und auf Abruf bereitstehen. Im übrigen sind sie an Terminkalender gebunden, die auf Jahre hinaus in die Zukunft reichen.

Aber auch andere Berufstätige sind an Regelungen gebunden, die ihre Zeitsouveränität auf ein Minimum beschränken. Arbeiter hängen von Maschinenlaufzeiten, Hausfrauen von Ladenschlußzeiten, Eltern von den Verfügungen der Schule ab, und fast alle sind auf Pendelfahrten zu den Spitzenverkehrszeiten angewiesen. Unter solchen Bedingungen lebt luxuriös, wer stets Zeit hat, aber nur für das, womit er sich beschäftigen will, und wer selber darüber entscheiden kann, was er mit seiner Zeit tut, wieviel er tut, wann und wo er es tut.

2. *Die Aufmerksamkeit.* Auch sie ist ein knappes Gut, um dessen Verteilung sämtliche Medien erbittert kämpfen. Im Gerangel von Geld und Politik, Sport und Kunst, Technik und Werbung bleibt wenig von ihr übrig. Nur wer sich diesen Zumutungen entzieht und das Rauschen der Kanäle abschaltet, kann selbst darüber entscheiden, was Aufmerksamkeit verdient und was nicht. Unter dem

Trommelfeuer arbiträrer Informationen nehmen unsere sinnlichen und kognitiven Fähigkeiten ab; sie wachsen mit der Reduktion auf das und nur das, was wir selber sehen, hören, fühlen und wissen wollen. Auch darin kann man ein Moment von Luxus sehen.

3. Der Raum. Was für die Ökonomie der Zeit der Terminkalender, ist für die des Raumes der Stau. Im übertragenen Sinn ist er allgegenwärtig. Steigende Mieten, Wohnungsnot, überfüllte Verkehrsmittel, Gedrängel in den Fußgängerzonen, Freibädern, Diskotheken, Touristenzonen zeigen eine Verdichtung der Lebensverhältnisse an, die an Freiheitsberaubung grenzt. Wer sich dieser Käfighaltung entziehen kann, lebt luxuriös. Dazu gehört auch die Bereitschaft, sich aus dem Warenberg freizuschaufeln. Meist ist die ohnehin viel zu kleine Wohnung mit Möbeln, Geräten, Nippes und Klamotten verbarrikadiert. Was fehlt, ist jener Überfluß an Platz, der die freie Bewegung überhaupt erst möglich macht. Heute wirkt ein Zimmer luxuriös, wenn es leer ist.

4. Die Ruhe. Auch sie ist ein Grundbedürfnis, das immer schwerer zu stillen ist. Wer den allgegenwärtigen Krach vermeiden will, muß einen hohen Aufwand treiben. Wohnungen kosten in der Regel um so mehr, je ruhiger sie sind; Restaurants, die ihren Gästen nicht mit Gedudel in den Ohren liegen, fordern dafür, daß sie auf diese Belästigung verzichten, höhere Preise. Der tobende Verkehr, das Heulen der Sirenen, das Knattern der Hubschrauber, die dröhnende Stereoanlage des Nachbarn, die monatelang wummernden Straßenfeste – Luxus genießt, wer sich alledem entziehen kann.

5. Die Umwelt. Daß man die Luft atmen und das Wasser trinken kann, daß es nicht qualmt und nicht stinkt, ist bekanntermaßen keine Selbstverständlichkeit, sondern ein Privileg, an dem immer weniger Menschen teilhaben. Wer sie nicht selbst erzeugt, muß Lebensmittel, die nicht vergiftet sind, teuer bezahlen. Den Risiken für

Leib und Leben am Arbeitsplatz, im Verkehr und im gemeingefährlichen Freizeitrummel aus dem Weg zu gehen, dürfte den meisten schwerfallen. Auch in dieser Hinsicht sind es die Möglichkeiten des Rückzugs, die immer knapper werden.

6. *Die Sicherheit.* Sie ist wahrscheinlich das prekärste aller Luxusgüter. In dem Maß, in dem der Staat sie nicht mehr garantieren kann, steigt die private Nachfrage und treibt die Preise in die Höhe. Leibwächter, Sicherheitsdienste, Alarmanlagen – alles, was Sicherheit verspricht, gehört heute schon zum Lebenszuschnitt der Privilegierten, und die Branche kann auch in Zukunft mit hohen Wachstumsraten rechnen. Wer sich in den Vierteln der Reichen umsieht, der ahnt bereits, daß der Luxus der Zukunft kein reines Vergnügen verspricht. Wie in der Vergangenheit wird er nicht nur Freiheiten, sondern auch Zwänge mit sich führen. Denn der Privilegierte, der sich in Sicherheit bringen will, schließt nicht nur die andern aus: er schließt sich selber ein.

Alles in allem laufen diese Mutmaßungen auf eine Kehrtwendung hinaus, die reich an Ironien ist. Wenn sie etwas für sich haben, dann liegt die Zukunft des Luxus nicht wie bisher in der Vermehrung, sondern in der Verminderung, nicht in der Anhäufung, sondern in der Vermeidung. Der Überfluß tritt in ein neues Stadium ein, indem er sich negiert. Die Antwort auf das Paradox wäre dann ein weiteres Paradox: Minimalismus und Verzicht könnten sich als ebenso selten, aufwendig und begehrt erweisen wie einst die ostentative Verschwendung.

Seine repräsentative Rolle würde der Luxus damit allerdings endgültig einbüßen. Seine Privatisierung wäre perfekt. Er bräuchte keine Zuschauer mehr, er schlösse sie aus. Seine Logik bestünde gerade darin, sich unsichtbar zu machen. Mit einem derartigen Rückzug aus der Wirklichkeit bliebe der Luxus jedoch seinem Ursprung treu; denn mit dem Realitätsprinzip lag er von jeher im

Streit. Vielleicht ist er ja nie etwas anderes gewesen als ein Fluchtversuch vor der Mühsal und der Monotonie des Lebens.

Neuartig und verwirrend ist eine andere Frage, die sich bei solchen Aussichten stellt. Es ist nämlich keineswegs klar, wer in Zukunft eigentlich zu den Nutznießern des Luxus zählen wird. Die herkömmlichen Parameter wie gesellschaftliche Position, Einkommen und Vermögen werden dabei nicht immer den Ausschlag geben. Vieles von dem, was hier zur Debatte steht, wird sich ein Manager, ein Spitzensportler, ein Bankier oder ein hochgestellter Politiker einfach nicht leisten können. Genügend Raum und ein gewisses Maß an Sicherheit können sich solche Leute kaufen. Aber sie haben keine Zeit und keine Ruhe.

Umgekehrt können Arbeitslose, Alte und Flüchtlinge, die zusammen in naher Zukunft die Mehrheit der Bevölkerung ausmachen werden, in der Regel beliebig über ihre Zeit verfügen, aber es wäre der blanke Hohn, darin ein Privileg zu sehen. Zusammengepfercht in engen Unterkünften, ohne Geld und Sicherheit, werden viele mit ihrer leeren Zeit nichts anfangen können. Es ist schwer zu sagen, wie sich die knappen Güter der Zukunft verteilen werden, aber eines ist klar: Wer davon nur eines hat, der hat nichts davon. Von Gerechtigkeit wird bei alledem ebensowenig die Rede sein können wie in der Vergangenheit. Wenigstens in dieser Beziehung wird der Luxus auch in Zukunft bleiben, was er immer war: ein hartnäckiger Widersacher der Gleichheit.

Bildnachweis

Seite 57: Paul Signac, Junge Provenzalinnen am Brunnen, 1892, Musée d'Orsay

Seite 85: Tizian, Der heilige Hieronymus in der Wildnis, ca. 1570, Sammlung Thyssen-Bornemisza

Seite 111: Hutterinnen bei der Feldarbeit, Foto: Timm Rautert, © VISUM, Hamburg

Seite 145: Foto: Otto Weber, Mit freundlicher Genehmigung von M. Weber

Seite 169: Monte Verità, Ascona

Seite 205: Paul Gauguin, Arearea (Lustbarkeiten), 1892, Musée d'Orsay

Seite 227: Robinson mit seiner ganzen Familie beim Essen, Kupferstich von F.A.L. Dumoulin, 18. Jh.

Seite 257: Bilder aus dem Wandervogel-Leben, 1913–1933

Autoren- und Quellenverzeichnis

Assisi, Franz von: Preis der Tugenden. Aus: ders.: Die Werke, Rowohlt, Reinbek 1958, S. 9.

Baden-Powell, Lord: Abhärtung der Pfadfinder. Aus: ders.: Pfadfinder. Ein Handbuch der Erziehung, Polygraphischer Verlag, Zürich 1945, S. 30 f.

Bitterli, Urs: Die ,Wilden' und die ,Zivilisierten'. Aus: ders.: Die ,Wilden' und die ,Zivilisierten', C.H. Beck, München 1976, S. 377 f., S. 380 f., S. 383–385.

Böll, Heinrich: Anekdote zur Senkung der Arbeitsmoral. Aus: ders.: Das Heinrich-Böll-Lesebuch, Deutscher Taschenbuch Verlag, München 1982, S. 223–225.
© 1994 by Kiepenheuer & Witsch, Köln.

Bräker, Ulrich: Vergnügen im Hirtenstand. Aus: ders.: Der arme Mann im Tockenburg, Diogenes, Zürich 1968, S. 65–68.

Brown, Peter: Der Asket in der Wüste. Aus: ders.: Die Keuschheit der Engel, Deutscher Taschenbuch Verlag, München 1994, S. 232, S. 236 f.
© 1991 Carl Hanser Verlag München Wien.

Castelot, André: Marie Antoinettes Schäferspiele in Trianon. Aus: ders.: Marie Antoinette, Paul Neff, Stuttgart 1955, S. 151 f., S. 228.

Cramer, Friedrich: Überfluß und „neue Askese". Aus: ders.: Fortschritt durch Verzicht, Nymphenburger, München 1975, S. 242, S. 266 f.
© by nymphenburger in der F.A. Herbig Verlagsbuchhandlung, München.

Defoe, Daniel: Robinson richtet sich ein. Aus: ders.: Robinson Crusoe, Band 1, C.H. Beck, München 1981, S. 100–104.

Deschamps, Eustace: Die Idylle von Robin und Marion. Aus: Johan Huizinga: Herbst des Mittelalters, Alfred Kröner Verlag, Stuttgart 1987, S. 149 f.

Elten, Jörg Andrees (Swami Satyananda): Der nackte Mann auf Paros. Aus: ders.: Ganz entspannt im Hier und Jetzt, Rowohlt, Reinbek 1979, S. 7–9, S. 11.

Enzensberger, Hans Magnus: Der neue Luxus. Aus: ders.: Luxus – woher, und wohin damit? Reminiszenzen an den Überfluß, in: ders.: Zickzack. Aufsätze, Suhrkamp, Frankfurt/M. 1997, S. 156– 161. Mit freundlicher Genehmigung des Suhrkamp Verlages, Frankfurt/M.

Epiktet: Unterweisungen für Kyniker. Aus: Handbüchlein der Moral und Unterredungen, Alfred Kröner Verlag, Stuttgart 1984, S. 28 f., S. 44 f., S. 47, S. 95, S. 100.

Epikur: Die Genügsamkeit ist ein großes Gut. („Brief an Menoikeus") Aus: Wolfgang Wieland (Hg.): Geschichte der Philosophie in Text und Darstellung, Band 1: Antike, Reclam, Stuttgart 1978, S. 323 f.

Faldbakken, Knut: Überleben auf der Müllhalde. Aus: ders.: Unjahre, Schneekluth, München 1983, S. 23 f., S. 44, S. 99 f.
© für die deutsche Ausgabe by Franz Schneekluth Verlag, München.

Fetscher, Iring: Der Wettlauf zwischen Hase und Igel. Aus: Dagmar Steffen (Hg.): Welche Dinge braucht der Mensch?, Anabas, Gießen 1995, S. 158 f.
Mit freundlicher Genehmigung des Anabas Verlages, Frankfurt/M.

Fromm, Erich: Disziplin, Konzentration, Geduld – die Kunst des Liebens. Aus: ders.: Die Kunst des Liebens, Ullstein, Frankfurt/M./Berlin 1980, S. 120–125.
© 1956 by Erich Fromm / Abdruck mit Genehmigung der Liepman AG, Zürich.

Gauguin, Paul: Noa Noa. Aus: ders.: Noa Noa, Bruno Cassirer, Berlin o.J., S. 17–19, S. 27 f.

Geßner, Salomon: Der Jäger und der Hirte. Aus: ders.: Idyllen, Reclam, Stuttgart 1988, S. 47–49.

Greverus, Ina-Maria: Sarakiniko – der Garten Eden. Aus: Ina-Maria Greverus/Erika Haindl: Versuche, der Zivilisation zu entkommen, C.H. Beck, München 1983, S. 126–133.

Guardini, Romano: Die katholische Jugendbewegung Quickborn. Aus: Werner Kindt (Hg.): Grundschriften der deutschen Jugendbewegung, Diederichs, Düsseldorf/Köln 1963, S. 336 f.

Hammann, Winfried und Jochen Klein: Ein Hippie-Haushalt im Jahre 1967. Aus: dies.: Das einfache Leben, Rowohlt, Reinbek 1984, S. 159 f.
Mit freundlicher Genehmigung des Autors Winfried Hammann.

Hammerstein, Oliver von: Ich war ein Munie. Aus: ders.: Ich war ein Munie, Deutscher Taschenbuch Verlag, München 1983, S. 32 f., S. 36 f., S. 39.
© 1980 Deutscher Taschenbuch Verlag, München.

Hamsun, Knut: Pan. Aus: ders.: Pan, Langen Müller, München 1956, S. 14–16, S. 36.
© Langen Müller in der F. A. Herbig Verlagsbuchhandlung GmbH, München

Haushofer, Marlen: Die Wand. Aus: dies.: Die Wand, Claassen, Hamburg/Düsseldorf 1968, S. 40–43, S. 75–80.
© 1968 Claassen Verlag, Düsseldorf (jetzt Hildesheim).

Hawken, Paul: Der Zauber von Findhorn. Aus: ders.: Der Zauber von Findhorn, Hugendubel, München 1980, S. 102 f., S. 108 f., S. 119–121.
Mit freundlicher Genehmigung des Heinrich Hugendubel Verlages, München.

Herdan-Zuckmayer, Alice: Die Farm in den grünen Bergen. Aus: dies.: Die Farm in den grünen Bergen, S. Fischer, Frankfurt/M. 1956, S. 29–31, S. 95 f.
Mit freundlicher Genehmigung des S. Fischer Verlages, Frankfurt/M.

Hesse, Hermann: Siddharta. Aus: ders.: Siddharta, Suhrkamp, Frankfurt/M. 1980, S. 87–89.
Mit freundlicher Genehmigung des Suhrkamp Verlages, Frankfurt/M.

Hochkeppel, Willy: Die Hippies der Antike. Aus: ders.: War Epikur ein Epikureer?, Deutscher Taschenbuch Verlag, München 1984, S. 103–105.
© 1984 Deutscher Taschenbuch Verlag, München.

Holzach, Michael: Besuch bei den Hutterern. Aus: ders.: Das vergessene Volk, Hoffmann & Campe, Hamburg 1980, S. 12 f., S. 57 f., S. 125, S. 234 f.
Mit freundlicher Genehmigung des Hoffmann und Campe Verlages, Hamburg.

Huizinga, Johan: Hirtenleben. Aus: ders.: Herbst des Mittelalters, Alfred Kröner Verlag, Stuttgart 1987, S. 152.

Kempis, Thomas a: Das Beispiel der heiligen Vorväter. Aus: ders.: Die Nachfolge Christi, hg. und neu übertragen von F. de Lamennais, Benziger, Zürich/Köln 1953, S. 44–46.

Koch, Werner: See-Leben. Aus: ders.: See-Leben I, Suhrkamp, Frankfurt/M. 1973, S. 10, S. 19–21.
Mit freundlicher Genehmigung des Suhrkamp Verlages, Frankfurt/M.

Konrad von Marburg: Das Leben der heiligen Elisabeth von Thüringen. Aus: Lee Mavil (Hg.): Elisabeth von Thüringen. Die Zeugnisse ihrer Zeitgenossen, Benziger, Zürich/Köln 1960, S. 60–65.

Landmann, Robert: Die Lebensreformer auf dem Monte Verità. Aus: ders.: Ascona – Monte Verità, Benziger, Zürich/Köln 1973, S. 108–111.
Mit freundlicher Genehmigung des Benziger Verlages, Zürich.
Leineweber, Bernd: Aus dem Tagebuch eines linken Kommunarden. Verfall der Hippie-Kommune Morning Star East. Aus: ders.: Pflugschrift. Über Politik und Alltag in Landkommunen, Verlag Neue Kritik, Frankfurt/M. 1981, S. 41–44, S. 52, S. 57–59, S. 129–131.
Lenau, Nikolaus: Die drei Zigeuner. Aus: Ludwig Reiners: Der ewige Brunnen, C.H. Beck, München 1958, S. 634.
Luther, Martin: Wider den Mammon. Aus: Luther deutsch, Band 8: Die Predigten, Vandenhoeck & Ruprecht, Göttingen 1965, S. 356–360

Macaulay, Thomas Babington: Friedrich der Große. Aus: ders.: Friedrich der Große. Ein historischer Essay, Haude und Spener, Berlin o.J., S. 74 f.

Nehberg, Rüdiger: Deutschlandmarsch – Überlebenstraining. Aus: Dagmar Steffen (Hg.): Welche Dinge braucht der Mensch?, Anabas, Gießen 1995, S. 134–137.
Mit freundlicher Genehmigung des Autors.
Nuber, Ursula: Entrümpele dein Leben! – Tips zum Entmüllen. Aus: dies.: Die ungeheuere Last des Überflüssigen, in: Psychologie heute, April 1995, S. 22–25.
Mit freundlicher Genehmigung der Autorin.

Ockenfuß, Solveig: Um die Welt fast ohne Geld. Aus: Klaus Bergmann, Winfried Hammann, Solveig Ockenfuß (Hg.): Abhauen. Flucht ins Glück, Rowohlt, Reinbek 1981, S. 33–35.
Orwell, George: Körperertüchtigung unter Aufsicht des Großen Bruders. Aus: ders.: 1984. Ullstein, Frankfurt/M./Berlin 1976, S. 31 f., S. 35 f., S. 45 f., S. 48 f.
Mit freundlicher Genehmigung des Ullstein Verlages, Berlin.

Platon: Vorschriften über Behausung und Lebensweise der Wächter. Aus: ders.: Der Staat, Drittes Buch. Sämtliche Dialoge, Band V, hg. und übersetzt von Robert Apelt, Meiner, Leipzig 1923, S. 130–132.

Rahnema, Majid: Forderung nach einem neuen Umgang mit der Armut. Aus: Wolfgang Sachs (Hg.): Wie im Westen so auf Erden, Rowohlt, Reinbek 1993, S. 38–40.

Mit freundlicher Genehmigung von Zed Books und Wolfgang Sachs.

Rilke, Rainer Maria: Aus dem Stundenbuch. Aus: ders.: Sämtliche Werke. Erster Band, Insel, Frankfurt/M. 1962, S. 329, S. 363.

Rodriguez, Arthur: Riobamba. Aus: Klaus Bergmann u.a. (Hg.) a.a.O., S. 94 f.

Rosegger, Peter: Vom Pflaster zurück auf die Scholle. Aus: ders.: Heimgärtners Tagebuch 1912–1917, Staackmann, Leipzig 1917, S. 104, S. 126 f.

Rousseau, Jean-Jacques: Die neue Heloise. Aus: ders.: Die neue Heloise, Winkler, München 1978, S. 576–580.

Savonarola, Hieronymus: Von der Einfalt des christlichen Lebens. Aus: ders.: Auswahl aus seinen Schriften und Predigten, Diederichs, Jena 1928, S. 247–249, S. 252 f.

Scheurmann, Erich: Der Papalagi. Aus: ders.: Der Papalagi. Die Reden des Südseehäuptlings Tuiavii aus Tiavea, Deutscher Taschenbuch Verlag, München 1991, S. 58– 60.

Schiller, Friedrich: Über die Idylle. Aus: ders.: Über naive und sentimentalische Dichtung, in: ders.: Werke in 2 Bänden, Band II, Droemer, München/Zürich o.J., S. 683 f.

Schmidbauer, Wolfgang: Die neue Ethik des Konsumverzichts. Aus: ders.: Weniger ist manchmal mehr, Rowohlt, Reinbek 1984, S. 131–139.
Mit freundlicher Genehmigung des Rowohlt Taschenbuch Verlages, Reinbek.

Seymour, John: Wenn du einen Morgen Land hast – Selbstversorgung. Aus: ders.: Das große Buch vom Leben auf dem Lande, Otto Maier, Ravensburg 1978, S. 18 f.
© Dorling Kindersley Ltd., London 1976.

Skinner, Burrhus F.: Arbeitsteilung in Futurum Zwei. Aus: ders.: Futurum Zwei, Wegner, Hamburg 1970, S. 51–53, S. 56–58, S. 63.

Stählin, Wilhelm: Der neue Lebensstil. Aus: Werner Kindt (Hg.): Grundschriften der deutschen Jugendbewegung, Diederichs, Düsseldorf/Köln 1963, S. 309–311.

Thich Nhat Hanh: Aus dem Leben des Gautama Buddha. Aus: ders.: Alter Pfad – weiße Wolken. Das Leben des Gautama Buddha, Theseus, Zürich/München 1992, S. 470 f.
Mit freundlicher Genehmigung des Theseus Verlages, Berlin.

Thoreau, Henry David: Vom Leben in den Wäldern. Vereinfache! Vereinfache! Aus: ders.: Walden oder Leben in den Wäldern, Diogenes, Zürich 1979, S. 26 f., S. 50 f., S. 98 f.

Tolstoi, Leo N.: Lewin mäht eine Wiese. Aus: ders.: Anna Karenina, Winkler, München 1987, S. 301–305, S. 307–309.

Überhorst, Horst: Eliteerziehung in den Nationalpolitischen Erziehungsanstalten des Dritten Reiches. Landdienst in Danzig. Aus: ders.: Elite für die Diktatur. Die Nationalpolitischen Erziehungsanstalten 1933–1945, Droste, Düsseldorf 1969, S. 271–273.

Vergil: Lob des bäuerlichen Lebens. Aus: ders.: Georgica. Übersetzt von Johannes Götte, in: Vergil: Landleben, Artemis, München/Zürich 1987, S. 139–145.

Vitry, Philipp de: Herr Günter und Frau Helene. Aus: Johan Huizinga: Herbst des Mittelalters, Alfred Kröner Verlag, Stuttgart 1987, S. 148 f.

Waggerl, Karl-Heinrich: Mein Leben. Aus: ders.: Wagrainer Tagebuch, Insel, Leipzig 1940, S. 10 f., S. 16–18.
Mit freundlicher Genehmigung des Insel Verlages, Frankfurt/M.

Weinert, Erich: Gesang der Edellatscher. Aus: Das Lied vom roten Pfeffer. Hundert Gedichte, Aufbau, Berlin/Weimar 1968, S. 82 f.
© Aufbau-Verlag Berlin und Weimar 1970.

Wiechert, Ernst: Das einfache Leben. Aus: ders.: Das einfache Leben, Ullstein, Berlin/Frankfurt/M. 1996, S. 75, S. 100 f., S. 119 f., S. 129, S. 320.

Anzeigen

Anthologien bei C. H. Beck

Herrad Schenk
Frauen und Sexualität
Ein historisches Lesebuch
1995. 306 Seiten mit 10 Abbildungen. Paperback

Herrad Schenk (Hrsg.)
Lebensläufe
Ein Lesebuch
Herausgegeben von Herrad Schenk
1992. 415 Seiten mit 7 Abbildungen. Paperback
Beck'sche Reihe Band 480

Claudia Schmölders (Hrsg.)
Die Erfindung der Liebe
Berühmte Zeugnisse aus drei Jahrtausenden
1996. 316 Seiten. Leinen

Peter Schünemann (Hrsg.)
Lauter Abschiede
Ein Lesebuch
1996. 332 Seiten. Paperback
Beck'sche Reihe Band 1175

Dieter Thomä
Lebenskunst und Lebenslust
Ein Lesebuch vom guten Leben
1996. 361 Seiten. Paperback
Beck'sche Reihe Band 1160

Umwelt und Ökologie

Karen Gloy
Das Verständnis der Natur
Band 1: Die Geschichte des wissenschaftlichen Denkens
1995. 354 Seiten. Leinen
Band 2: Die Geschichte des ganzheitlichen Denkens
1996. 274 Seiten. Leinen

Greenpeace e. V. (Hrsg.)
Der Preis der Energie
Plädoyer für eine ökologische Steuerreform
Ein GREENPEACE-Buch. Mit Beiträgen von
Hans-Peter Dürr, Peter Hennicke, Fritz Vorholz,
Ernst Ulrich von Weizsäcker u. a.
1995. 231 Seiten mit 7 Abbildungen und 7 Graphiken
und 11 Tabellen. Paperback
Beck'sche Reihe Band 1122

Rainer Hörig
Auf Gandhis Spuren
Soziale Bewegungen und ökologische Tradition in Indien
1995. 148 Seiten mit 21 Abbildungen und 1 Tabelle und
1 Karte. Paperback
Beck'sche Reihe Band 1097

Vittorio Hösle
Philosophie der ökologischen Krise
Moskauer Vorträge
2., um ein Nachwort erweiterte Auflage. 1994. 155 Seiten.
Paperback
Beck'sche Reihe Band 432

Verlag C. H. Beck München